法藏知津

二編：佛教思想研究專輯

杜潔祥 主編

第 5 冊

魏晉佛學格義問題之考察
——以道安爲中心的研究

蔡振豐 著

《大乘起信論》如來藏緣起思想之探討

尤惠貞 著

花木蘭文化出版社

國家圖書館出版品預行編目資料

魏晉佛學格義問題之考察——以道安為中心的研究　蔡振豐
著／《大乘起信論》如來藏緣起思想之探討　尤惠貞 著 — 初
版 — 新北市：花木蘭文化出版社，2015〔民 104〕
目 2+166 面；19×26 公分／目 2+68 面；19×26 公分
（法藏知津二編：佛教思想研究專輯　第 5 冊）
ISBN：978-986-254-691-8 ／ 978-986-254-692-5（精裝）
1.（晉）釋道安　2. 學術思想　3. 佛教教理／1.（南北朝）竺
道生　2. 學術思想　3. 佛教哲學　4. 大乘論
030.8　　　　　　　　　　　　　100016218 ／ 100016219

ISBN-978-986-254-691-8　　ISBN-978-986-254-692-5

9 789862 546918　　9 789862 546925

法藏知津二編：佛教思想研究專輯
第 五 冊　　　　ISBN：978-986-254-691-8 ／ 978-986-254-692-5

魏晉佛學格義問題之考察——以道安爲中心的研究
《大乘起信論》如來藏緣起思想之探討

作　　者　蔡振豐／尤惠貞
主　　編　杜潔祥
副總編輯　楊嘉樂
編　　輯　許郁翎
出　　版　花木蘭文化出版社
社　　長　高小娟
聯絡地址　235 新北市中和區中安街七二號十三樓
　　　　　電話：02-2923-1455 ／傳眞：02-2923-1452
網　　址　http://www.huamulan.tw 信箱 hml810518@gmail.com
印　　刷　普羅文化出版廣告事業
初　　版　2015 年 5 月
定　　價　二編 24 冊（精裝）新台幣 40,000 元　　　　版權所有‧請勿翻印

魏晉佛學格義問題之考察
——以道安爲中心的研究

蔡振豐　著

作者簡介

蔡振豐，1962 年生，國立臺灣大學中國文學研究所碩士、博士。曾任國立臺灣大學中國文學系助教、講師、助理教授，現為該系教授。主要研究領域為魏晉玄學、佛學及儒、道二家思想，並兼及於東亞儒學研究。主要著作有《王弼的言意理論與玄學方法》《魏晉名士與玄學清談》《魏晉佛學格義問題的考察：以道安為中心的研究》、《朝鮮儒者丁若鏞的四書學》等。

提　　要

　　自陳寅恪先生的〈支愍度學說考〉提示「格義」問題以來，學者大多以「格義」一詞具有廣狹二義。狹義指竺法雅「以內典事數擬配外書」的格義之法；廣義則指為「「中國學者接受與理解佛教思想的方法」，此種方法的基本形式是：「以中國原本的觀念對比外來思想，達到充分理解外來思想的目的」。本論文在上述二點「格義」的觀念下展開研究，企圖解決佛教史上的二個問題：

　　（一）「格義」在方法論上的「方法」為何？可否進一步從思想形式上給予清楚的說明？以中國的思想形式接受外來思想，是否會形成理解上的誤失？產生這種錯誤理解的原因何在？

　　（二）日本學者認為以內、外典相互擬配的「格義」之法，在道安之後獲得了改善；所以道安之後的格義是基於佈教需要所作的權宜措施。實情是否如此？

　　為了不忽略小乘禪學在早期中國佛教的影響，本論文先分析《安般守意經》及《陰持入經》的格義問題，由此建立中國佛學論者對佛學的基本理念，以作為理解轉變的對照之用，最後則分析道安與六家七宗的般若學理論，以說明早期佛學論者對般若學的理解及其在格義上的問題。初步的結論為：

　　（一）格義在道安及僧叡的使用中，應指般若學流行前的時期。

　　（二）道安的經序思想有前後的轉變跡象可尋。前期接近康僧會一系，為中國的思想形式。後期接受了緣起論，但在論述上不免受中國主體境界觀及王弼言意理論的影響。

　　（三）六家七宗不包括支道林及道安二者。支道林的思想及郭象玄學有方法論上的相似。

　　（四）中國「自我本體」觀念與「言意」的論點，為不能契入般若學理論中「無我」觀與「假名」觀的關鍵，也因此不能透澈地了解緣起法為根本大法。

目
次

緒論　問題的基點與展開

一、「格義」之說的檢討

　　近代學者對格義問題的討論始於陳寅恪先生的〈支愍度學說考〉。[註1]
此篇論文以為支愍度立「心無義」，乃是誤讀《道行般若波羅蜜經‧道行品》
的「有心無心」為「有『心無』心」所致。這種誤讀，陳文徵引王弼、韓康
伯之《老子注》、《周易注》與「心無義」互證，以為是「格義」所造成的結
果。由陳文的內容看來，其所論之「格義」，實兼及狹義的「具體之法」，以
及廣義的「思想融通」。狹義的「格義」是指僧徒之間，以內典與外書相比附
的一種具體方法，《高僧傳‧竺法雅傳》，記載有竺法雅的格義之法：

> 時依雅門徒，並世典有功，未善佛理。雅乃與康法朗等，以經中事
> 數，擬配外書，為生解之例，謂之格義。[註2]

上文中所謂的「經中事數」，當如劉孝標《世說新語注‧文學篇》所云，指「五
陰、十二入、四諦、十二因緣、五根、五力、七覺之屬」。[註3] 換言之，以外
典擬配內典中的法數名目是為狹義的「格義」之法。「格義」風氣形成後，其遺
風蔓衍，諸如慧遠講「實相」義引莊子為連類；[註4] 顏之推《顏氏家訓》及

〔註1〕原刊於《中央研究院歷史語言研究所蔡元培先生六十五歲紀念文集》，收入
　　　《金明館叢稿初編》（見《陳寅恪先生文集一》，台北：里仁書局，1981年），
　　　頁141～167）。
〔註2〕見慧皎：《高僧傳‧慧遠傳》（北京：中華書局湯用彤校注本，1992年），頁
　　　152。
〔註3〕見余嘉錫：《世說新語箋疏》（台北：華正書局，1989年），頁240。
〔註4〕慧皎：《高僧傳‧慧遠傳》云：「年二十四（西元357年，時道安四十五歲），

《魏書·釋老志》將內典的五種禁戒比爲外典的仁、義、禮、智、信，〔註5〕以及孫綽以天竺七僧方竹林七賢〔註6〕等等，皆爲格義支流。由此推而遠之，舉凡華嚴宗圭峰大師宗密之疏《盂蘭盆經》，兼采儒道二家之義；以及北宋以後援儒入釋之理學，皆可視爲廣義的格義，其目的在於融通二家思想。

陳寅恪之後，湯用彤先生的《漢魏兩晉南北朝佛教史》第九章〈釋道安時代之般若學〉指出格義之法起於竺法雅，其流傳普遍不只一方，道安、羅什之後，因佛道漸明，世人了然釋教之特異處，不願以佛理比附外書，所以乃廢棄不用。至梁時，融合內、外典之法雖尙有其風，而格義擬配之法因久廢不用而遭忘卻。〔註7〕湯氏立論乃著眼於狹義的格義，即所謂「逐條擬配立例者」。

日本學者對格義問題的討論，首先見於宇井伯壽的《佛教思想研究·支那佛教の初期に於ける般若研究》，這篇論文指出以《老》、《莊》思想中的「無」去解釋《般若經》中的「空」，即是格義的代表例子；這種格義的情形一直到了鳩摩羅什來華之後才得到改善。〔註8〕之後，常盤大定的《支那佛教の研究》卷頭論文〈支那佛教史大觀〉以爲格義即是以老莊思想解釋佛教義理。〔註9〕

便就講說。嘗有客聽講，難實相義，往復移時，彌增疑昧。遠乃引《莊子》義爲連類，於是惑者曉然。是安公（道安）特聽遠不廢俗書。」見頁212。

〔註5〕 顏之推：《顏氏家訓·歸心篇》云：「內外兩教，本爲一體。漸極爲異，深淺不同。內典初門，設五種禁，外典仁、義、禮、智、信皆與之符。仁者不殺之禁也。義者不盜之禁也。禮者，不邪之禁也。智者，不淫之禁也。信者，不妄之禁也。」又《魏書·釋老志》云：「故其始修心則依佛、法、僧，謂之三歸，若君子之三畏也。又有五戒，去殺、盜、淫、妄言、飲酒，大意與仁、義、禮、智、信同，名異耳。」

〔註6〕 孫綽《道賢論》以竺法護比山濤（《高僧傳·曇摩羅叉傳》）；白法祖比嵇康（《高僧傳·帛遠傳》）；法乘比王濬沖（《高僧傳·法乘傳》）；竺道潛比劉伯倫（《高僧傳·竺道潛傳》）；支道林比向秀（《高僧傳·支遁傳》）；于法蘭比阮籍（《高僧傳·于法蘭傳》）；于道邃比阮咸（《高僧傳·于道邃傳》，于道邃條，嚴可均《全晉文》未錄）。

〔註7〕 見湯用彤：《漢魏兩晉南北朝佛教史》上冊（台北：台灣中華書局，1961年），頁229～238。又相近的意見亦見《理學·佛學·玄學》中〈釋道安時代之般若學述略〉及〈論「格義」〉（北京：北京大學出版社，1991年），頁168～170以及頁282～295。

〔註8〕 宇井伯壽《佛教思想研究》言：「爲了解釋說明而且讓人容易理解，乃以經的說理擬配外書──即老莊之書，此稱之爲格義。結果把《般若經》所說的『空』移轉爲以老莊的『無』作爲說明的論點」。見（東京：岩波書店，1940年），頁669～670（中譯文爲本文作者自譯）。

〔註9〕 常盤大定《支那佛教の研究》言：「所謂格義是爲了解釋佛教而以老莊作假藉。因這樣無法發揮佛教本來的精神，所以直到後來的道安改革格義的風氣爲

宇井伯壽、常盤大定與陳寅恪、湯用彤的意見有部份的不同，陳、湯兩位先生所論之格義是「以經中事數擬配外書」，而日本學者則進一步肯定擬配內典的基本思想是老莊，這就突顯了老莊思想在格義問題上的地位。而且，陳寅恪先生並不認爲道安以後，格義的情形就獲得了改善；但兩位日本學者卻認爲在道安、羅什之後，因爲能夠正確的理解佛教義理，以致格義的情況就逐漸消失。宇井伯壽與常盤大定的說法對日本學界的影響甚鉅，所以有些日人撰寫的中國佛教史，直接將魏晉時期的佛教稱爲格義佛教。〔註 10〕

　　中國近代學者的研究方面，可以任繼愈主編的《中國佛教史》爲代表，這本集體的著作對格義採取更爲廣義的解釋，認爲把「眞如」譯爲「本無」；「涅槃」譯爲「無爲」；「禪定」譯爲「守一」等等，皆可視爲「格義」。甚至道安等人在所寫的經序著述中，用老莊玄學語言論釋佛教教義也是「格義」，其結論以爲佛教這種外來宗教，如不借助「格義」的方法，很難爲中國人所理解接受。〔註 11〕

　　任編《中國佛教史》對「格義」的論點與陳寅恪、湯用彤二位先生有極大的區別。首先，陳、湯二者並未將「格義」視爲是「翻譯」(例如將「眞如」譯爲「本無」) 及「用語」(例如用老莊玄學語言論釋佛教教義) 的問題，而是將格義視爲一種觀念的比附。這種比附是建立在二種不同觀念與概念的類比上，所以仍然有「此觀念」與「彼觀念」的對等區別。而翻譯與用語，其理解的脈絡並不在二種觀念的比附上，而在於文本脈絡所顯示的意義。換言之，翻譯的問題比觀念的比附更複雜，譯名與習用語詞的雷同，雖易引起程度不同的誤解，但如能考慮上下文，其誤解不難消除。陳寅恪先生於此頗有深察，所以他特別將翻譯及用語的問題，放在「合本」上來討論，以爲「合本」是對同一經典的不同譯本進行比對研究。

　　合本之例，如《合首楞嚴經》、《合微密持經》、《合維摩詰經》等，收錄

　　　　止，佛教母寧應視爲是習於配合老莊思想的」。見 (東京：春秋社，1938 年)
　　　　頁 4 (中譯文爲本文作者自譯)。

〔註 10〕例如鎌田茂雄所著《中國佛教史》(東京：岩波書店，1980 年；中譯本有鄭彭
　　　　年譯《簡明中國佛教史》，台北：谷風出版社，1987 年)。又林傳芳〈書評：
　　　　塚本善隆著《中國佛教通史》第一卷〉以爲：「稱道安以前的佛教時期爲格義
　　　　佛教時代，是今日學者的共通意見」。見《華岡佛學報》一卷一期 (台北：華
　　　　岡佛學研究所，1968 年)，頁 242。

〔註 11〕任繼愈主編：《中國佛教史》第二卷 (北京：中國社會科學出版社，1985 年)，
　　　　頁 201。

同本異譯的佛經，以助於讀者相互對照、補充，方便於參閱。合本之法雖不能直接視爲「比較研究」，但讀者於閱讀參考中，形成研究之法，則爲可能之事。從形式上言，「格義」與「合本」所重均在文句的比較擬配，實則二者的性質迥異，所以陳寅恪才會有如下的意見：

> 格義之比較，乃以內典與外書相擬配。合本之比較乃以同本異譯之經典相參校。其所用之方法似同，而其結果迥異。故一成爲傅會中西之學說，如心無義即其一例，後世所有通儒釋之理論皆其支流演變之餘也。一則與今日語言學者之比較研究法暗合，如明代員珂之《楞伽經會譯》者，可稱獨得合本之遺意，大藏此方撰述中罕覯之作也。〔註12〕

任編之《中國佛教史》於「格義」與「合本」的差別並不細分，所以將翻譯及用語的問題視爲格義之問題。這種方法上的判斷，不僅存在於任編的《中國佛教史》，而且也爲當代的研究者所採行，他們以找出內、外典中的相同語詞，來證明譯作者在觀念上的誤失，並視之爲格義的必然結果。這類的結論或許忽視了問題的複雜性，因而有必要再詳加討論。

二、對「格義」一詞在使用上的反省

綜觀上述中、日學者對格義的意見，如果除去狹義的「竺法雅格義之法」，要找到一個普遍適用的「格義」定義，那麼可能會得到如林傳芳下表似的結果：〔註13〕

格義　講說——如慧遠之「引莊子義爲連類」之義
　　　翻譯——如梵語 tathatā 之譯爲「本無」之類
　　　撰述——以世學擬配佛義——如牟子《理惑論》之類
　　　　　　　以佛義融合世學——如支道林之註「逍遙」之類

深究林傳芳對格義的全面界說，實有許多問題有待進一步的討論：

（一）有關「格義」一詞的適用範圍方面，各家的看法有寬、狹等極度的不同，因此在指稱格義時，常混淆了問題的焦點。如語詞翻譯的問題是不是格義的問題？如將語詞翻譯的問題納入，則格義之問題將成爲所有理解上

〔註12〕陳寅恪：《陳寅恪先生文集一》，頁 165。
〔註13〕林傳芳：〈格義佛教思想之史的展開〉，《華岡佛學學報》一卷二期（台北：華岡佛學研究所，1972 年），頁 60。

的問題，對格義的討論也就更爲複雜。就翻譯而言，二種不同語言之間的轉譯可屬之（如梵翻中）；不同時代的同類語言之間的傳釋亦可屬之（如文言翻白話）。而且在翻譯的過程中，所使用的語詞勢必與翻譯者的語言習慣有相當的重疊，這些重疊的部分是基於語意的誤解？或者是用語上的慣性？實有釐清之必要。因此，假如將格義問題視爲翻譯的問題，而且是基於語意上的誤失而產生，那麼這類問題事實上不應由「格義」一詞所獨專，它應是隨時可能發生的一般問題。

　　（二）在「格義」如何形成的問題上，有些學者（如前引宇井伯壽）認爲格義是基於「融通」中印思想，所採取的必要措施。在融通的前提下，常假定「格義」具有在理解之外的主動意味，即有意隱匿中、印兩種思想的差異性，而將二者等同起來。類似立論的問題在於：當論者以爲格義爲「融通思想以適合當地發展」的必要手段時，即意謂著其中的關鍵不在於思想的「理解」，而在於思想的「轉化及接受」。從考察魏晉士人理解佛學的過程看來，這種假說並不眞確，如《世說新語・文學》曾載大名士殷浩讀佛經於「事數」不解，其後於《小品》有得，想要與支道林辯論，卻未能如願。〔註14〕這說明佛理在當時是新鮮之理論，魏晉士人對它的興趣在於了解而非接受。此種情形在道安亦然，他在飛龍山時對格義的反省，重點亦不在於印度思想能否被中國士人接受的問題。

　　（三）晉代文人的文論中，凡涉及儒、道、釋思想者，大都主張三教調和論。前引學者如陳寅恪、林傳芳等，都依此說明格義的使用及影響，此雖無疑義，但如將三教調合之說，視爲當時的佛學理解，則不得不令人懷疑。佛學在中國的流佈，應該有二種可能的發展，一是宗教上信仰的傳播發展。二是佛教內部的理論發展。這二個問題可以是相互滲透的問題，但也可以是不同的二個發展。由《高僧傳》看來，早期來華的外國僧衆，如佛圖澄、安世高等，都能顯示在宗教上的異能。但隨著佛學理論的進展，中國知識份子醉心於佛學之處，可能不在這些宗教奇蹟上，而在於理論的本身，此可由《世說新語》對支道林的記載及描述得知。在《世說新語》的立場中，支道林之

〔註14〕《世說新語・文學》：「殷中軍被廢，徙東陽，大讀佛經，皆精解，唯至事數不解。遇見一道人，問所籤，便釋然」。又「殷中軍讀《小品》下二百籤，皆是精微，世之幽滯。常欲與支道林辯之，竟不得」。見余嘉錫：《世說新語箋疏》（台北：華正書局，1989年），頁 240、229。

令當時士人著迷之處，不是他的宗教家的身份，而是他作爲一流的談玄論道者的身份。因此佛教傳播的問題與佛教內部的理論問題，在討論上應可加以區分，以免造成不必要的混淆。

三、基本預設與討論的展開

爲了使本文所論的「格義問題」不致漫散爲整體思想文化的發展問題，本文在展開之前，不得不對「格義」做討論上的限制，以便能適切的表達本文所關心的重點。首先，在「格義」的定義方面，本文不採取林傳芳所說的廣義「格義」，而將「格義」視爲一般所說：「中國學者接受與理解佛教思想的方法」。此種方法，依湯用彤先生的研究，它的基本形式是：「以中國原本的觀念對比外來思想，達到充分理解外來思想的目的」。在這個基本形式下，本文進一步做以下的預設：

（一）格義之法的形成應不是基於有意融通的目的：依《高僧傳·竺法雅傳》〔註15〕的敘述看來，竺法雅的格義之法爲一種教學詮釋之法，非但有相承的弟子，而且還得到政治勢力的讚揚，所以視之爲學派實不爲過。但依此界說格義，不免令人誤以格義是「有意爲之」的方法。竺法雅的格義學派曾在歷史上產生正面的影響，此不容否認，但以之爲討論標的，則未免忽略格義也可能是一理解之法，而且理解的需要很可能先於教學及佈教的種種措施。因此，本文的重點將不著眼於竺法雅式的格義之法，而把重心集中在理解的問題上。如此本文所論的格義問題，乃是「了解之需要」所採行的權宜之法。最初的權宜之法，可能後來變爲確定的方式，而成爲「教學」、「研究」及「理解」的基本模式。

（二）翻譯爲理解的途徑之一，也是格義問題中一個重要的面向，但譯文之考察不應只限於語詞的考察上，而應包括理論系統的檢覈：如早期支婁迦讖的《般若道行經》翻譯「眞如」tathatā 爲「本無」，有的學者以爲「本無」有假借老莊思想以表達佛教義理的苦心，此後王弼、何晏之學興起，才會有

〔註15〕慧皎《高僧傳·竺法雅傳》云：「時依雅門徒，並世典有功，未善佛理。雅乃與康法朗等，以經中事數，擬配外書，爲生解之例，謂之格義。及毗浮、相曇等亦辯格義，以訓門徒。雅，風采灑落，善於樞機。外典佛經，遞相講說。與道安、法汰，每披釋湊疑，共盡經要。後立寺於高邑，僧眾百餘，訓誘無懈。雅弟子曇習，祖述先師，善於言論。爲僞趙太子石宣所敬云」。頁152

強烈的「以無爲本」的觀念。〔註16〕類此意見是將「本無」之「無」視爲具有本體意義的「無」，但如深究文本，支讖原意是否具有本體意義，應從經文詳爲研尋，而不應只就語詞判斷。又如《列子・仲尼》張湛注引何晏〈無名論〉言：「夫道也者，惟無所有者也。自天地已來，皆有所有矣。然猶謂之道者，以其能復用無所有也，故雖處有名之域，而沒其無名之象」。〔註17〕有學者以爲此論中的「無所有」非中國傳統中的哲學術語，所以何晏的使用是受到佛教譯經的影響，其結論以爲：「早期玄學的本體論，曾受到佛教緣起性空思想的影響」。〔註18〕此種說法或有其可能性，但詳觀何晏〈無名論〉，「無所有」是扣著「名無名」；「有所有」是扣著「可以言有名」而說，而所謂的「名無名」應爲「夫唯無名，故可得遍以天下之名名之」的意思，〔註19〕其論理的傾向與佛教緣起性空之說不近，故此說頗待斟酌。一般而言，語詞的使用，在言說的系統中，都具有其「系統內之約定性」，要了解此系統的約定爲何，則涉及對系統理論的理解，所以格義的表現不應只存在於語詞之中，也存在理論系統之中。如上舉之例，語詞儘管相似，但其論理之法全然不類，如此是否可視爲二種思想的影響或比附？實有可疑之處。

　　（三）在理解的前提下，本文所論的格義問題，不以基於佈教所作的通俗著作爲重點：依目前文獻所見，基於佈教目的所作的文論、撰述如《牟子理惑論》，大都具有三教合一之趨向，但其目的不在表達佛教的理論，而在藉由與主流文化的比較，以顯示自身主張的優越。因此，這類著作雖可作爲文

〔註16〕　見張曼濤：〈魏晉新學與佛教思想之交涉〉，《道安法師七十歲紀念論文集》（台北：大乘文化出版社，1976 年），頁 56。又林傳芳：〈格義佛教思想之史的展開〉，頁 55～56。

〔註17〕　何晏〈無名論〉言：「爲民所譽，則有名者也；無譽，無名者也。若夫聖人，名無名，譽無譽。謂無名爲道，無譽爲大，則夫無名者，可以言有名矣；無譽者，可以言有譽矣。然與夫可名可譽者豈同用哉？此比于無所有，故皆有所有矣。而于有所有之中，當與無所有相從，而與夫有所有者不同。同類無遠而相應；異類無近而不相違。譬如陰中有陽，陽中之陰，各以物類自相求從。……夫道也者，惟無所有者也。自天地已來，皆有所有矣。然猶謂之道者，以其能復用無所有也，故雖處有名之域，而沒其無名之象；由以在陽之遠體，而忘其自有陰之遠類也」。見楊伯峻：《列子集解》（北京：中華書局，1979 年），頁 121。

〔註18〕　見王曉毅：〈漢魏佛教與何晏早期玄學〉，《世界宗教研究》第三期（北京：世界宗教雜誌社，1993 年），頁 101～106。

〔註19〕　參見拙著《王弼的言意理論與玄學方法》（台北：台大中文所碩士論文，1993 年），頁 7、頁 59～65。

化現象來討論，但很難由之得到深刻的佛學見解。本文的目的不在於檢討佛學的流佈情形及文化影響，所以不將之視爲主要的材料。

（四）在「以中國原本的觀念對比外來思想，達到充分理解外來思想的目的」上，本文並不先假定中國思想的主流爲何。中國學人對般若學始有正確理解者首推僧肇，其文論中多用《老》、《莊》之語，曾被批評爲「莊老所資，猛浪之說」。〔註20〕慧達的〈肇論序〉及元康的《肇論疏》都曾爲此提出辯解；元康言：「肇法師假莊老之言，以宣正道，豈即用莊老爲法乎？必不然也。……肇法師卜措懷抱，豈自無理，以莊老之理爲佛理乎？」〔註21〕所以會發生上述的誤解，除了不明上文所說的語詞的「系統約定性」外，有極大的原因是有些學者固執於《老》、《莊》思想的成見，以致看不到僧肇所要表達的義理。基於這種反省，本文並不假定魏晉玄學的《老》、《莊》之道是「本體義」的實體概念或境界意義的精神概念，而直接由論述中推演作者的可能詮解爲何。在這種態度下，本文企圖進一步由思考方法上去討論格義的問題，而不由各別、各家的思想概念上去考察格義問題。

在上述的預設下，本文展開了對格義問題的討論，爲了讓論題能趨於清晰，在時間上將以道安前後作爲主要的範圍。道安在中國佛教史上的貢獻極大，他提出「先舊格義」的說法，被認是佛教脫離格義之法的重要里程碑，所以道安思想的內容及其轉變也是佛教史上的重要論題。本文對道安的討論，將以留存的經序、注等作爲主要的材料。其次，道安前後的佛學論題，當以般若學最爲重要，因此六家七宗也是必要考察的一部份。除了道安經序與六家七宗之外，由於早期安世高譯經的影響久遠，爲沙門所必讀，所以本文在開頭將先考察二部小乘禪觀的重要著作，此即安世高所譯的《安般守意經》及《陰持入經》。

佛教初期對般若空義的理解之誤，或許出於格義的影響以及傳譯資料的不足，〔註22〕卻也不能忽略早期佛典流佈，非以大乘爲重的事實。如果能重視早期佛經對中國學者的影響，將發現至少在道安之前，解說空義之僧眾所

〔註20〕 引文見小招提寺慧達：〈肇論序〉，收於《大正藏》第 45 冊，頁 150 中。

〔註21〕 引文見元康：《肇論疏》，收於《大正藏》第 45 冊，頁 163 下～164 上。

〔註22〕 如楊惠南〈中國早期的般若學〉以爲：「也許是早期般若學的過份玄學化，也許是當時般若經論傳譯得不夠，以致我們只看到那煩瑣的，詭辯的學理，卻無法看到它有什麼積極入世的功用」。見《佛教思想新論》（台北：東大圖書公司，1990 年），頁 122。

涵受的內學基礎，基本上都是小乘禪經。因此，小乘學說對中國士人及僧眾在解釋般若空義時有何影響，將是值得慎重考慮的問題。當然，對小乘禪經的傳譯及了解也具有格義上的問題，所以中國僧人是否有正確的理解，也是首要釐清的工作。

　　基於上述的考慮，本文在論文的前二章將先討論《安般守意經》及《陰持入經》在經文、注文及序文中所表現的格義現象，並以此做為論述的基礎。在此基礎上，進一步比較道安前後及六家七宗在思考形式上的異同，嘗試藉此釐清思想及理論上的可能轉變。

第一章　《安般守意經》經、注、序所顯示的格義問題

一、安世高譯作的確定

　　中國佛教經典的翻譯究竟起於何時？據梁・慧皎《高僧傳》所記載，當起於東漢明帝時，攝摩騰及竺法蘭在洛陽譯出《四十二章》等經。〔註1〕可是《高僧傳》的說法在近人的研究中仍是聚訟紛紜，由於竺法蘭及其譯經未見於僧祐《出三藏記集》，不為學者所採信；因此定論的焦點集中在攝摩騰所譯《四十二章經》的真偽上。日本的學者大都認為《四十二章經》出於偽作；湯用彤則以為此經早出無疑，只不過目前的本子曾經歷代竄改。〔註2〕湯說雖可存考，但如果採取謹嚴之態度，則不得不將傳譯佛典之始，定於漢桓帝、靈帝時代安世高及支婁迦讖的譯經。

　　支婁迦讖的譯經，在魏晉時期當以《般若經》系的《般若道行品經》最為重要，有關此經的問題，將於討論道安前後之般若學時述及。安世高的譯作，據僧祐《出三藏記集》卷二〈新集撰出經律論錄〉所載，有《安般守意經》、《陰持入經》、《十二門經》等，凡三十五部。但道安（312～385）的經錄，並不確認這三十五部譯作全出於安世高。真正可以確定無疑者僅《安般

〔註1〕參見慧皎：〈攝摩騰傳〉、〈竺法蘭傳〉，《高僧傳》（北京：中華書局，1992年），頁1～3。

〔註2〕日人之說可以境野黃洋《中國佛教史研究》為代表（東京：共立社，1930年，頁11）。湯說見《漢魏兩晉南北朝佛教史》上冊第一分第三章（台北：台灣中華書局，1961年），頁31～47。

守意經》、《陰持入經》、《人本欲生經》、《大十二門經》、《小十二門經》、《百六十品經》、《大道地經》等六、七部而已；其中《百六十品》、《大十二門經》、《小十二門經》今闕。《十二門經》存有經序，而《人本欲生經》僅經注可見，此二經道安在序中不斷言為「是」安世高所譯，而僅推測為「似」。〔註3〕其他之經典，僧祐於安世高譯經目之末尾附記：「其四諦、口解、十四意、九十八結，安公言似世高撰也」。由上述經錄及經序觀之，道安所確認的安世高譯作目前僅存《安般守意經》、《陰持入經》及《大道地經》三部。《大道地經》後有異譯本支曜所譯《小道地經》一卷，及西晉竺法護所譯七卷本《修行道地經》可供比對察考，因此安世高所譯經，最為特殊者首推《安般守意經》、《陰持入經》二經。此二經俱屬小乘教理，〔註4〕前者有關於禪觀，而後者則關於法數，在內容上可以概括安世高所譯經典的特色。〔註5〕

　　由於《安般守意經》、《陰持入經》二經譯出的時間甚早，早期中國佛教

〔註3〕　參見僧祐：《出三藏記集》卷二、三、五（收於《大正藏》第 55 冊；又北京中華書局，蘇晉仁、蕭鍊子點校本，1995 年）及小野玄妙：《佛教經典總論》第一部第三章（台北：新文豐出版社，1983 年），頁 24。

〔註4〕　小乘佛教（梵 Hīnayāna Buddhism）原指部派佛教。西元前後（約西元前一世紀左右），以救度眾生為宗旨之大乘佛教興起，大乘佛教徒認為部派佛教僅以個人修行為目的，乃貶之為低劣之教法，稱之為小乘佛教。惟現代各佛教團體均改稱為上座部佛教（巴 Thera-vāda-buddhism）。自佛陀教化至入滅（約西元前 386 年）後之 45 年間，教徒所應遵行之基本教法與戒律制度，大體上已經確立。然佛陀入滅百餘年後（約西元前 270 年以後），小乘佛教先因律學，後因義學主張之不同，而分裂成保守（上座）、革新（大眾）兩大部派，至佛陀入滅三百年頃，此二大部派復分裂為二十個部派，每一部派均是以煩瑣、形式、學問體系之阿毗達磨（梵 Abhidharma）論書為中心之比丘教團。

〔註5〕　《出三藏記集》卷六，道安〈安般序注〉言安世高「特專阿毗曇學，其所出經，禪數最悉」（《大正藏》55 冊，頁 43 下）。「阿毗曇」是（Abhidharma）「阿毗達磨」的音譯。阿毗達磨原指有關教法之研究，後廣稱對經、律二藏之論說。其成立約於西元前後，最初僅為簡單歸納一些佛教名詞的論說，後逐漸演成解釋之形式。在部派佛教時代，各個有力之部派皆成立各自之阿毗達磨，展開深奧繁瑣之哲學式教學。現存之阿毗達磨，主要有上座部（巴利文）與說一切有部（以漢譯為主）二類。安世高所專之阿毗曇在漢譯的系統中，應以說一部有部的論說為主。　說一切有部（梵名 Sarvāsti-vādin，巴利名 Sabbattivāda）略稱「有部」、「有部宗」、「有宗」，又稱「說因部」（梵 Hetu-vidyāh）。為小乘二十部派之一，約於佛滅後三百年之初，自根本上座部分出，主張三世一切法皆是實有，故稱「說一切有部」。

小乘禪學流行，〔註6〕二經爲沙門所必讀，因此針對二經所作的序、注，成了研究中國僧俗理解佛學的重要材料。

二、現存《安般守意經》經注的主要內容

現存安世高所譯的《安般守意經》，〔註7〕其注釋與經文的部分不能明確

〔註6〕安世高出身安息國，約爲今波斯及阿富汗之一部。有關安息國佛教之討論，羽溪了諦有〈西域佛教之研究〉、〈大月氏之佛教〉及〈安息國及康居國之佛教〉諸文觸及（賀昌群中譯文收入《西域佛教研究》，台北：大乘文化出版社，1979年），其結論以爲：「安息所流行之佛教，若謂其爲大、小乘混雜流行，是固不然，其大乘教之主要經典，大多屬於方等部，華嚴部之經典流行較少，可知安息之佛教，與大月支殆屬於同一系統之下，明矣」（中譯文頁241～242）。羽溪了諦對安息國之佛教之推論，所據爲漢譯佛典，其說亦有斟酌之處。如他將《安般守意經》括入大乘經典，認爲此經「實含大乘空觀思想」（中譯文頁238），其立論之據應爲康僧會、道安、謝敷之經序，而非《安般守意經》之經文，以致有此推誤。又，依小野玄妙《佛教經典總論》之意見，安世高之譯典可信者僅《安般守意經》、《陰持入經》及《大道地經》三部而已（頁24）。其餘爲道安經錄判爲可信者（見《出三藏記集·新集撰出經律論錄》），亦不見大乘經典。後世經錄雖列有爲數不少的大乘經典，但在數量上比道安錄多出一百四十二部，這些多出的經典是否爲安世高所譯不無可疑。與羽溪了諦持不同意見者有印順之《佛教史地考論》，其中〈中國佛教史略〉一文以爲：「蓋時當西元二世紀後葉，正印度佛教大小兼暢之世也。西北印承說一切有系之學，以罽賓犍陀羅爲中心，而遠及吐火羅、安息，聲聞佛教歷久彌新於時，《大毗婆沙論》結集前後，東方罽賓之學盛弘一時，西方外國諸師亦日以宏肆，說一切有系素以禪學稱，罽賓尤爲淵藪，安世高籍安息，安息多聲聞學，其傳禪數也宜」（台北：正聞出版社，1992年，頁6）。印順之說較爲中理，本文依其立場而論。又中村元《中國佛教發展史》亦認爲當時之安息與大月氏有大、小二乘佛教傳入，安世高屬小乘系，支婁迦讖屬大乘系（台北：天華出版社余萬居中譯本，1984年，頁33～34）。

〔註7〕據僧祐《出三藏記集·新集撰出經律論錄》、法經等所撰的《眾經目錄·小乘修多羅藏錄》、道宣《大唐內典錄》卷一、明佺等所作《大周刊定眾經目錄》卷七、智昇《開釋教錄》卷一所載（以上諸書俱見《大正》第55冊），推測《安般守意經》在當時的抄本甚多，但有二個主要的底本。一爲安世高原譯的二十紙本，即道安所說的《小安般經》；一爲四十五紙注解本，即《祐錄》所說的《大安般經》。到了《開元釋教錄》，始將這兩個本子合而爲一，或即採用注解本，定名爲《大安般守意經》。據《金藏》廣勝寺本及《高麗藏》刻本，《佛說大安般守意經》文爲四十四版，與《大周刊定眾經目錄》卷七所記的「四十五紙」相近，因此目前所見的本子應接近於四十五紙的本子。本經之版本問題，可參見杜繼文《安般守意經》一書之〈題解〉（台北：佛光文化事業有限公司，1997年），頁3～6。

的區分，〔註8〕由於缺乏梵、藏、巴利及其他西域文字的版本以供對照，所以復原的工作有其困難。如果暫時略去追究經文的原貌，此經所呈現的內容，可區分爲三個主要部份。

第一個部份是對「安」、「般」、「守意」等語詞的語意解釋。細察這部分文字行文的差異，大致可以推測經、注的區別。如經首開始的述說如下：

> 佛在越祇國舍羈瘦國，亦說一名遮匿迦羅國。時佛坐行安般守意九十日。佛復獨坐九十日者，思惟校計，欲度脫十方人及蜎飛蠕動之類。復言，我行安般守意九十日者，安般守意得自在慈念意，還行安般守意已，復收意行念也。安爲身。般爲息。守意爲道。守者爲禁，亦謂不犯戒。禁者亦爲護，護者遍護一切無所犯。意者息意，亦爲道也。安爲生，般爲滅，意爲因緣，守者爲道也。安爲數，般爲相隨，守意爲止也。安爲念道，般爲解結，守意爲不墮罪也。安爲避罪，般爲不入罪，守意爲道也。安爲定，般爲莫使動搖，守意莫亂意也。安般守意名爲御意至得無爲也。安爲有，般爲無，意念有不得道，意念無不得道。亦不念有，亦不念無，是應空定意隨道行。有者謂萬物，無者謂疑，亦爲空也。安爲本因緣，般爲無處所，道人知本無所從來，亦知滅無處所，是爲守意也。安爲清，般爲淨，守爲無，意名爲，是清淨無爲也。無者謂活，爲者謂生。不復得苦故爲活也。安爲未，般爲起，已未起便爲守意。若已起意便走爲不守，當來還。故佛說安般守意也。安爲受五陰，般爲除五陰，守意爲覺因緣，不隨身口意也。守意者無所著爲守意，有所著不爲守意。何以故？意起復滅故。意不復起爲道，是爲守意。守意莫令意生，生因有死爲不守意，莫令意死，有死因有生，意亦不死，是爲道也。〔註9〕

上引文字中，經注之不同略可區分，如「亦說一名遮匿迦羅國」應爲注文，以下應爲經文而至「收意行念也」爲止。經文的意思是：「佛陀爲思量度脫十方人及蜎飛蠕動等一切生類，行持安般守意禪觀九十日，得自在慈念意。由

〔註8〕《高麗藏》的作者在《大安般守意經》卷下末云：「此經按經首序及見經文，似是書者之錯，經注不分而連書者也。義當節而注之，然往往多有不可分處，故不敢擅節，以遺後賢」。見《大正藏》第15冊，頁173。
〔註9〕見《大正藏》第15冊，頁163～173。

此，再行安般守意，將所得的慈念運用於一切意念」。此段文字以下應爲解釋「安」、「般」、「守意」的意義者，如對照安世高的《道地經》及西晉竺法護所譯《修行道地經》卷五〈數息品〉，〔註10〕可能多數是屬注文，如不分經注，這些並存的解釋可由下表得見：

安	般	守　　意
身	息	守意爲道。守者爲禁，亦謂不犯戒。禁者亦爲護。護者，遍護一切無所犯。意者息意，亦爲道。
生	滅	意爲因緣。守者爲道也。
數	相　隨	止
念　道	解　結	不墮罪
避　罪	不入罪	守意，爲道也。
定	莫使動搖	守意，莫亂意也。安般守意名爲御意，至得無爲也
有（有者謂萬物）	無（無者謂疑，〔註11〕亦爲空）	意念有不得道，意念無不得道，亦不念有亦不念無。是應空定意隨道行。
本因緣	無處所	道人知本無所從來，亦知滅無處所，是爲守意也。
清	淨	守爲無，意名爲，是清淨無爲也。無者謂活，爲者謂生，不復得苦，故爲活也。
未	起	已未起便爲守意，若已意起便爲守意，若已起意便走爲不守，當爲還。
受五陰	除五陰	守意爲覺因緣，不隨身口意也。守意者，無所著爲守意，有所著不爲守意。何以故？意起復滅故。意不復起爲道，是爲守意。守意莫令意生，生因有死爲不守意，莫令意死，有死因有生，意亦不死，是爲道也。

《安般守意經》經注中，第二個主要部分是有關「十點」的說法。〔註12〕安般守意的數息觀有十點。〔註13〕點即慧，十點即十慧，可以解釋爲十種智

〔註10〕《修行道地經‧數息品》釋義「安」、「般」、「守意」，僅言：「何謂數息？何謂爲安？何謂爲般？出息爲安，入息爲般；隨出入而無他念，是謂數息出入」（《大正藏》第15冊，頁215～216），其他文字與現存《安般守意經》亦少見雷同。

〔註11〕「疑」之意不易解，杜繼文白話版《安般守意經》讀之爲「凝」，意爲「止」、「息」、「安」、「定」等意，此處指爲一種心理非常寧靜的狀態（頁19）。

〔註12〕《安般守意經》云：「安般守意有十點，謂：數息、相隨、止、觀、還、淨、四諦，是爲十點」。

〔註13〕十點在《修行道地經》作四事。其言云：「數息守意有四事行，無二瑕穢，十

慧，也可以作爲十種次第分數看待。這十種智慧是：數息、相隨、止、觀、還、淨、苦、習、盡、道等等，簡要分敘如下：

（1）數息是數（gananā）即數算氣息。（2）相隨是隨（anugana）就是隨氣息的出入，而心不散亂。（3）止（sthāna）就是息心靜慮，使心念專定於一。（4）觀（upalaksanā）是明瞭的觀察境。（5）還（vivartanā）指反省能觀的內在之心，了知實際無心。（6）淨（pariśuddhi）是心識寂滅無所依，不起妄想。（7）、（8）、（9）、（10）以下是對「苦、習、盡、道」（今譯爲「苦、集、滅、道」）四諦的闡釋。〔註14〕

第二部份論說十點的部份，經、注文間亦不易區分，而其內容則環繞在對「數息」、「相隨」、「止」、「觀」、「還」、「淨」等「六事」的解釋。「數息、相隨、止」是藉由對身體、氣息的控制，來對治意的迷亂。「數息」的具體作法是把意靠在氣息的出、入上，以十數爲一數，讓意念因數算而不致雜亂。「相隨」比「數息」更進一步，即不待數算，使意念隨著氣息出入。「止」是「止於一」的意思，修習時可將意念專注於鼻頭。止於一的目的在使修行者藉由專注，達到不再意識氣息出入的程度。意經由「數息」、「相隨」、「止」的修行，便能專注於數字的計量及氣息的出入，最後達到「念息不離」的境界，讓瞋、恚、疑、嫉等意念因而不起，相對的使殺、盜、婬、兩舌、惡口、妄言、綺語等行爲不會產生。由於「數息、相隨、止」的入手工夫是由身體氣息的活動開始，所以屬外，這種外在的修習並不是最後的目的，而是爲「觀」、「還」、「淨」等內在的修行打好基礎。

觀、還、淨，是在「念息不離」的基礎下，所作的進一步修習，目的在藉由觀照內心，達到心中起始意念的斷離。《安般守意經》中的「觀」有時指爲觀五陰（蘊）。五陰指色（物質）、痛（受陰；感受印象）、想（思想陰；表象）、行（意志）、識（意識），「觀五陰」意爲「在氣息出入時識知五陰因緣」，具體的作法是在出息時觀「生死陰」；入息時觀「思想陰」。「生死陰」指五陰中的「行陰」，有時也指「痛痒陰」（受陰）；「思想陰」因「識」（意識）而起，所以有時也指爲「識陰」。「觀」即察照五陰相依緣起，修行者依此觀而澈見

六特勝。……何謂四事？一謂數息，二謂相隨，三謂止觀，四謂還淨」。見《大正藏》第 15 冊，頁 216。

〔註14〕「十點」的現代語譯參見鎌田茂雄《中國佛教通史》第二章第三節（關世謙中譯本，台灣：佛光出版社，1985 年），頁 219。

緣起的法則得到智慧。

「還」是反省能觀的心，了知實際無心。由經注看來，能「還」則能棄，即能棄殺、盜、淫、妄語、綺語、兩舌、惡口之身心惡意，並明瞭五陰爲無常、苦、空、無我，可由此棄離五陰不再貪戀。「淨」指心無所依，由此而能斷除身意之不淨。一切惡事皆從意來，「身，起復滅，生復死」，「意，念便生，不念便死」，修行者如能令心無所依止，就能澈見意欲的滅盡處及生起處皆無所有，因而不再生起妄想。「觀、還、淨」爲修習「數息」得止定後，對內在心識的察照，所以屬內。六事的修行由外而內，治外的目的在克除亂意，治內的目的在於達到涅槃寂靜的境地。

《安般守意經》經、注內容的第三部分，爲對四諦及三十七道品的闡釋及比類。四諦是大、小乘佛學都同意無疑的基本立場，除了揭示「苦」（「人生是苦」的眞象）、「集」（「人生是苦」的原因）二諦的流轉緣起外，〔註15〕主要的還是注重清淨解脫及還滅緣起的「滅」（涅槃寂靜的境界）、「道」（達到理想的方法）二諦。因爲「一切皆苦」，所以要求解脫唯有親證涅槃，《安般守意經》以爲達致涅槃的修行次第即是數息、相隨、止、觀、還、淨這六事。六事的次第，在現存的經注中也被用來配合三十七品經（三十七道品）的修行方式。〔註16〕所謂三十七道品是指四意止（四念處）、四意斷（四正勤）、四神足念（四如意足）、五根、五力、七覺意（七覺支）、八行（八正道）等，爲了方便下節的討論，以下先以表列的方式略述其意義：〔註17〕

〔註15〕 緣起 pratitya-samutpādā 是「由緣而起」的意思。緣起有「一般緣起」與「價值緣起」二種。「一般緣起」又可分爲（一）依據於時間的因果關係，與（二）依據於時間、空間的關係或論理的關係。而「價值緣起」則有（一）會到達於迷的苦惱情形之「負價值的緣起」與（二）會到達於悟的淨樂情形之「正價值的緣起」。前者名爲「流轉緣起」，後者名爲「還滅緣起」。「流轉」是於生死的苦界內轉迴流轉的意思；「還滅」是從迷的世界而回到滅苦的淨樂悟世界的意思。「流轉」也叫做 ācaya，是重積「迷之苦」的意思；「還滅」apacaya 則是除去「迷之苦」的意思。有關緣起的意義，參見水野弘元：〈初期佛教的緣起思想〉，收入玉城康四郎主編《佛教思想〔一〕》第四章〈緣起思想的發展〉（李世傑中譯本，台北：幼獅文化事業公司，1985 年），頁 123～134。

〔註16〕 《安般守意經》言：「數息爲四意止，相隨爲四意斷，止爲四神足念，觀爲五根五力，還爲七覺意，淨爲八行也」。見《大正藏》第 15 冊，頁 164中。

〔註17〕 以下對「三十七道品」的現代語釋參見水野元弘：《原始佛教》第四章（郭忠

《安般守意經》經注所言：四意止	說　　明
（1） 自觀身，觀他人身，止婬意，止餘意 自觀痛痒，觀他人痛痒，止瞋恚 自觀意，觀他人意，止癡 自觀法，觀他人法，得道 （2） 一意止爲身念息 二意止爲念痛痒 三意止爲念意息出入 四意止爲念法因緣	「四意止」其他經典有譯爲「四念處」者，爲修實智慧的四種觀念，從內容看來，這與八正道中的「正念」相同。「四意止」又指爲： 觀身不淨 觀受是苦 觀心無常 觀法無我

《安般守意經》經注所言：四意念斷	說　　明
（1）避身爲避色，避痛痒爲避五樂，避意爲避念，避法不墮願業治生	「四意斷」其他經典有譯爲「四正勤」者，即八正道中的正勤（或譯爲「正精進」），指爲： 已生善令得增長 未生善令得生起 已生惡令得除斷 未生惡令不生起
（2）四意斷謂常念道，善念生，便惡念斷，故爲斷息道。〔註18〕善念止，便惡念生，故爲不斷也。	
（3）四意斷者，意自不欲向惡，是爲斷。亦謂不念罪，斷也。	

《安般守意經》經注所言：四神足	說　　明
身神足 口神足 意神足 道神足	其他經典有譯爲「四如意足」者，指得四種禪定以攝心，由於在禪定中所願皆得，故名「如意足」，又名「神足」。四神足又作： 欲神足（欲如意足） 勤神足（勤如意足） 心神足（心如意足） 觀神足〔註19〕（觀如意足）

生譯中本，台北：菩提樹雜誌社，1982 年），頁 130～160。

〔註18〕「息道」一本作「道念」。見《大正藏》本，頁 171 下校注。

〔註19〕四神足之稱目，異說頗多，今依《俱舍論》之說，列欲、勤、心、觀四神足。

《安般守意經》經注所言：五根		說　　明
信　根	信佛意善	信三寶四諦
能　根	爲自守行法，從諦身意受	勇猛修習善法（後譯爲「精進根」或「勤根」）
識　根	爲精進，從諦念逐諦	憶念正法
定　根	爲守意，從諦一意，從諦一意止	使心止於一境，而不散失
黠　根	爲正意，從諦觀諦	思惟眞理（後譯爲「慧根」）

《安般守意經》經注所言：五力		說　　明	
信　力	從諦信不復疑	能破各種邪信之力	「五根」與「五力」相對而立。五根是五種能力，「五力」則指由五根而生的效能。根與力的主要差別在於活動層次的不同：「根」爲「運作的能力」，它是對佛、法、僧三寶信仰的能力，也是進向理想涅槃的「精進」、「念」、「定」、「慧」等各種能力。
進　力	棄貪行道，從諦自精進，惡意不能敗精進	能破身之懈怠之力（精進力）	
念　力	惡意欲起，當時即滅，從諦是意，無有能壞意	能破各種邪念之力	
定　力	內外觀從諦以定，惡意不能壞善意	能破各種亂想之力	
黠　力	念四禪從諦得黠，惡意不能壞黠意	能破三界困惑之力（慧力）	

《安般守意經》經注所言：七覺意		說　　明	
（念）覺意	從諦念諦	（念覺支）常記定、慧，使之均等	「七覺意」，《禪行三十七品經》譯爲：念、法解、精進、愛、止、定、護等七覺意。其他經典有譯爲「七覺支」者，指：念、擇法、精進、喜、輕安、定、捨等七覺支。「七覺支」爲引導眾生入正覺的七種因素。其中「擇法覺支」是分別、思考、研究的智慧。「喜覺支」是得到更高禪定前的心理滿足。「輕安覺支」是在得到更高禪定前，身心所得到輕巧靈明的感受。「捨覺支」則是遠離得失愛恨，平等無礙的心靈境界。
法識覺意	得道意，從諦觀諦	（擇法覺支）以智慧簡擇法的眞僞	
力覺意	得生死意，從諦身意持	（精進覺支）以勇猛心離邪行、行眞法	
愛覺意	持道不失爲力，從諦足喜諦	（喜覺支）得到善法而心生歡喜	
守覺意	自知意以安定，從諦自在，意在所行從觀	（輕安覺支）斷身心粗重，得身心輕安	
定覺意	已息安隱，從諦一念意	（定覺支）使心住於一境而不散亂	
息覺意	貪道法行道，行道法從諦，意得休息	（捨覺支）捨離各種妄謬，平心坦懷不追憶安謬	

《安般守意經》經注所言：八正道（八行）		說　　明	
直　見	信本因緣，知從宿命有	正　見	澈見苦集滅道四諦的道理，而得正當的見解。
直　治	分別思惟，能得善意	正　思	既得四諦之理，而使真智增長，能正當的思考方法與決策
直　語	守善言，不犯法，如應受言	正　語	以智慧修業，能正當的使用真實的語言。
直　業	身應行，不犯行	正　業	以智慧破除身心所染的一切邪業，因而住於清淨的身心之中。
直業治	隨得道者教戒行	正　命	清淨身、口、意三業，順於正法而活命。
直精進行	行無為，晝夜不中止，不捨方便	正　勤	發用真正的智慧而勇猛的修習涅槃境界。
直　念	常向經戒	正　念	憶念正道而無邪念，以此為生活中應有的作為及態度。
直　定	意不惑，亦不捨行	正　定	入於清淨的禪定之中。

　　在以上《安般守意經》經注的三個部份中，第一部份為全經旨趣的指引；第二部份所論的「十點」為全經的主體，它不但說明了修行方法及次第，而且揭示了安般禪觀的基本架構為五陰（蘊）、緣起、四諦等部派佛教的根基理論。第三部份則為小乘禪觀的重要修持法。第二及第三部份對中國傳統思想而言都是新鮮而有待了解的，從格義的角度觀察《安般守意經》三部份內容所呈顯的問題，可以發現第一部份對「安般」的釋義中，基本的問題在於語言的隔閡上。第二部份則為理論架構的問題。第三部份涉及了與其他經典在法數上的對照，問題在於對佛教基本術語的理解。

三、《安般守意經》經、注所顯示的格義問題

（一）語言的隔閡部份

　　在漢譯《安般守意經》中，其語言的隔閡問題不止一端，但由於缺乏梵原本的對照，因此以下僅對「安般」二字的釋義問題進行討論。《安般守意經》云：

　　　　聽說安般守意，何等為安？何等為般？安名為入息，般名為出息，
　　　　念息不離是名為安般守意者，欲得止意。〔註20〕

〔註20〕見《大正藏》第 15 冊，頁 165 上。

「安般」二字爲梵文 Ānapāna 的音譯，「安」表示入息即吸；「般」表示出息即呼。「守意」指控制思惟意念活動，與後來譯爲「念」的意義相近。所以「安般守意」是「安般念」、「持息念」、「數息觀」的古譯，是藉由氣息的吸入、呼出，令心平靜的禪數觀。檢視注文所解，可以明顯的察覺與安般原義的扞格，由語法語義分析上節所列的十一種解釋，可以得到幾個現象。一是將「安」、「般」二詞做爲不同向量的語意解釋者，如「受、除」、「有、無」、「未、起」、「生、滅」（本因緣、無處所）等。這種解釋的方式，在形式意義上，較接近「安般」作爲「出息、入息」二個相對的內容指向。第二種方式是將「安」、「般」視爲同一向量，而程度不同的語詞，如「避罪、不入罪」、「定、莫使動搖」（清、淨）等；這種解釋明顯不顧「安」、「般」的原意，而著意於對經典意旨的指引。第三種方式則是將「安」、「般」之意比附爲經中出現的概念，如「數、相隨」、「念道、解結」等。

先考慮第一種的解釋方式，其解釋可見於下表：

安（入息）	般（出息）	守　　意
生	滅	意爲因緣。守者爲道也。
有（有者謂萬物）	無（無者謂疑，亦爲空）	意念「有」不得道，意念「無」不得道；亦不念「有」，亦不念「無」，是應空定意隨道行。
本因緣	無處所	道人知本無所從來，亦知滅無處所，是爲守意也。
未	起	已未起便爲守意；若已意起便爲守意，若已起意便走爲不守，當爲還。
受五陰	除五陰	守意爲覺因緣，不隨身口意也。守意者，無所著爲守意，有所著不爲守意。何以故？意起復滅故。意不復起爲道，是爲守意。守意莫令意生，生因有死，爲不守意，莫令意死，有死因有生，意亦不死，是爲道也。

在這五種解釋中，除了將「安、般」解爲「有、無」之說者，大多能關聯於因緣之說。其中，作「未、起」解者，雖沒有論及因緣之說，但仍能就「意未起」及「意起」二者立說，可見詮解者還能知曉「意」與「息」在安般守意中的關聯。而以「安、般」爲「有、無」之解者，非但不能從因緣之說理解守意，而且將「守意」理解爲「持念」的意思，而形成「不持念於有，亦不持念於無」（意即「非住於有，非住於無」）的主觀境界說。這種解釋雖可與《老子》思想中的「無爲」相接近，但二者在基本立場上仍有所不同。道家的「無爲」應由「有無玄同」的沖虛之境中得出，「無」具有形上道體的意

謂。而「亦不念有，亦不念無」中的「無」非指道體之「無」性，〔註21〕而
釋爲「空」。由此推測「亦不念有，亦不念無」的提出應在於般若學傳入中國
之後，而且極可能是道安所作的注解，此點在下節討論道安〈安般注序〉時，
將再加以辨析。總而言之，在第一種解釋方式中，詮解者大都具備相當的佛
學概念，他們對「安」、「般」二字的釋義雖未盡於原意，但仍能不離「安、
般」之做爲相對語詞的基本立意。

第二種釋義的方式如下表所示：

安	般	守 意
避 罪	不入罪	守意爲道也
定	莫使動搖	守意，莫亂意也。安般守意名爲御意，至得無爲也
清	淨	守爲無，意名爲，是清淨無爲也。無者謂活，爲者謂生，不復得苦，故爲活也。

表列的三解，將安、般二字視爲同一向量而程度不同的語詞，明顯的離於安
般守意的原意，推測這種結果可能是出於不懂梵文原意，及缺乏佛學知識而
致。值得注意的是：除第一解以「罪」爲說外，「無爲」成了詮釋的重點。
將安般釋爲「避罪、不入罪」，在現存的經注中雖可找到相近的說法，如「數
息，意不離，是爲法；離爲非法。數息，意不墮罪；意在世間，便墮罪也」。
〔註22〕但經注所說的「墮罪」、「不墮罪」是就數息之得不得法而言，非此
條所解針對安（入息）般（出息）而說，推測誤解的原因，可能基於不了解
「意」、「息」的關聯而作通俗的理解所致。

第二例將「安般守意」解爲「清淨無爲」及「御意，至得無爲」，明顯的
反映道家思想介入佛教思想的一個面向。在這個解釋中，詮解者似能得意、
息之關係，但仍不能由因緣的條件去了解語意，因此在以「定」、「莫使動搖」
去解釋安般的意思時，才會將「守意」解爲「御意」。御有控制的意思，令其
莫可動搖即是御，御而不亂即是守意。這個解釋先預設「至得無爲」的境界，
然後依此境界而有御意的作用，這個理解與「斷念止意」的說法相去甚遠，

〔註21〕《老子》第一章言：「道可道，非常道；名可名，非常名。無，名天地之始；
有，名萬物之母。故常無欲，以觀其妙，有欲，以觀其徼」。牟宗三先生依王
弼《老子注》，將「無」解爲「道之無性」。見《才性與玄理》第五章（台北：
學生書局，1980年修訂五版），頁131。

〔註22〕見《大正藏》第15冊，頁166中。

但在解釋上合於《老子》第三章「爲無爲，而無不治」的說法。

　　第三解以「安爲清，般爲淨，守爲無，意名爲」，將「安般守意」湊爲「清淨無爲」，似不得「安般守意」的原意。其中值得注意的是：此釋將「無」解爲「活」，將「爲」解爲「生」，這種解釋與道家的無爲觀念有別，也與《呂氏春秋》〈本生〉及〈貴生〉的思想不似。〈本生〉的宗旨在「能養天之所生」，〔註23〕〈貴生〉所言是所謂「完身養生之道」，〔註24〕二篇的目的在於長生，且不連言清淨二字。因此第三解的思想淵源，與《老子想爾注》的思想較爲接近，《想爾注》注《老子》「肫若濁。濁以靜之徐清」言：

　　　　求生之人，與不謝，奪不恨，不隨俗轉移，眞思志道，學知清靜，
　　　　意當時如癡濁也。以能癡濁，樸且欲就矣。然後清靜能睹眾微，內
　　　　自清明，不欲於俗。……〔註25〕

上段引文中，「求生」即爲求道之意。《想爾注》改《老子》二十五章：「道大，天大，地大，王亦大」的「王亦大」爲「生亦大」及十六章的「公乃王」爲「公乃生」，謂「生爲道之別體」，可見其對生之重視。〔註26〕而其論「求生」的方法是「學知清靜」，可知清淨是無爲之道〔註27〕的入門徑，而無爲之道則是活生之道。

　　「生道」的意思在《想爾注》中，並不只是養生的「長生」之意，也有「常生」的意思，前者是就形軀而言，後者則就精神而言。《想爾注》注《老子》「安以動之徐生」言：「人欲舉事，先孝（考）之道誡，安思其義不犯道，乃徐施之，生道不去。」又注「公能生」言：「能行道公政，故常生也。」〔註28〕可見生道非僅指長生之道，而有常生之理的意義。此外，《想爾注》雖未言及苦樂之說，但有大樂之說，如注《老子》「安平大樂」云：「如此之法甚大樂」。饒宗頤先生指出此注所據應爲《太平經》卷一百三十〈樂怒吉凶訣〉所言：〔註29〕

　　　　樂，小具小得其意者，以樂人；中具中得其意者，以樂治；上具上

〔註23〕見陳奇猷：《呂氏春秋校釋》（台北：華正書局，1988年），頁20。

〔註24〕見陳奇猷：《呂氏春秋校釋》，頁75。

〔註25〕參見饒宗頤：《老子想爾注校牋》（香港：作者自刊選堂叢書之二，1956年），頁20。

〔註26〕參見饒宗頤：《老子想爾注校牋》，頁35。

〔註27〕《想爾》引《老子》「專氣致柔能嬰兒」注云：「嬰兒無爲故合道，……」。見饒宗頤：《老子想爾注校牋》，頁13。

〔註28〕見饒宗頤：《老子想爾注校牋》，頁20、22。

〔註29〕見饒宗頤：《老子想爾注校牋》，頁65～66。

得其意者，以樂天地。樂人法者，人爲之喜悅；得樂治法者，治爲
其平安；得樂天地之法者，天地爲其和。天地和則凡物爲之無病，
群神爲之常喜，無有怒時也，是正太平氣至，具樂之悅喜也。

樂則天地道德悉出也，怒則天地惡悉出也。故天地樂者，善應出；
天地不樂者，惡應出也。

《想爾注》及《太平經》所言之樂喜之說，雖與佛學所言的「離苦」在理論
上有別，但「得樂」的基本趨向卻是相同的，二者在表面的意義上具有互相
比附的基礎。

由以上的分析可知，在第二種解釋的方式中，出現了《老》、《莊》及道
教《太平經》及《想爾注》的思想，這類思想的滲入雖然不在《安般守意經》
經注的第二及第三部份中出現，但基於對全經意旨的解釋，它們的出現仍然
具有指標的意義，代表著不諳佛學理論者對佛經經旨的可能看法。

第三類的解釋方式如下表所示：

安	般	守　　意
身	息	守意爲道。守者爲禁，亦謂不犯戒。禁者亦爲護。護者，遍護一切無所犯。意者息意，亦爲道。
數	相　隨	止
念　道	解　結	不墮罪

在上三例中，第一例將「安、般」解爲「身、息」，「息」的意思是「氣息」
或是「止息」在此並不清楚，但細考下文對「守意」的解說，「息」似乎做「止
息」解較爲恰當。如依「止息」言之，「身息」即「身止」，這是就「外」而
言，止由身所發動之惡息同理，將「守意」解爲「止（息）意，而無所犯戒」，
應是就「內」而言，止息由意所發動之惡。這個解釋雖不是就「安般」的原
意去掌握，但似嘗試將「安」、「般」、「守意」三詞，解釋爲方法次序上的三
個進程（身止而後意止，意止而後不犯戒），而企圖由此貫串全經的意旨。

第二例的立場與第一例同，企圖以「數息、相隨、止」三者作爲「安、
般、守意」三者的次序綱領。有意的解爲次序排列之情形亦出現在第三例。
第三例中的「結」應爲結集，繫縛之意，爲煩惱之別名，故「解結」應與現
存《安般守意經》中的「棄結」的意義相同。〔註30〕第三例的次序應是先「念

〔註30〕《安般守意經》云：「第五還棄結者，謂棄身七惡。第六淨棄結者，爲棄意三

道」，後能「解結」，而達「不墮罪」，這也是對全經義涵的一種解釋。

　　經由以上的分析，可對語言的隔閡問題作一小結：

　　（1）經文雖已揭示了「安名爲入息，般名爲出息，念息不離是名爲安般守意者」的意義，但不能被中國的學者確定爲字義，因此，嚴謹的學者朝著「入、出」的形式意義去考量，而將「安、般」解釋爲不同向量的意義。這種解釋雖然不見得正確，但多能掌握基本的佛教教理。

　　（2）在安般意義不明確的情況下，乃由對全經的意旨去做推測，而有第二釋義的方式。這類的臆測不能脫去中國傳統思想的固執性，因此反映出強加比附的現象。在這部份的例子中，可以看到道家似的「無爲」觀念，也可以看到道教的「生道」思想。

　　（3）第三種釋義方式，尚能了解中印思想的不同，因此嘗試由經文的文字去猜測，而形成字義及理論的錯置現象。這種現象非但出現在對字義的解釋上，也出現在自身理論術語的誤置上。如上節論及經注的第三部份，會出現：「數息爲四意止，相隨爲四意斷，止爲四神足念，觀爲五根、五力，還爲七覺，淨爲八行也」這類將十點比附爲三十七道品的情形，這也是基於嘗試用教理去解釋教理而形成的錯置及誤解。有關此點，於下文將有較詳細的說明。

（二）理論的部份

1. 理論上的基本歧異──「觀」的考察

　　《安般守意經》經注的主要內容在於十點，如果要簡約的把握十點的意義，最重要的應是「止」、「觀」二者。安般守意是一種冥想呼吸法，冥想的首要目的在使心念安定，此即是「止」的訓練。但「止」的活動並不是最終的目的，而只是「觀」的基礎，因此「觀」的關鍵性要高於「止」。中國傳統主流的儒道思想中，道家的思想與止觀的思想有部份的相似性，但如將二者對照比較，將會發現二者在思考方式上仍有差別。就「觀」而言，《老子》第一章「常無欲以觀其妙；常有欲以觀其徼」、十六章「萬物並作，吾以觀復」，大都可解爲：觀照形上道體始物、終物之玄妙。〔註31〕佛教教理異於老莊的

　　　惡」。見《大正藏》第 15 冊，頁 167 上。

〔註31〕如王弼《老子注》十六章注「吾以觀復」言：「以虛靜觀其反復。凡有起於虛，動起於靜，故萬物雖並動作，卒復歸於虛靜，是物之極篤也」。見樓宇烈：《老子周易王弼注校釋》（台北：華正書局，1983 年），頁 36。注文所謂「物之極

思想，從不以爲現象之外有所謂的形上的本體。因此，佛教所謂的「觀」是就觀照自身及所有構成的現象而言，「觀」的目的在透見自身爲五陰（蘊）、法（dharmas）的假合，其最終的目的是涅槃，在涅槃之中，諸法的騷動將得到止息。

「法」（dharma）爲構成物質現象及心識活動的基本元素，在中國思想中與之相近的概念應是「元氣」的概念，〔註32〕故支謙所譯《佛開解梵志阿颰經》譯物質元素四大而言：「天地人物，一仰四氣」。陳氏《陰持入經註》解「五陰種，身也」以元氣爲喻。〔註33〕又由於《安般守意經》是以數算氣息爲入手工夫，中國人很容易將之視爲與胎息、養氣相近的「精氣」觀念。不管是「元氣」或「精氣」，它們都具有物質性的意義，也具有形上學上的意義，因此在中國氣概念的固執下，也容易產生對「法」的誤解。

道家氣的思想強調「氣」的轉化具有提升自身的功能，所以不管是基於何種修持，大多傾向於二個目的：一是不使精氣消耗而成養生的目的；〔註34〕二是使心形成一純氣的狀態，而能自由的受納外在的事象。〔註35〕後者比較接近於《安般守意經》中「觀、還、淨」的境界。但在道家「通天地一氣」〔註36〕的想法下，「氣」最終仍被視爲宇宙生化的基本能量而加以肯定，這種立場與佛教教理相去甚遠。簡單分判佛教與中國思想的不同大致可說：中國思想基於形上學的考量，肯定純化之氣具有形上學的地位，可做爲形上與形下溝通的中介，所以人的活動以轉化氣質而達精純境界爲有價值。但在佛學的立場，「氣」（īrana）

　　　篤」有「虛靜」的道體意義，所以「觀復」實有觀道體之始物、終物的意思。
〔註32〕 湯用彤《漢魏兩晉南北朝佛教史》謂：「漢代以來，中國陰陽五行家盛行元氣之說，故漢魏佛徒以之與五陰相牽合」（上冊，頁139）。
〔註33〕 《陰持入經註》：「師云：五陰種，身也。身有六情，情有五陰。有習眼爲好色，轉中色，轉惡色；轉三色。色有五陰，并習合爲十八事，六情各然，凡爲百八結。滅此生彼，猶穀種朽于下，栽受身生于上。又猶元氣，春生夏長秋萎冬枯。百穀草木喪於土上，元氣潛隱，稟身于下。春氣之節，至卦之和，元氣悁躬于下，稟身于上。有識之靈及草木之栽，與元氣相含，升降廢興，終而復始，輪轉三界無有窮極，故曰種也」。見《大正藏》第33冊，頁10上。
〔註34〕 如《老子》十一章言：「專氣致柔，能嬰兒乎」。《莊子·達生》中木工名人魯國梓慶所言：「未嘗敢以耗氣也，必齊（齋）以靜心」。又《莊子·刻意》曾提到「吐故納新」、「熊經鳥申」等導引術。
〔註35〕 如《莊子·人間世》載孔子與顏回關於心齋的問答，強調：「無聽之以耳而聽之以心；無聽之以心而聽之以氣」。
〔註36〕 見《莊子·知北遊》。

是諸種「法」（dharma）的一種，諸法中不論是空氣，或是四種構成物質的元素（地、水、火、風，四大），或者構成心識作用的五蘊，都是藉由運動所表現出來的物質原子。物質的元素與心理的元素都不具永恒性及穩定性，在刹那間生滅，不具任何的持續性質。由於這些元素的特性與聖者純淨的狀態相反，因此對於「法」最終不是要轉化、肯定之事，而是要止息之事。

基於二種文化對「氣」與「觀」的不同的理論及態度，二者實不易達成理論上的溝通。因此，中國學者對佛教冥想呼吸法中「觀」的概念可能有三種傾向：一是放棄中國的思想及其思考模式，保持認同的意向；二是避去此問題，而發揮與中國思想可融合的論點；三是改造佛教教理的部份意見，使之與中國的思想相近。這三種傾向事實上也反映在對「安般守意」的釋義中，如上節所分析的第二種釋義的方式，實近於改造部份教理，發揮可融合之論點的態度。相對而言，第一、三種釋義方式較接近於認同的態度。當然，在《安般守意經》的經注中，這三種傾向是基於誤解或者有意為之，不能被清楚的釐清，因此，進一步的察考經序的部份成了重要的工作。

2. 經序思想所反映的理論架構——「心」的考察

（1）康僧會

僧祐的《出三藏記集》留下了康僧會（217～280）、道安及謝敷所作的三篇經序，〔註37〕這三篇文獻，可說是追索上節所提示問題的重要材料。據康僧會的〈安般守意經序〉自敍，他曾師事南陽韓林、穎川皮業、會稽陳慧。又《高僧傳‧安清傳》言安世高曾封函懸記：「尊吾道者，居士陳慧；傳禪經者，比丘僧會」，〔註38〕此事應是就康僧會〈安般守意經序〉敷衍而成，不盡可信。然如不考慮他們與安世高是否有直接的傳承，韓林、皮業、陳慧、康僧會四者之間的師承關係應是可以肯定之事，〔註39〕因此，康僧會的序、注

〔註37〕見《大正藏》第55冊，頁42～44。

〔註38〕見慧皎：《高僧傳‧安清傳》，頁7。

〔註39〕湯用彤《漢魏兩晉南北朝佛教史》（上冊，頁139）及日本學者如鎌田茂雄《中國佛教通史》多推測韓林、皮業、陳慧、康僧會似師承於安世高（見關世謙中譯本第一卷，頁222）。但從文獻推究，此事仍有疑問。慧皎《高僧傳‧安清傳》引康僧會〈安般守意經序〉之文為：「此經世高所出，久之沈翳，會有南陽韓林、穎川皮業、會稽陳慧，此三賢者，信道篤密，會共請受，乃陳慧義，余助斟酌」。此文較《出三藏記集》所錄多出「此經世高所出，久之沈翳」，如慧皎引文可信，康僧會之師承當不能上推安世高。又湯用彤以為：「安世高、康僧會之學說主養生成神。支讖、支謙之學說主神與道合」（上冊，頁139），

可以作爲早期中國理解小乘禪觀的代表。〔註40〕康〈序〉的結構,可大致分爲三部份:第一、就十二處說明「陰」者是就何而說。第二、說明四禪的境界。第三、介紹安世高的傳譯及康僧會的師承。序文的第三部份前文已約略提及,因此以下先就第一、二部份論析。

康〈序〉說「安般」是:

> 其事有六,以治六情。情有內、外。眼、耳、鼻、舌、身、心,謂之內矣;色、聲、香、味、細滑、邪念,謂之外矣。

在小乘教理中,六情分內外而爲十二處,即內六情:眼(視覺)、耳(聽覺)、鼻(嗅覺)、舌(味覺)、身(觸覺)、心(後譯爲「意」,指知的能力或意識);外六情:色(形與色)、聲(聲音)、香、味、細滑(後譯爲「觸」,指觸知之物)、法(指非感覺的對象)。簡要而言,內外六情即是指認知的能力(內)及認知的對象(外),而一切所知的對象又被劃分爲感覺的(觸)與非感覺的(法)二類。但康僧會所論的「六情」非如「十二處」指爲認知的能力及對象,而將之視爲帶有道德意義的認知活動,此由他將指爲非感覺對象之「法」解爲「邪念」可知。〔註41〕

然也以爲支謙與康僧會有所關聯,而言:「《道樹經》者,支謙所譯,會爲之注,可見爲支謙之後輩」(上冊,頁137)。考現存康僧會的〈安般守意經序〉及〈法鏡經序〉雖提到「制天地,住壽命」之說,但其歸本不在形軀之養,而在於「專心滌垢,神與道俱」的心性之養:此外《六度集經》也與支讖一系的大乘經典關係較近,由此可推測康僧會與支讖、支謙非全然無關。

〔註40〕前引杜繼文《安般守意經》(頁172)據康僧會〈安般守意經序〉:「夫安般者,諸佛之大乘,以濟眾生之漂流也」以爲康僧會明確的將安般守意納入了大乘佛學的軌道。但此說頗待斟酌,序文中雖出現「大乘」之詞,但依上下文推斷,此大乘爲濟河之船乘,應非大乘佛學之大乘。又康僧會於序文中說他從韓林、皮業、陳慧請問「規同矩合,義無乖異」,而且「非師所傳,不敢自由」,可見康僧會之注頗能謹守師說。又早期傳入中國的佛典,並無明確的大、小乘的觀念,大乘佛學爲正法的觀念,應確立於鳩摩羅什來華之後。《出三藏記集‧鳩摩羅什傳》言羅什原先所學爲小乘之學,一直到他從佛陀耶律舍學《十誦律》,又從須律耶蘇摩問學大乘之時,才驚嘆:「吾昔學小乘,譬人不識金,以鍮石爲妙矣」。又言羅什披讀《放光經》時,魔來蔽文,唯見空牒。曾聞空中語曰:「汝是智人,何以讀此?」由上述記載可知羅什之前,中國學者並不明大小乘之別。在此背景下,康僧會之混同大、小乘教理的作法,可能不在於將《安般經》納入大乘的軌轍,而在於不了解大小乘教理的殊別,此亦反映中國早期佛學傳播的一般現象。

〔註41〕《安般守意經》云:「數息爲欲斷內外因緣。何等爲內外?謂眼、耳、鼻、口、身、意爲內:色、聲、香、味、細滑、念,爲外也」。未以「念」爲「邪念」。

　　十二處的分類傾向，原來帶有著佛教自身的特徵，它意味著：除了認識的十二處，再沒有別的東西存在。任何對象，只要它不能視爲單獨的認知對象或認知能力，那它就不是實在的；比如自我人格即是不存在的。但康僧會的理解並非如此，我們看到他將《安般守意經》中「眼、耳、鼻、舌、身、意」〔註42〕的「意」以「心」之詞代換，又以「意」爲「意念」之意，而有「意」（意念）出於「心」（知的能力或意識）的說法，其言云：

　　　　心之溢盪，無微不決，怳惚髣髴，出入無間，視之無形，聽之無聲，
　　　　逆之無前，尋之無後，深微細妙，形無髮絲，梵釋僊聖所不能照明，
　　　　默種于此，化生乎彼，非凡所睹，謂之陰也。猶以晦曀種夫粢芥，
　　　　闇手覆種，擧有萬億，旁人不睹其形，種家不知其數也。一朽乎下，
　　　　萬生乎上，彈指之間，心九百六十轉，一日一夕，十三億意。意有
　　　　一身，心不自知，猶彼種夫也。

康僧會雖將「心」的意散迷亂視爲「種」所生的結果，「種」與「陰」應指六情或者五蘊的構成元素，這些元素聚集而爲感覺的作用（內六情）及感覺的對象（外六情）並由此構成種種的執染（意）。

　　康僧會所說的「意」可說是生的騷動，在佛教中這種騷動即是必須解脫的「苦」。由四諦的觀點唯有了知無常、空、無我，而達到涅槃寂靜的境地才能離苦，但康僧會卻不由涅槃無我去說離苦。他說四禪的境地分別是：一、「寂無他念」；二、「心稍清淨」；三、「心思寂寞」；四、「還觀其身（不淨）」。說「還」是「攝心還念，諸陰皆滅」；「淨」是「穢欲寂靜，其心無想」；最後總結安般守意之義云：「得安般行者，厥心即明，擧眼所觀，無幽不睹」。由這些語詞看來，康僧會是就「心識的染淨」立論。佛教教理可說是染淨的理論，或者更確切地說，是關於生的騷動和終極安寧的學說。〔註43〕就染淨的前提而言，康僧會的理解在大的方向與佛教教理相近，但他把「心」與「諸陰」分別看待則與小乘教理有所差異。

　　就小乘教理而言，不管是說「心」（citta）或「識」（vijñāna）或者「意」

　　　　（見《大正藏》，第15冊，頁165中、下）

〔註42〕《安般守意經》云：「何等爲六情？謂眼合色，耳受聲，鼻向香，口欲味，細滑爲身，衰意爲種栽、爲癡爲有生物也」（頁167下）。

〔註43〕Stcherbatsky,Th. :*The Central Conception of Buddhism and the Meaning of the Word Dharma* (London: Royal Asiatic Society, 1923), p.31（立人中譯本《小乘佛學》，北京：中國社會科學出版社，1994年，頁63）.

（manas），之間並沒有什麼差別，都表述為知覺能力的一種元素，這種知覺的要素與其他的生命構成素，或者外色的物質元素在性質上並沒有差別。《安般守意經》中論及「法觀止」說：

> 一切人皆自身為身，諦校計非我身。何以故？有眼有色，眼亦非身，
> 色亦非身。何以故？人已死，有眼無所見，亦有色無所應，身如是。
> 但有識亦非身，何以故？識無有，形亦無所輕止，如是計眼、耳、
> 鼻、舌、身、意亦爾。得是計為法觀止。〔註44〕

即說明眼、耳、鼻、舌、身、意等諸法在性質上平等無別的立場。又，所有的生命構成的元素存有二種不同的性格：一、是它們具有趨向於生的特性，這種特性使它們趨向於騷動與混亂，所以它們是「苦」（duhkha），是「有漏」（sāsrava），「受情欲所左右」。二、為它們不受有漏的影響，是無漏（anāsrava），亦即表現出向著生之減損，騷動的抑止，以至完全寂滅的相反性傾向。大致而言，前一組構成元素相當於「有漏法」（sāsrava dharma）等同於凡夫；後一組元素成了最終解脫的聖者。由凡夫轉為聖者的解脫過程（即構成元素之騷動被抑止的過程）中，有一種特殊的構成元素佔有特別的地位，這便是般若（prajña）的智慧，指為不被世俗思慮影響的理解力。不過通過智慧使一定量的法瞬時顯現停止下來，這只能達到入聖的初級階段。殘存下來的則通過定想加以抑止而消滅。由此，到達終極涅槃的境界便是意識及一切心的過程的完全終結。〔註45〕

康僧會不將「心」視為諸法所成，而視為具有自我本體的意義。因此他不將心的淨化過程視為一種抑止自身騷動的過程，而視為對「意」、「陰」的克除過程，〔註46〕他用「藏垢之鏡」的「劃刮瑩磨」來比喻這個過程。而最後達成的境界，則是主體不生起不善之「意」的「無想」境界。這種將「心」視為自我本體的說法，同樣表現在他的〈法鏡經序〉中，〈法鏡經序〉言：「夫

〔註44〕見《大正藏》第15冊，頁168。

〔註45〕對有漏、無漏及般若、涅槃的理解參見 Stcherbatsky, Th. : *The Central Conception of Buddhism and the Meaning of the Word Dharma*, p.48～54（立人中譯本《小乘佛學》，頁90～101）。

〔註46〕這種看法表現在《安般守意經》經注中，則成為一種克制意念的「無為」之法。《安般守意經》中，應是注文的答問句中，有如下的記錄：「問：『現有所念何以無為？』報：『身口向戒，意向道行，雖有所念，本趣無為也。』問：『何等為無？何等名為？』報：『無者，謂不念萬物；為者，隨經行指事稱名，故言無為也』」。見《大正藏》第15冊，頁170上。

心者，眾法之源，臧否之根，同出異名，禍福分流。」〔註47〕類此之見，可視為小乘教理在理論上的變形。思索這類變形的原因，除了安世高的傳法不純外，可作二種推測：一、受大乘教義中「心之淨染」理論〔註48〕的影響；二、「心」之作為主體意義在中國思想中具有普遍性，因此康僧會的理解方式可能滲入了中國的思想成份。

睽諸早期傳法大、小乘典不加別異的概況，第一說的可能性是存在的。但從理論上看來，可有如下三點的分析：一、大乘一系所說之「心」是在「五陰」之外的，是所謂「離蘊之心」，此與康僧會以「心」為眼、耳、鼻、舌、身、意「六情」所成不同。二、大乘之「心」的解脫理論不同於《安般守意經》由「五陰」六入的止滅建立，而重視去除煩惱，不違清淨心性。三、康僧會的解脫理論中，對「六情」、諸「法」並不採取小乘止滅的態度，也不由大乘離蘊的清淨本心入手，而是採取「觀照」的態度，目的在於「垢退明存」、「無微不察」。這種說法與《莊子》言心齋，使心形成純氣狀態，最後令心氣與道無別之思想相近。〈法鏡經序〉言「專心滌垢，神與道俱」〔註49〕也顯示出類似中國與道合一思想的旨趣，而與大乘教理由緣起法而說「無住心」不同。上述三點中，前二點的相違情形，很難令人相信三國時人對大乘理論有正確的理解。如加上第三點與中國道之觀點的相近情況，實可做如下的推論：今所見《注》、〈序〉的面貌，是受法者對大、小乘佛法擇取的結果。擇取的決定性因素，不在於大小乘何者為強勢理論之問題，而在於傳統思想文化中的固執成份。

〔註47〕見《大正藏》第55冊，頁46。

〔註48〕佛教部派在解釋「補特伽羅」（pudgala 人格，自我）以及生死流轉及其解脫之事，主要有「三世有」及「現世有」二系。小乘部派主張「三世有」，即認為法（dharma）的最小單位是實體（entity），而且在過去、現在、未來的時間流轉中，是沒有增減的。因此他們依蘊、處、界——身心的綜和活動而立補特伽羅，此應即《安般守意經》的基本立場。大乘一系則主張「現世有」，即以為「過去、未來非實有體」，一切「有為法」生滅無常，因果相續，都是現在有，「過去、未來非實有體」；意謂人生、宇宙的實相都在當前的剎那。他們不同於小乘部派依蘊、處、界立補特伽羅，而是以「一心」來解說。一心論者「依心立我」，以心能自照照他，本性清淨，而視煩惱污染為客塵，康僧會之說，如去除他對法數觀念的意見，在形式上接近一心論者。有關「現世有」、「三世有」及「一心論」之說，參見印順：《印度佛教思想史》（台北：正聞出版社，1988年），頁57～80。

〔註49〕見《大正藏》第55冊，頁46下。

（2）道安

康僧會視「守意」爲心之本體由染至淨的過程，並不是特例，而是普遍的現象，此點可由道安的經序中得知。道安在〈安般注序〉中表示他爲《安般》作注的原因是：「魏初康僧會爲之注義，義或隱而未顯」。這句話可以提供二個討論的方向：一是道安在大前提上能認同康僧會的注解，他所認同的部分爲何？二是道安發揮了康僧會《注》隱而未顯的部份，其內容爲何？關於第一個問題，〈安般注序〉言：「夫執無以御有，崇〔註50〕本以動末，有何難也！」「執無御有」、「崇本動末」語近於《老子》「執古之道以御今之有」及王弼《老子指略》所言的「崇本息末」，可說是受魏晉玄學影響而有的語詞，但儘管語詞近似，二者在思想上是否一致是另一問題。

從序文看來，道安所說「崇本動末」沒有王弼理論上的本體意義，而僅爲主體的精神的境界，此點可由對照道安與王弼、何晏對「開物成務」的解釋上得知。王、何之論以爲：

> 天地萬物皆以「無」爲本。「無」也者，開物成務，無往不存者也。陰
>
> 陽恃以化生，萬物恃以成形，賢者恃以成德，不肖恃以免身。〔註51〕

在此論中，「無」被視爲可化生萬物的形上本體。但道安所說「崇本動末」之「本」，並非王何之論中「天地萬物皆以無爲本」之本，所以道安所說之「本」不具本體意義，而是說人在神境界上的「無爲」、「無欲」，他說：

> 無爲，故無形而不因；無欲，故無事而不適。無形而不因，故能開
>
> 物；無事而不適，故能成務。成務者，即萬有而自彼；開物者，使
>
> 天下兼忘我也。彼我雙廢者，守于唯守也。

既不以「本」爲形上本體，故他所說的開物成務不是就萬物而言，而是就主體之能否不受「萬有之拘累」（彼）、「執我之拘累」（我）二方面而言，所要成就的是「彼我雙廢」的主觀境界。〈安般注序〉的開頭說：「安般者，出入也。道之所寄，無往不因；德之所寓，無往不託。」所謂「無往不因」與「無往不託」應是就「無執隨順」而言，在無執隨順之中，能達成任物自然的境界，即是他所說的「成務者，即萬有而自彼」，也即是「無欲」的境界。去除自我執著的境界，即是他所謂的「開物者，使天下兼忘我也」，也即是「無爲」

〔註50〕「崇」字高麗本作「策」，宋本、砂磧本、元本、明本皆作「崇」，茲從後者。
　　　　見《出三藏記集》（點校本），頁 265。

〔註51〕見《晉書》卷四十三〈王衍傳〉所記何晏、王弼之說。

的境界。換言之，「無欲」是對外在他物欲求的減損；「無為」則是對內在自我概念的去除，依「無欲」、「無為」二方面而論，道安乃以「損之又損，以至於無為」與「忘之又忘，以至於無欲」作為「成寂」的二法。由此可見：道安重主體精神境界的基本態度與小乘教理有別，而在「主體染淨」的立場上與康僧會是相近的。

在主體染淨的立場上，道安與康僧會雖有相近之處，但二者對工夫的要求上卻有不同。在由染至淨的工夫上，康僧會主張克除不淨，因此他對「禪」的理解是「棄也，棄十三億穢念之意」。相對而觀，道安不以為「禪」為「棄」，卻有視「禪」為「智」的傾向，他在〈大十二門經序〉說：

> 夫婬息存乎解色，不係防閑也。有絕存乎解形，不係念空也。色解則冶容不能轉，形解則無色不能滯。不轉者，雖天魔玉顏，窈窕艷姿，莫足傾之，之謂固也。不滯者，雖遊空無識，泊然永壽，莫足礙之，之謂真也。何者？執古以御有，心妙以了色，雖群居猶芴靈，泥洹猶如幻，豈多制形而重無色哉！是故聖人以四禪防婬，婬無遺焉；以四空滅有，有無現焉。婬有之息，要在明乎萬形之未始有，百化猶逆旅也。〔註52〕

認為對治穢念，不在於表面的「防閑」、「念空」，即不在於對穢念的克制上，而在於「解色」、「解形」。「解」應為「支解」的意思，解形、解色是由因緣法則而說的，支解形、色即使形色呈現為空的狀態。換言之，在解形、解色之下，即能明白形、色、意念的本質為空，所有的形色皆為因緣合成（萬形之未始有），剎那生滅，沒有永恆穩定的性質（百化猶逆旅），行者如能透澈形、色皆為因緣而成，即能令心遊於物，順隨各種因緣的變化。確定道安此意，則可以推測《安般守意經》經注之首言：「安為有，般為無。意念有，不得於道；意念無，不得道。亦不念有，亦不念無，是應空定意隨道行。有者謂萬物，無者謂疑，亦為空」應為道安所釋。「有」是諸法合成的形色，故也指萬物。「無」是主體心境之虛靜含容而能遊於物，所以是空。能明白心、物二者的關係而得「空」的澈悟，此所以能定意，順隨萬化之變遷。

（3）謝敷

現存《安般守意經》的第三篇經序是東晉人謝敷〔註53〕所作，從內容看

〔註52〕見《大正藏》第55冊，頁46。
〔註53〕謝敷字慶緒，晉時會稽人，性清淨寡欲，曾隱入太平山十餘年，不就官府之召

來，此序由四個部份組成。第一、說明「意」爲「眾苦之萌基，背正之元本」，「即之無像，尋之無朕」，一日一夕可成「十三億想」。佛陀爲了防範「意」之漸入惡果，杜塞忿恨貪欲的幾兆，因而啓示了安般的要徑。第二、說明制伏穢意如僅是「深閉耳目以避聲色；修行寂定以遏俗欲」均非究竟之道，只是以禪定換來一時喜樂，最終將使福田日失，興起根本煩惱，而致招罪惹禍。謝敷認爲造成上述的結果乃是重禪定而無智慧所致，他指出正確的禪定應通過智慧而取得，而依智慧而有的禪定又可分爲「無著」、「緣覺」、「菩薩」三乘。「無著」以入涅槃爲樂，志在自我的解脫，不求利濟他人。「緣覺」只斷絕了因緣的纏縛，卻沒有大悲的宏願，因此，三乘中「菩薩乘」才是最高的禪境。菩薩的境界是「深達有本，暢因緣無」，所謂「達本」是指「有有自空」這是就諸法假合無自性而言；所謂「暢無」是指「因緣常寂」，這是就諸法因緣刹那生滅，無永恒性而言。〔註 54〕因爲萬物皆無自性，所以不於萬物之外求其恒常的本質（「自空，故不出有以入無」）；因爲因緣生滅不具永恒性，所以不執著於生起變化，而歸於寂滅（「常寂，故不盡緣以歸空」）。第三、介紹安世高之志業及譯作本經的貢獻。第四、說明自己爲此經注解、作序的用心，及解經的方法。

　　謝敷序文的一、二部份出現了與康僧會序文相近語詞，如「意」爲「眾苦之萌基，背正之元本」，「即之無像，尋之無朕」，「一日一夕十三億想」等等，但他最終仍不能同意康僧會的意見。所以他雖同康僧會一般以「明鏡之瑩剗」爲例說明禪定的功能，但卻批評這種方式是「無慧而樂定」，以爲眞正的開悟者應不僅止於「守寂」，而是能「遊心於玄冥」。從菩薩思想看來，謝敷無疑是以大乘的教義來讀《安般守意經》，但由於當時中國學者並不眞正了解大、小乘思想的差異，所以在理論上，謝敷對「無著」、「緣覺」的小乘禪觀並不採取批判的立場，而視爲發心立願的大小之別。〔註 55〕因此，謝敷的

───────────────────

請，人稱「吳中高士」。其著作《出三藏記集》卷七載有〈安般守意經序〉；又支愍度〈合首楞嚴經記〉下云：「三經謝敷合注，共四卷」，可見謝敷曾爲《楞嚴經》作注。謝敷之事蹟略見於《法苑珠林》卷十八、六十五（《大正藏》第53冊，頁 418 上、785 上）及《弘明集》卷十、十一、《廣弘明集》卷一、《集古今佛道論衡》卷甲（《大正藏》第 52 冊，頁 69 中、74 中下、頁 100 中、369 上）。

〔註 54〕謝敷：〈安般守意經序〉言：「菩薩者，深達有本，暢因緣無。達本者，有有自空；暢無者，因緣常寂。自空，故不出有以入無；常寂，故不盡緣以歸空」。見《大正藏》第 50 冊，頁 44 上。

〔註 55〕謝敷：〈安般守意經序〉言：「此三乘唯同假禪靜，至於建志，厥初各有所歸，

看法實兼取康僧會及道安思想,而將二者的思想視爲初終二個不同的階段,
觀其最終肯定的「遊心於玄冥」的境界,也與道安的說解無別。「遊心於玄冥」
之語中,「心」爲主體義;「玄冥」爲幽深玄遠不可測之意,乃言因緣之生滅
無常;而「遊」的意義近於道安所說「無往而不因」、「無往而不託」順隨無
執的意思。

謝敷綜合康僧會及道安之說的作法,顯示了他個人的研究旨趣,而這種
態度亦見於他對經典的理解方法上。在序文的第四部份,他說明了比合經義
思想的理解方式:

> 然冥宗已遠,義訓小殊,乃採集英彥,戢而載焉。雖初聞大要,未
> 悟者眾,於是復率愚思,推檢諸數,尋求明證,遂相繼續,撰爲經
> 義。并抄撮《大安般》、《修行》諸經事相應者,引而合之,或以隱
> 顯相從,差簡搜尋之煩。

類似「採集英彥,戢而載焉」而後參究經義的作法,實代表中國了解佛教思
想的另一種態度,〔註56〕而這種態度也表現在謝敷對「守意」思想的看法上。

由本節的分析可知:從理論現象上看來,要中國的佛教徒完全放棄原有
的思考方式實是困難之事。但由謝敷經序看來,這種傳統觀念的固執性,應
該不是有意於融合外來思想,否則他們不必比合經義,嘗試去建立正確的佛
教理解。基本的關鍵應該在於:中國學者沒有清楚的了解佛教「心」、「識」
等精神性的概念與「諸法」(dharmah)的關係。這個理解上的限制,使得他
們在有意無意之間都肯定精神性主體的存在,這使得中國人極其自然地,將
佛教對諸法的騷動與止息的理論,解釋爲主體的染淨問題。就此一現象發展,
中國的佛教後來重視眞常心一系之理論,實有其跡源可尋。

3. 部份理論重建上的誤解──「數」的考察

「數」指「數法」,所以稱爲「數法」是因爲它表示:一、釋經的名數分
別;二、對於「法」的諸門分別。〔註57〕前者是由佛經中的法相、名目整理
分類而成,如前文所提及的五蘊、六情、十黠(慧)等。後者指「法」可依

故學者宜恢心宏摸,植栽於始也」。見《大正藏》第55冊,頁44中。

〔註56〕類似的態度亦可見於嚴佛調的《沙彌十慧章句》、康僧會集《六度經》及道安
的《十法句義經》(見《出三藏記集》卷十〈沙彌十慧章句序〉、〈十法句義經
序〉)。

〔註57〕對於數法的解釋參見呂澂:《中國佛學源流略講》第一講(台北:里仁書局,
1985年),頁31。

不同的需要而給不同的類別，如地、水、火、風既被歸爲「四大」，也是「六界」中的四項。本節所論的「數」以前一種意義爲主。

在《安般守意經》中，提到的「數」有「三毒」、「四諦」、「五陰」、「六情」、「七意」、「十黠」、「三十七品經」……等等，其中對「三十七道品」的說明所佔的篇幅最大，《安般守意經》下卷幾乎可視爲三十七道品的廣釋。

三十七道品的說解本應見於《三十七品經》，現存佛經也可見安世高所譯的《禪行三十七品經》。〔註58〕然由於僧祐《出三藏記集》的目錄不見此經，又經「三十七道品」的名目與《安般守意經》有許多不同，所以現存的《禪行三十七品經》是否爲安世高原譯，頗待考察。可能在《安般守意經》下卷中，保存有安世高對三十七品的譯文，亦未可知。

三十七道品幾乎含括了小乘佛學的所有修持方法，它由「四意止（四念處）」、「四意斷（四正勤）」、「四神足（四如意足）」、「五根」、「五力」、「七覺意（七覺支）」、「八正道」等七種體系組成。這七種體系，有人視之爲由低至高的修行體系，但由它們的組成看來，應該是各自獨立的體系，不應視爲具有高下次序的修持方法。〔註59〕佛陀依其弟子根機的差異，而有不同修行的方法，例如「五根」、「五力」皆以「信」爲首，這表示只要信仰佛法僧三寶，即可悟入菩提；這是爲初機者所設的法門，爲根機較低、慧根較淺者的修習良方。相對而言，「七覺支」則較不強調信，而重禪定，所以七覺支是由禪定而證菩提的修行方式。由此可知，三十七道品中的每一體系均已自足，並非實踐三十七道品的每一部分才能成就。原始佛典所以稱「四念住」、「四如意足」、「觀五蘊無我」與「觀四聖諦」爲「一乘道」（ekāyana magga）〔註60〕，意指只要實踐其中之一，即可通於全部，而達於最高的境界。

由於三十七道品中的七個體系具獨立自足性，所以各體系中不乏重覆的部分。如傳說爲安世高所譯的《禪行三十七品經》即言：若惟行正治，以修治四意斷（四正勤）之事；若惟行正念，以受行四意止（四念處）；亦惟行正

〔註58〕見《大正藏》第15冊，頁180。

〔註59〕水野弘元《原始佛教》即持七體系爲獨立自足的看法（郭忠生中譯本，頁148）。

〔註60〕說「四念處」爲「一乘道」的經典有《雜阿含》卷一九第五三五經、卷二四第六○七經。說「四如意足」爲「一乘道」的經典有《雜阿含》卷二一第五六一經。說修五蘊觀而覺悟，甚至在解脫後還是修五蘊觀的經典有《雜阿含》卷一○第二五九經。說由諦觀四聖諦能得種種境界的經典如《雜阿含》卷一五第三九三經。

念，以思念四禪。〔註61〕

　　因此，「七覺支」中的「精進覺支」便與「四正勤」的全部內容，以及「八正道」中的「正勤」、「五根」中的「精進根」、「五力」中的「精進力」、「四如意足」中的「勤如意足」等等相同。而「四念處」實可貫通於「五根」中的「念根」、「五力」中的「念力」、「七覺支」中的「念覺支」、「八正道」的「正念」。論及「三摩地」的「定」，可通於「四如意足」的「定如意足」、「五根」中的「定根」、「五力」中的「定力」、「七覺支」中的「定覺支」、「八正道」中的「正定」。論及智慧，「四神足」中有「觀如意足」、「五根」中有「慧根」、「五力」中有「慧力」、「七覺支」中有「擇法覺支」、「八正道」中有「正見」〔註62〕可相通貫。

　　《安般守意經》的修持法門是由控制出、入息入手的「安般念」（ānāpānasati），從數息、相隨、止、觀、還、淨六事看來，它應是一套獨立自足的修行法門。六事如與四禪、五通、三十七道品……等並說，而指明其成就境界之同，在佛經中是常見的現象，但其論說頗有理則。如《修行道地經》卷五〈數息品〉中亦將「守意」與四禪、五通、四神足、五根、五力、八正道並說，而言：

　　　　何謂凡夫求寂然（止）？〔註63〕欲令心止住除五陰蓋。何故欲除諸
　　　　蓋之患？欲獲第一禪定故。何故欲求第一之禪，欲得五通……已得
　　　　四禪自在如，此為五通。

上段文字言：除五陰蓋即可獲四禪五通；獲四神足即具足五根。這說明依法修所能達到的有些境界是相通的。同理，四禪境界與五通境界是相同的；四神足與五根的境界亦同。又如《修行道地經》卷五言：

　　　　此八正道中，正見、正念、正方便，計是三事屬觀；其正意、正定
　　　　是二事則屬寂然。是觀寂二，如兩馬駕一車乘行。

以為八正道中，正見、正念、正方便與「觀」的法門是相近的，而正意、正定則接近「止」之法門。由此段引文可知：佛經中諸法數並說比附，即使在各法門所達到的境界上說其同，但就修行實踐的重心而言，仍各有其特色，

〔註61〕見《大正藏》第15冊，頁181中。
〔註62〕水野弘元以為：「總結而言：三十七道品中，僅有十二或十三個獨立的法門，其他則為重覆而已」。見《原始佛教》，頁150。
〔註63〕對照安世高譯《道地經》與竺法護《修行道地經》，安世高所譯為止、觀之「止」者，竺法護譯為「寂」或「寂然」。

不能籠統的視之爲同。

以此而論，今見《安般守意經》經注以具有修行次序之意的六事等同於三十七道品，或視爲「三十七品經」的部份，似脫離上述理則而有隨意比配的情形，恐非經文本義。如上卷言：

> 數息爲四意止（四念處），相隨爲四意斷（四正勤），止爲四神足念，
> 觀爲五根、五力，還爲七覺意（七覺支），淨爲八行（八正道）。〔註64〕

這段文字對照以下所引之下卷文字所言，〔註65〕二者應有所牴牾：

> 數息爲墮十二品，何謂十二品？數息時墮四意止；息不亂時爲墮四
> 意念斷；得十息有時爲墮四神足；是爲墮十二品也。
>
> 問：何等爲念《三十七品經》？報：謂數息、相隨、止、觀、還、
> 淨。行是六事，是爲念《三十七品經》也。行數息亦爲行《三十
> 品經》。
>
> 問：何以故爲行《三十七品經》？報：數息爲墮四意止。何以故？
> 爲四意止亦墮四意斷，用不待念故。爲四意斷，亦墮四神足，用從
> 信故，爲神足也。
>
> 數息爲墮信根……（以下文字爲：亦墮能根、識根、定根、點根）。
>
> 數息亦墮信力……（以下文字爲：亦墮進力、念力、定力、點力）。
>
> 數息亦墮覺意……（以下文字爲：亦墮法識覺意、力覺意、愛覺意、
> 息覺意、定覺意、守覺意）。數息亦墮八行。用意止故入八行。…….

仔細考慮下卷引文的部份，可以清楚的察覺，其大義是：「行數息即行三十七品經」、「行數息即行四意止、四意斷，成四神足等十二品」。這種說法有其合理性，意即：「行數息觀上的教法即可如行三十七道品的中任一重要的教法一般，可得到無上的菩提」。

另外，上引下卷之文字出現「問」、「報」等答問的形式，也是值得關注的現象。這類問、報式的文字在《安般守意經》的下卷大量出現，如尋繹上下文，應爲注者對經文所作的解釋。據目前所知，安世高原譯爲二十紙本，今見爲四十五紙本，可推測今本有一半左右的內容是屬於注文的部份。除去「問、報」的說解，下卷經文的部份或可推求。經文上卷的注文，雖不易檢索，然如果對下卷經注的判斷無誤，前引卷上之文中，以「數息爲四意止（四

〔註64〕見《大正藏》第 15 冊，頁 164。
〔註65〕見《大正藏》第 15 冊，頁 170 上、中。

念處），相隨爲四意斷（四正勤），止爲四神足念，觀爲五根、五力，還爲七覺意（七覺支），淨爲八行（八正道）」的說法，應該不是原始的經文，而爲注解的部份，而且可能是錯誤的解釋。

如以「數息爲四意止，相隨爲四意斷，止爲四神足念，觀爲五根、五力，還爲七覺意，淨爲八行」，則無法說明：何以「止」之境界可達「四神足念」，卻不能達「五根、五力」或者「八行」？而且數息、相隨、止、觀、還、淨六事中，「淨」是最高的進程，如此是否意指「四意止、四意斷、四神足念、五根、五力、七覺意、八行」中，以八行爲修行的最終境界？因此，這種將六事的次序比爲三十七道品的做法，可能不能契合下卷經文的意思，而且會衍生更多的疑義。其問題在於把二種修持方法相爲比附，但比附雙方的理論意義卻有重點上的差異。

值得注意的是：這種比附可能即是謝敷所說：「推檢諸數，尋求明證」的理解方法之一。如果「推檢諸數」的目的是要重建無法理解的理論，推檢不當將帶來更大的理論誤解。在如此的比附下，讀者可能是理解了一方而誤解另一方。因此以這種方式進行理解，有時反而容易產生負面的效果。

四、小　結

現存《安般守意經》經、注不分的現象，提供了許多「格義」的線索，其中以「語詞之語意」的問題，以及「理論的理解問題」最爲重要。在語言的理解問題上，可以發現單一「語詞」最容易摻入個人在解釋上的臆測，特別是做爲經典名稱的語詞（如「安」「般」「守意」），常被略去詞語的原義，而以全經的思想去解釋。這類的解釋大多數是基於籠統的印象，而不是基於對經典本身理論的深究，所以特別容易被解讀爲本地的思想。因此，在這部份的分析中，可以發現《老》、《莊》及道教諸如《太平經》、《老子想爾注》等思想內容的匯入。

在理論的理解上，由於所涉及的不是單獨的語詞，而是觀念叢，所以較爲複雜。在這部份的分析中，本文找出了中國及佛教教理的二組觀念進行考察：其一是佛教「法」（dharma）與中國「氣」的觀念。二是佛教的「無我」及中國「自我本體」的概念。

在「法」的概念中，外境之形色，與內在的覺識二者是相對成立的，不管是外在的形色或者內在的覺識，二者都具有不穩定、非永恒、刹那生滅的

性質，因此在涅槃的境界中，二者同歸於寂滅。中國的「氣」雖也可以視爲精神或物質的最小單位，但它作爲道體的具體實現，具有可被轉化爲形上意義的性質，所以不成爲精神活動上煩惱的來源。此外，中國思想常將外境的形色與內在覺知的問題分別看待，外境爲氣的聚毀生滅，無永恒性爲無常，而純粹的覺識爲清淨之主體，可與永恒之道相合爲常。因此，中國人大多預設著精神的主體，而視煩惱的問題在於精神主體的染淨，不在「氣」的聚、毀、活動之上。考察《安般守意經》的三篇經序，可以發現佛教「法」、「無我」及「業」的概念並不能取代中國原有的「自我本體」的觀念，不管是康僧會、道安或者謝敷都不能免於這種傾向。

基於中國思想中的某些觀念不易動搖，以及佛法傳來的系統不清等因素，使學者在理解佛教教義上產生了實際的困難，其中最明顯的是對小乘佛學中「法」及「數」之觀念的理解。基於上述的因素，有些學者如謝敷，才會使用教理中較爲確定的法數觀念，去重建理解的可能。或許基於巧合，三十七道品正好可合爲六種不同的修行法門，因而被用來與《安般守意經》中的數息、相隨、止、觀、還、淨六事相爲比附。然而這類的理解方式僅止於表面的類比，並不能透見法數在整體理論背後的意義。

從佛教在中國的發展看來，對語意及法數概念的誤解及混淆，隨著中國梵文學者的增多而得到了改善，但自我本體的觀念隨著般若學的傳入未有改變。因此，從中國理解佛教理論的發展看來，早期所謂之格義問題，似乎也衍生了另一個有趣的現象，即藉由佛教的法數概念，重新詮釋自有文化中的精神主體之新發展。

第二章 《陰持入經》經、注、序中的法數與識神概念

一、《陰持入經》對五陰、六本、十二入、十八持的分類

安世高之譯經中,《安般守意經》關於禪觀,《陰持入經》〔註1〕關於法數,二經概括安世高所譯經的內容特色,可謂小乘禪學之雙璧。〔註2〕署名陳氏的《陰持入經註》〔註3〕說此經「與《安般》同源而別流」,可見早期佛教徒也將《安般守意經》與《陰持入經》二經等量齊觀。由內容上看,此經的重要性不低於《安般守意經》,因為它揭示了小乘禪觀所有法數觀念,如五蘊、十二處、十八界等對「法」(dharma)的分類;四聖諦、十二緣起等的解脫觀念;戒定慧、八正道、三十七道品等實踐方法;以及三界四禪的

〔註1〕 此經可見於《大正藏》第 15 冊,頁 173~180 及《中華大藏經》第一輯第五集(台灣,中國佛教會影印,1962 年),《中華大藏經》本下卷經註不分。又,道安《出三藏記集・新集安公注經及雜經志錄》言:「陰持入者,世高所出殘經也。淵流美妙,至道直邃,為註二卷」,道安所註之文今已不見,又由道安言《陰持入經》是「殘經」,推測今所見(特別是下卷)應非原經之貌。

〔註2〕 《出三藏記集》卷六,道安〈安般序注〉言安世高「特專阿毗曇學,其所出經,禪數最悉」(《大正藏》第 55 冊,頁 43 下)。「阿毗曇」是(Abhidharma)「阿毗達磨」的音譯。「禪」即禪法;「數」即「事數」或「法數」。湯用彤《理學・佛學・玄學》以為序文所說的「阿毗曇」可能是按照原書「本母」(mātrka)安排,也就是依據「事數」或「法數」系列次第的分部及再分部。如《陰持入經》開頭分佛法為三部份,分別是:(1)陰,即五陰(蘊 skandhas)(2)持,即十八持(界 dhātus)(3)入,即十二入(處 ayatanas);再於「五陰」之下列舉(1)色(rūpa 物質)(2)受(vedanā 感覺)等等(見頁 287~288)。

〔註3〕 見《大正藏》第 33 冊,頁 9~24。

世界觀；可說是小乘佛學的理論根基（本經重要的法數觀念，參見文後之附表一至九）。此經是由經首所說「三部爲合行」開展而出，因此所有的理解也環繞於此。

《陰持入經》中所說的「三部」指「五陰」（色、痛、想、行、識）、「六本」（即六情：眼、耳、鼻、舌、身、心）、「所入」（色、聲、香、味、更、法入於眼、耳、鼻、舌、身、心），〔註4〕其實即是小乘佛學對「法」（dharma）的「蘊」（五陰）、「處」（所入）、「界」（十八持）三種分類。

「蘊」（skandha）乃積集之義。「五蘊」指人格自我爲色、受、想、行、識五種元素所積聚，主要可區分爲 rūpa 物質（色）、citta-caitta 心（受、想、識）及 samskrāra 力（行）三部分。物質的部份指爲外部世界或外在對象，歸之於「色蘊」。「心」爲精神性的元素，分配到「受、想、識」三蘊中。「力」爲「行蘊」指爲含有心的能力與一般能力的諸元素。〔註5〕

「處」，本爲「入」、「處所」之意。《陰持入經》所稱的「所入」，指視覺（眼根處）、聽覺（耳根處）、嗅覺（鼻根處）、味覺（舌根處）、觸覺（身根處）、知的能力或意識（意根處）等六種內在根據（āyatana 處、入）或者感受能力（indriyā），及與之對應的形色（色處）、聲音（聲處）、香（香處）、味（味處）、觸知之物（觸處：sparstavya-āyatana 所觸法，指爲可感覺的對象）、非感覺的對象（法處：指爲 dharma-āyatana 法入或者諸法 dharmāh）等六種外在的根據（bāhya-āyatana 外處）或對象（viṣaya 境）。意識及心的現象不會單獨生起，它總是由二類元素相支持引導而生，這二類元素即認知能力（稱爲「六本」或「六根」）與其相應的認知對象（六境）。如「眼識」的生起關係到「眼根」以及某種色（色處）；而意識自身的「意識」，則是在意識的刹

〔註4〕《陰持入經註》註「所入」言：「眼、耳、鼻、舌、身、心斯六體，色、聲、香、味、細滑、邪念所由入也」（見《大正藏》第33冊，頁9下）。然經文對六境之名，只有「色、聲、香、味、更、法」，未有「色、聲、香、味、細滑、邪念」之名。

〔註5〕《俱舍論》第一，謂：除色、受、想、識四蘊之外，其他四十四種「心所」以及十四種「不相應法」之總稱爲行蘊。不過經部及大乘有不同的說法，此可參見多屋賴俊、舟稿一哉、橫超慧日三氏所編《佛教學辭典》（京都：法藏館，昭和30年），頁80。有的學者以爲色、受、想、識之外的「有爲法」是因爲行蘊才有的。「有爲」（samskrta）是通過「行」（samskara）才生成的。這種看法不認爲「行」僅僅是形上學的分類，而具有導致涅槃行爲的實踐意義。此可參見早島鏡正：〈關於「行」（samskāra）〉，《印度學佛教學研究》三（東京：印度學佛教學會，昭和28年），頁308以下。

那中（意根處）對非感覺對象（法處）起了知覺、理解的作用。如再細分，「十二處」中又可分爲「感覺」的（眼、色；耳、聲；鼻、香；舌、味；身、觸）十類與「非感覺」的（意、法）的兩類，前者《陰持入經》稱之爲「十現色入」。〔註6〕

　　《陰持入經》中「十八持」的分類應是「界」的分類方式。「界」（dhātu）意謂成分、要素、基礎，爲各種分類範疇之稱呼，如：眼、耳、鼻、舌、身、意等六根對色、聲、香、味、觸、法等六境，而產生眼識、耳識、鼻識、舌識、身識、意識等六識，合稱爲十八界，《陰持入經》稱之爲「十八本持」。十八界的前十二項即是前文的十二處，這是對各別元素或能力的分析及分類。這些元素與力能的結合生起了「識」，即相續不斷的事件之流（santāna 流或相續），這種相續之流便是自我人格（personality）或者個別的我（補特伽羅 pudgala），如果注意到這種相續之流中結構的成份，便有了「界」。換言之，個人的生命之流顯示出十八種完全不同的成分（界 dhātu = gotra 種）；它始終包括有六種機能（六根），六種客觀的構成元素（六境），以及六種意識（六識）。

　　就修行的過程言，十八界的分類也顯示：基本元素的結構式與不同世界的修行者間的對應。〔註7〕十八界的種種意識僅存於普通的存在界（kāma-dhātu 欲界）；〔註8〕在更高的世界中（rūpa-dhātu 色界），感覺意識漸次消失；而在非物質的世界（arūpa-dhātu 無色界），僅存在著非感覺的意識。「欲界」與「色界」屬於物質的世界，表現爲肉欲與污染。「欲界」中的生命由十八種成份（十八界）構成；「色界」則僅由十四種組成（十八界中除去外六處中的香處與味處，及六識中的鼻識與舌識）；「無色界」則只由「意根」、「法入」及「意識」三種成份組成。處於色界與無色界中的生命具有不同層次的法悅（dhyāna 禪那），普通之人可以經由冥想（samapātti 等至）的努力獲得法悅而得到轉變，進入較高的禪定狀態。

〔註6〕　「觸」，指爲觸知之物（sparstavya-āyatana 所觸法）。「觸」爲感覺的對象，它與六境中的「法」（法入）（指爲非感覺的對象 dharma-āyatana 或者諸法 dharmāh）合爲一切的所知對象。因十現色入指爲感覺的一面，故屬之非感覺一面的「法」與六根中的「意」不在其中。

〔註7〕　Stcherbatsky,T.: *The Central Conception of Buddhism and the Meaning of the Word Dharma*, p.10（立人中譯本《小乘佛學》，頁25）。

〔註8〕　以下所言「欲界」、「色界」、「無色界」，「三界」之界（dhātu）指世界（loka）或存在界（avacara），非「十八界」之界（指爲成分、要素、基礎）。

附表一：〔註9〕五陰

五蘊 skandha	《陰持入經》所言		
	五　陰	五陰種	
色蘊 rūpa-skandha 物理的構成元素，色	色　陰	色 （字）	五根（眼、耳、鼻、舌、身）合五境（色、聲、香、味、更）為「十現色入」為「色種」
受蘊 vedanā-skandha 感受，印象作用	痛　陰	名 （四不色陰）	「身六痛」（眼知痛、耳知痛、鼻知痛、舌知痛、身知痛、心知痛）為「痛種」
想蘊 sanjba-skandha 想念，表象作用	想　陰		「身六思想」（色想、聲想、香想、味想、更想、法想）為「思想種」
行蘊 samskāra-skandha 意志，意作用	行　陰		「身六更」（色所更、聲所更、香所更、味所更、觸所更、法所更）為「行種」
識蘊 vijbāna-skandha 意識，純粹意識	識　陰		「身六識」（眼識、耳識、鼻識、舌識、身識、心識）為「識種」

附表二：構成物質的元素

物質（色 rūpa）		《陰持入經》所言	
第一層次的種（大種） （bhūta = mahābhūta）	地（顯示為堅硬、排斥）	四　大	
	水（顯示為溶濕、吸引）		
	火（顯示為熱熾）		
	風（顯示為運動）		
第二層次的「種所造」 （bhautika）	眼根（傳達視覺的透明物質）	眼	十現色入
	耳根（傳達聽覺的透明物質）	耳	
	鼻根（傳達嗅覺的透明物質）	鼻	
	舌根（傳達味覺的透明物質）	舌	
	身根（傳達觸覺的透明物質）	身	
	色境（視感覺材料）	色	
	聲境（聽感覺材料）	聲	
	香境（嗅感覺材料）	香	
	味境（味感覺材料）	味	
含第一層次的「種」與部份第二層次的「種所造」的可觸知性	觸境（觸感覺材料）	樂（愛）	

〔註 9〕 附表中諸法數的現代譯語參見 Stcherbatsky,Th.: *The Central Conception of Buddhism and the Meaning of the Word Dharma* 的中譯本《小乘佛學》（立人譯，北京，中國社會科學出版社，1991 年）。

附表三：十二入、十八持

十八界					《陰持入經》所言「十八持」			
視感官（眼界）	六根	十二處	眼	五根五樂處	自身六六本六情	十二入
聽感官（耳界）			耳			
嗅感官（鼻界）			鼻			
味感官（舌界）			舌			
觸感官（身界）			身			
知性能力（意界）			心			
色（色界）	六境		色		外有六（色）	
聲（聲界）			聲			
香（香界）			香			
味（味界）			味			
觸（觸界）			更			
非感覺對象（法界）			法			
視意識（眼意識界）	六識		識			
聽意識（耳意識界）			識			
嗅意識（鼻意識界）			識			
味意識（舌意識界）			識			
觸意識（身意識界）			識			
非感覺的意識（意意識界）			識			

附表四：一般分類（1）

				《陰持入經》所言	
有爲法 samskrta adharma	協作的、無常的 72 法			（七十二倒）	
無爲法 asamskrta dharma	非協作的、恒常的 3 法	虛空（ākaca）	空間（空虛處）		無爲
		擇滅無爲 pratisankyā nirodha	藉由般若之智抑止法的顯現（依人之思慮的滅絕）	慧	
		非擇滅無爲 apratisankhyā nirodha	以自然的方式熄滅法顯現的諸因（不依人之思慮的滅絕）	斷	

一般分類（2）

			《陰持入經》所言
有漏法 sārrava dharma	生命過程中的；受愛欲影響的	相應於七十二有爲法（「色」11 種、「受」1 種、「想」1 種、「行」58 種、「識」1 種）有爲法相互協作而爲一普通的生命（prthag-jana 凡夫）	（相應於七十二倒）
無漏法 anāsrava dharma	生命過程受到抑制或減損的；不受愛欲影響的	含三種無爲法 由有漏而無漏爲生命逐步被抑制而變爲聖者（ārya）的過程	（無餘無爲）

附表五：四諦

四　　諦			《陰持入經》所譯
苦（duhkha）不安寧	七十二有漏法 （sārrava dharma）		苦
集（samudaya）不安寧之原因			習
滅（nirodha）永久的平和	三無爲法	無漏法 anāsrava	盡
道（mārga）平和之原因	其餘無漏		道

附表六：生命過程中永久循環的十二個連續環節

十二種因緣			《陰持入經》所言	
無明 avidya	幻　惑	前世因	癡	不知四諦
行 samskāra	業 karma		行	身六望受
識 vijbāna	新生命最初的刹那		識	身六識
名色 nāma-rūpa	感官形成前胎中的五蘊	現世果	名　字	痛想行識色
六入 sad-āyatana	感官的形成		六　入	身六入受
觸 sparca	感官與意志的協作		致	身六思望
受 vedanā	確定的覺知活動		痛　痒	身六痛
愛 trsnā	性之本能的覺醒，新業的開端		愛	六身愛
取 upādāna	生命中不同欲望的追求	現世因	受	欲受、見結受、戒願受、身結行受
有 bpādāna	種種不同意識性的活動		有	欲界有、色界有、無色界有
生 jāti	再　生	來世果	生	五陰、六持、六入
老死 jarā-marana	新的生存、衰朽與死滅		老　死	老死憂悲苦

附表七：《陰持入經》所言斷絕煩惱達到清淨的九種因素或修習內容

九絕處		「九絕處」所絕	四非常
止	攝六情，還意不復受	解「愛」	
觀	一切法寂，能得解受	解「癡」	
不 貪	從不貪	捨「貪」	
不 恚	從不恚	捨「恚」	
不 癡	從不惑	捨「癡」	
非 常	識萬物非常，意不貪著	解「識陰」	解「有常」（非常）
苦	覺身苦，痛陰即滅	解「痛陰」	解「樂想」（苦）
非 身	得非身念，想、行二陰即滅	解「思想陰、行陰」	解「身想」（空）
不 淨	四大惡露，存身內穢，以卻色欲	解「色陰」	解「淨想」（不淨）

附表八：《陰持入經》所言戒、定、慧與八道行的修習關係

八道行（八清淨道種）	清淨本	戒定慧種	所度境界
直語（正語 samyag-vāc）	無恚不犯法本	戒 種	戒淨度「欲界」
直業（正業 samyag-karmanta）			
直治（正命 samyag-ājīva）			
直方便（正思 samyag-samkalpa）	不貪清淨本	定 種	定淨渡「色界」
直念（正念 samyag-smrti）			
直定（正定 samyag-samādhi）			
直見（正見 samyag-drsni）	不惑清淨本	慧 種	慧淨度「無色界」
直行（正勤 samyag-vyāyāma）			

附表九：覆蓋心性，令善法不生之五種煩惱

五 蓋		《陰持入經》所言	所障卻之清淨法	
貪欲蓋 rāga-āvarana	執著貪愛五欲之境，無有厭足，而蓋覆心性	愛 欲	行	戒
瞋恚蓋 pratigha-āvarana	於違情之境上懷忿怒，而蓋覆心性	瞋 恚	等 意	
惛眠蓋 styāna-middha-āvarana	惛沈與睡眠，皆使心性無法積極活動	睡 眠	止	慧
掉舉惡作蓋 auddhatya-kaukrtya-āvarana	心之躁動（掉），或憂惱已作之事（悔），而蓋覆心性	不了悔	精 進	定
疑蓋 vicikitsā-āvarana	於法猶豫而無決斷，而蓋覆心性	疑	慧	四諦

二、陳氏《註》對五陰、六本等基本法數的理解

《陰持入經註》的作者陳氏目前無可考，但由於此書對「五陰」的解釋與康僧會〈安般守意經序〉部份文字相似，有學者懷疑是陳慧所作。〔註 10〕但僧祐的《出三藏記集》及道安的〈陰持入經序〉都未見此書，所以只能推斷此書可能出於韓林、皮業、陳慧、康僧會等之師承系統，其著成時代一般推測在於三國或西晉時期。〔註 11〕有關陳氏對《陰持入經》中的法數觀念及解脫之道的理解，以下將分三小節說明。

（一）心與陰（識神與諸陰）

陳氏《陰持入經註》最受到注意的是對「五陰」的解釋。「五陰」應是「五蘊」的譯名，「蘊」翻自 skandha，爲積聚的意思。本經及舊譯翻爲「陰」不知何據。日本的學者多將「陰」解爲「蔭覆」、「蓋覆」、「陰蓋」之意，視爲對「蘊」的誤解。〔註 12〕以「陰」爲「陰蓋」之解的根據，湯用彤先生《漢魏兩晉南北朝佛教史》指出可能出於支謙譯《佛開解梵志阿颰經》〔註 13〕所云：「五陰覆人，令不見道」。〔註 14〕但觀康僧會〈安般守意經序〉言「視之無形，聽之無聲，逆之無前，尋之無後，深微細妙，形無絲髮」及陳氏《註》言：「識神微妙，往來無診，陰往默至，出入無間莫睹其形，故曰陰」之句，「陰」似不作「蔭覆」、「蓋覆」、「陰蓋」解，而應爲陰陽之「陰」，由無日光而暗昧，〔註 15〕引申有「不明難測」之意，《玉篇》言：「幽無形，深難測，謂之陰」；又揚雄《太玄·玄攡》云：「瑩天功，明萬物，之謂陽也；出無形，深不測，之謂陰也」皆取此意。據此推測舊譯之所以翻爲「陰」也可能不是對「蘊」skandha 這個字的翻譯，而是

〔註 10〕如鎌田茂雄《中國佛教通史》第一卷稱《陰持入經註》的作者是陳慧（關世謙中譯本，台灣：佛光出版社，1985 年，頁 222）。而湯用彤《漢魏兩晉南北朝佛教史》上冊則言：「其作者不明」（台北：台灣中華書局，1961 年，頁 138）。

〔註 11〕湯用彤《漢魏兩晉南北朝佛教史》（上冊，頁 138）及鎌田茂雄《中國佛教通史》（關世謙中譯本，頁 217）皆認爲此書作於西晉之前的三國時代。

〔註 12〕如鎌田茂雄《中國佛教通史》以舊譯之「陰」爲「蔭覆」、「蓋覆」、「陰蓋」之意（見第一卷，頁 221）。

〔註 13〕收於《大正藏》第 12 冊。

〔註 14〕見湯用彤：《漢魏兩晉南北朝佛教史》上冊，頁 139。

〔註 15〕徐復觀以爲陰、陽二字的意義，最初都與日光有密切的關係，他說：「以陰陽爲宇宙間兩種相反而復相成的基本原素（在中國稱之爲「氣」）或動力，因而以此來說明宇宙間各種現象成壞變化的法則或根源的，是經過相當時期的演變而來」。見《中國思想史論集續編》（台北：時報文化出版公司，1982 年），頁 42～43。

對五蘊之構成元素——法（dharma）的某一性質而作的義譯。依小乘佛學的法數立場推測：一切實在的構成元素都平等地成為相獨立、分離、各別的實在（entity）。由它們會相互集聚形成物質或者感覺作用一面而言，可有「蘊集」之義。但由基本元素的精微一面而言，存在的構成元素依五蘊的次序，被解釋為由粗漸進於精的不同元素，如「色」較「受」粗雜，而「識」則最精細。對於這些「精微難察」的屬性而言，可能是舊譯為「陰」（非凡所睹）的原意，然此推論未能有堅實之證據，只得存疑。

五陰指五種元素（dharma）的蘊集，表現而為物質（色）、感受印象（受）、表象（想）、意志或別種能力（行）、純粹感覺或通常的意識（識）等五種集合。這五種元素之間能相互集聚形成物質或者感覺作用，是色、心構成的要素。《陰持入經》說：「陰貌為何等？積為陰貌，足為陰貌。譬如物種名為物種；木種名為木種；火種名為火種；水種名為水種，一切五陰亦如是」。以為「陰」為「積」義，可知「陰」與「蘊」（skandha）的意思大致無別，是說：法 dharma 聚集而成「陰」之貌。但在「積」之義外，《陰持入經》別說「足」義，「足」的意義為何？在經文中並不明確，但由以下物、木、火、水種的譬喻推測，足的意思應是「無所欠缺」之意，意謂各陰相互獨立，自成一類，因其獨立所以可以被明確的分類而為各「種」，「種」為分類的最小單位。「種」的分類亦有生成之義，所以可以火種木種喻之，如火由火種起，木由木種起等等。

陳氏《註》對「陰」的解釋是：

「陰貌為何等？積為陰貌，足為陰貌」〔註16〕積，聚也。謂心默積

聚五陰。盛滿足六情眾苦也。〔註17〕

以為「積」與「足」是就心之「積五陰」、「滿六情眾苦」的狀態而說的。陳氏的解釋如連下文物、木、火、水種的譬喻，實難以通達，但明顯可見他與經文的立場稍有不同，並不將陰視為各類「法」的蘊集，而將之歸屬於「心」的概念之下，從而提高了「心」的地位。陳氏《註》舉《法句經》說：

心念善即善法興；惡念生即惡法興。夫心者，眾法之本也。《法句經》

曰：「心為法本」斯也。〔註18〕

又釋「五陰」、「十二入」、「十八持」說：

〔註16〕引號內為經文，餘為註文，下同。

〔註17〕見《大正藏》第33冊，頁10中。

〔註18〕見《大正藏》第33冊，頁10上。

「何等爲三？一爲五陰，二爲六本，三爲所入」。謂識神微妙，往來無診，陰往默至，出入無間，莫睹其形，故曰陰。

「二爲六本」本根也。魂靈以六情爲根本。人之身受由教樹，輪轉無休。故曰本也。

「三爲所入」眼、耳、鼻、舌、身、心，斯六體。色、聲、香、味、細滑、邪念所由入也。

「五陰爲何等？一爲色」。四大可見謂之色。

「二爲痛」。志所存願，慘怛懼失之情，爲情勞謂之痛也。

「三爲想」。想，像也。默念日思在所志，若睹其像之處已則前，故曰思想也。

「四爲行」。行，行也。已處於此，心馳無極。思善行惡，周旋十方，靡不匝也，故曰行也。

「五爲識」。識，知也。至睹所行，心即知之，故曰識也。

「亦有十二入，何等爲十二？自身六，外有六。自身六爲何等？一爲眼（耳鼻舌身，是爲自身六入。外有六爲何等？色、聲、香、味、更、法。是爲十二入）」。師云：「眼見色有三事，六情皆然也。心意識爲本，一念二作三求。念屬心，作屬意。二不屬識所爲。善惡不過是三事。

「有十八本持」。師云：心爲衆之本主。持諸欲，故曰持。

「十八本持爲何等？一眼二色三識……」。眼與識合，識別好醜，六情義同。《老母經》曰：「眼見色即是意，意即是色」。《了本》云：「佛說：爲眼從色令識生」。斯義如之也。

由上引之文可知：陳氏《註》偏重於將「陰」、「持」解釋爲有情的心理結構。他視五蘊的「色」爲「物質」；「受、想、行、識」爲「精神的心」。從心理方面觀察，「受、想、行」爲心理作用，而生起此心理作用的根本則爲「識」。「識」爲精神活動的主體，它不但在「受、想、行」的對象上產生了區別的作用，而且支配前三者，使這三種作用具有統一性，所以「識」具有統覺義；在如此的分類下，陳氏以「識」爲五陰之首。又由他總論「五陰」言：「識神微妙，往來無診，陰往默至，出入無間，莫睹其形，故曰陰」，解釋「了陰」時說：「識神微妙，諸陰難察……」，〔註19〕可推測他將「心」的概念

─────────────

〔註19〕陳氏註「何等爲了陰」言：「識神微妙，諸陰難察，當諦了理，觀一息中有五

分析爲「識神」與「諸陰」二個部份。「識神」之概念可由以下引文略見一二：〔註 20〕

　　「譬是人爲多熱，如是名遍」由人已受十八本持，識神輪轉，更五陰六本諸入，以招悲、苦、不如意、惱，合聚眾苦，其爲是足矣。

　　「比丘止爲拔三蔥本……」識神受惱，因流無際，行者當三毒，積德莫休，趣至泥曰爲限也。

　　「從有令有生」已有盛陰（五陰盛猛），識神因親，受身更生（受後生栽，其爲無量）。

　　「彼有因緣生，爲上五陰六入六持……」識神輪轉受生，蓋無寧矣。

陳氏所言的「識神」並不等同於五陰中的「識陰」，因爲「識」仍屬「諸陰」之一；「識神」也不是所謂的魂靈；〔註 21〕而指爲心理及意識活動背後的本體；而諸陰（痛、想、行、識）則爲心理及意識的作用。換言之，「心」之概念就意識本體而論是所謂的「識神」；如由意識本體之作用而言是所謂的「諸陰」。「心」所產生的種種壞邪行兇的現象，即五陰、六情所形成、積聚的種種活動的面貌（積聚五陰，盛滿足六情眾苦），此種情狀將造成「識神」的「輪轉」、「受惱」。

　　陳氏「識神」之說的提出，事實上即別舉了「自我本體」的概念，而且他所說的「識神」本體具有淨、染二面，這種思想與小乘佛學中的「無我論」（anātma）有根本上的差異。小乘教義的意識主體總是生死流轉的，而在意識的流轉的主體之外，別無自我本體，自我本體如是離蘊、離識即被歸於不被討論的問題（「無記」avyākṛta）。因爲陳氏的理解與原始佛教有根本上的差別，所以在小乘中被視爲物質與精神的基本元素（五蘊），以及生命相續之流的基本元素（十八持），在陳氏的《註》中都被統括爲「心」的活動。於是，個別的精神與心理的元素被陳氏解釋爲心的系列活動；如「受、想、行、識」在陳氏《註》中成了心之「存願、默念、心馳、識知」的系列展開。

　　　陰也。謂初數息時爲風氣，謂之色陰。念息恐受爲痛陰。是是二念想陰。從息至想爲行陰。已知息意爲識陰。是爲一息中有五陰也。分別知五陰，是爲了陰」。見《大正藏》第 33 冊，頁 17 上。

〔註 20〕見《大正藏》第 33 冊，頁 10 下、13 中、13 下、14 中。

〔註 21〕在《陰持入經註》中，魂靈是會老死憎愛的自我，如說：「魂靈以六情爲根本」又說「群生死時息絕身冷，六情、根都閉，於是魂靈從去曰死」。見《大正藏》第 33 冊，頁 9 下、14 下。

同理，用以說明生命相續之流的十八持，也被陳氏說成是「心所持執的諸種欲望」。〔註22〕凡此，皆顯示陳氏解說逾越於經文的部份。

（二）種與元氣

「種」在佛教經典中大致爲「種子」義，如「阿賴耶識」爲「種子識」。觀《陰持入經》之使用「種」，主要應是種子義，前舉「木種」、「火種」之例可爲其證，又經文中的「無爲種」與「清淨道種」等皆是此義。因此，經文說「五陰種」〔註23〕亦應在此界說之下。

所謂「五陰種」是以六根或六境結合五陰而說色種、痛種、思想種、行種、識種。種子有發生之義，指發生爲「色」、「痛」、「想」、「更」、「識」等心理或精神現象的基本條件或元素。如物質（色）的現象產生於五根及五境這十類基本的元素（十現色入），所以五根合五境爲「色種」。「痛種」表示爲感受能力（樂、非樂、非樂非不樂）的基本元素，存在於意識刹那的感受能力是由痛陰（受蘊，感受、印象的作用）以及六根而起，合稱爲「痛種」，或者就痛陰與六根的結合而稱「身六痛」。同理，「思想種」（思念能力）起於想陰（想蘊，思念表象的作用）與六境，又稱爲「身六思想」。「行種」（意志意識的努力）起於行陰（行蘊，意志、意識的作用）及六境，稱「身六更」。〔註24〕五陰種中最後的「識種」應指爲純粹的無內容的意識〔註25〕（citta 心 =mana 意 =vijñāna 識），如「身六識」中的「眼識」爲與視感覺相結合的同一純粹意識。「身六識」即由「識」與「視感覺、聽感覺、嗅感覺、味感覺、觸感覺、意感覺（知性能力）」等的結合，稱之爲「身六識」。

據上可知，《陰持入經》中「五陰」與「五陰種」應是二種不同的概念，前指「色、痛、想、行、識」而後者指「十現色入、身六痛、身六思想、身六更、身六識」，它是由六根六境二類元素相支持引導而生的，是意識及心之

〔註22〕「十八持」（「十八本持」）應爲分類之名詞，而陳氏視「持」爲動詞，他說：「師云：心爲眾之本主，持諸欲故曰持」，又說：「持六情與色聲香味細滑，可心之榮相持，遂名之爲本持」，以爲「本」爲「心」，十八持爲心所持之諸欲。陳氏此解應與經文有所距離。

〔註23〕參見附表一。

〔註24〕陳氏《陰持入經註》曰：「志之所往，至輒更之，故曰更」，即以「更」爲意志的作用。

〔註25〕純粹意識的作用，其意識的對象爲「非感覺」或「抽象」的法 dharmah 或法處 dharma-ayatana。

現象生起的基本原因。陳氏注解「五陰種」大致由此而說，然亦有其特殊之處，其文曰：

> 「名爲五陰種」。師云：五陰種，身也。身有六情，情有五陰。有習眼爲好色，轉中色，轉惡色，轉三色。色有五陰，并習爲合十八事，六情各然，凡爲百八結。滅此生彼，猶穀種朽于下，栽受身生于上。又猶元氣，春生夏長秋萎冬枯。百穀草木喪於土上，元氣潛隱，橐身于下。春氣之節，至卦之和，元氣悁躬于下，橐身于上。有識之靈及草木之栽，與元氣相含，升降廢興，終而復始，輪轉三界無有窮極，故曰種也。〔註26〕

首先，陳氏說「五陰種，身也」他所說的「身」並非地、水、火、風四大合和之身軀，也非形軀與心識合成之身，而指爲「六情」之身，故「身」應爲「意識之我」，而不是「形軀之我」或由身、心所構成合和之我。由於「身」指爲「意識之我」，所以他雖以「元氣」譬「種」，在理論上並不同於三國時期的《牟子理惑論》，而與康僧會〈安般守意經序〉所述相近。前者將元氣比爲地、水、火、風四種物質性的元素；後者將元氣比爲五陰六情等精神性之元素，二者的界線鮮明。

牟子之說以魂神爲種實，以身爲種所生之根葉，〔註27〕其中身所指爲地水火風四大和合之形軀，用以對照魂神，而有「神不滅論」的原型。但陳氏之說不由「四大」說身而由「五陰」說身；「種」與「身」不指爲「魂神」與「身軀」，而皆指爲精神面向的「識神」與「諸陰」（五陰）的關係。他說：「有識之靈與草木之栽與元氣相含，升降廢興，終而復始」，這句話中將「有識之靈」與「草木之栽」相比，可知其所說之「種」應就構成心之作用的原因而說。故將「諸陰」（五陰種）比爲「元氣」而說「滅此生彼」，意思應是：諸陰刹那聚離的現象雖已過滅（成爲潛隱之種），而識神的活動緣之而起，生起六欲（栽受身生于上）。由此可知「滅此生彼」並不指爲牟子所言靈魂不滅的概念，〔註28〕而與康

〔註26〕見《大正藏》第 33 冊，頁 10 上。

〔註27〕《牟子理惑論》云：「魂神固不滅矣，但身自朽爛耳，身譬如五穀之根葉，魂神如五穀之種實，根葉生必當死，種實豈有終亡，得道身滅耳」（見《弘明集》卷一，收於《大正藏》第 52 冊，頁 3 中）。

〔註28〕鎌田茂雄《中國佛教通史》以爲「元氣」爲「五陰種」；又以爲陳氏之說與《牟子理惑論》有相同的理趣（見關世謙中譯本第一卷，頁 222）。此說可疑，本文不採之。

僧會「種」生「心」之「意」的意見相近。〔註29〕康僧會〈安般守意經序〉說：「一朽乎下，萬生乎上，彈指之間，心九百六十轉。一日一夕十三億意。意有一身，心不自知，猶彼種夫也」。康僧會以為六情之「種」可致「一日一夕十三億意」〔註30〕而成「溢盪」之「心」（或「身」，指為意識之我），其說同於陳氏所言「積聚五陰，盛滿足六情眾苦」之心。〔註31〕陳氏所說既是盛滿六情的「意識之身」，所以他解說「五陰種」時，就略去了經文所著意的根、境對應關係。〔註32〕

〔註29〕考察魏晉以元氣為喻者，大致有二種形式，一是以元氣喻地、水、火、風四大。這種形式旨在說明身體無常中壞滅及輪迴的一面。二是以元氣喻五陰、六情以說明五陰、六情聚離而生的種種穢意邪行。這二種形式各自從物質及精神二方面立說，卻常被混為一談，其實二者的差異極大。以元氣說四大者如前引的《牟子理惑論》，又如康僧會《六度集經》卷八《察微王經》云：「深睹人原始，自本無生。元氣強者為地，軟者為水，煖者為火，動者為風，四者和焉，識神生焉。上明能覺‧止欲空心，還神本無，因誓曰：覺不寤之疇。神依四立，大仁為天，小仁為人，眾穢雜行，為蜎飛蚑行蠕動之類，由行受身，厥形萬端。識與元氣，微妙難睹，形無系髮，孰能獲把，然其釋故稟新，終始無窮矣。王以靈元，化無常體，輪轉五塗，綿綿不絕」（見《大正藏》第3冊）；這段引文說「神依四立」又將「識與元氣」對舉，明顯可知：識與神在元氣之外。又如支謙的《佛開解梵志阿颰經》云：「天地人物，一仰四氣，一地、二水、三火、四風，人之身中，強者為地，和淖為水，溫熱為火，氣息為風，生借用此，死則歸本」（見《大正藏》第1冊，262頁中），皆強調元氣的物質性。以元氣喻五陰、六情之精神現象者如康僧會〈安般守意經序〉及上文分析的《陰持入經註》。至於康僧會〈安般守意經序〉與《六度集經‧察微王經》對元氣及種的用法何以有別？可能的原因是：《六度集經》為集經，既非康僧會所譯，也不是其自己的創作。

〔註30〕見《大正藏》第55冊，頁43上。

〔註31〕陳氏《註》云：「師云：眼見色有三事，六情皆然也。心、意、識為本也，一念二作三求。念屬心，作屬意，二不屬識所為，善惡不過此三事」（見《大正藏》第33，頁10下），即以念由心起，作由意起，求由識起。

〔註32〕陳註「五陰種，身也」其意與傳聞為安世高所譯的《道地經》有相似處，《道地經‧知五陰慧章第二》云：「當知身體本為五種所成：色種、痛痒種、思想種、行種、識種。如若干戶東方郡字，如若干戶南方郡字，如若干戶西方郡字，如若干戶北方郡字，亦非一舍名為郡。是譬色，亦非一色，名色種，若干色為色種。痛痒、思想、行、識，亦如是。色在十入，文亦從法受入是為色種。百八痛是痛種；百八思想是為思想種；百八行為行種；百八識為識種，如是當知五種從後現」（見《大正藏》第15冊，頁231下）。《道地經》中的「五陰」與「五陰種」似乎沒有分別（後譯的竺法護《修行道地經》未有「五陰種」之名，而皆以「五陰」稱之。見《大正藏》第15冊，頁183～189），而且「五陰種」之意不是《陰持入經》所說的「十現色入、身六痛、身六思

其次，陳氏《註》由「種」（色種）而說「栽」（身栽）亦有其特出之處。
如：

> 「色陰名爲十現色入。十現色入爲何等？一眼二色三耳四聲五鼻六
> 香七舌八味九身十樂，是爲十現色入，是名爲色種」。樂，愛也。種，
> 栽也。謂六欲興即身栽生，隨行受形，今之群生，皆行使然。故曰
> 種也。

栽可解爲「種栽」（植物之稚者）也可解爲「栽植」，〔註33〕就陳氏語言之一致
性而言，應是種栽之義。如以種栽之義觀之，陳氏言：「六欲興，即（是）身
栽生」，句法上「六欲」與「身栽」同義。〔註34〕如此他所解釋的「色種」、「身
栽」就偏於「六欲」的一面。由此，陳氏的解釋明顯將小乘法數中「色種」
所包含的十類物質元素，〔註35〕轉爲偏向於道德意義的精神現象。〔註36〕此

想、身六更、身六識」等，而爲不具根、境對應關係的「若干色、百八痛、
百八思想、百八行、百八識」。由此差異可知：《道地經》之指導具體修行與
《陰持入經》專論法數，性質頗不相同，因而在行文及論理的方式上也不相
同。依此而論，陳氏《註》之以「五陰種之身」解《陰持入經》具法數意義
的「五陰種」是否恰當，頗待推敲。

〔註33〕「六欲興，即身栽生」可斷爲「即（是）身栽生」（栽種，植物之稚者）；也
可斷爲「即（就）身栽（植）生」（種植；栽植）。「種植：栽植」之義亦有其
例，如支曜譯《小道地經》言：「道人求向道，要當知過去念事，以過去莫復
念。何以故？復知爲種故。譬如種穀種稻，便念當收稻。……以種念便生一
切聚，在十方待，殃福當受，要不得脫苦。墮殺便種殺；栽盜爲種盜；栽
婬爲種婬……」（見《大正藏》第 15 冊，頁 237 上）。

〔註34〕上引註「五陰種」之文言：「滅此生彼，猶穀種朽于下，栽受身生于上」。其
中「穀種」與「栽受身」相對，可知「栽受身」爲一名詞，其意與「身栽」
同。

〔註35〕「十現色入」爲：「一眼二色三耳四聲五鼻六香七舌八味九身十樂」。十者爲
五根（眼耳鼻舌身）、五境（色聲香味樂）二者的對應。「身」之所對應爲六
根中之「更」，今譯爲「觸」，《陰持入經》何以以「樂」爲「更」（觸），此不
可考，然「十現色入」爲五根、五境之對應當無問題。「觸」（更）（樂）指爲
觸知之物（sparstavya –āyatana 所觸法）。「觸」爲感覺的對象，它與六境中的
「法」（法入）（指爲非感覺的對象 dharma-āyatana 或者諸法 dharmāh）合爲一
切的所知對象。因十現色入指爲感覺的一面，故又名之爲「色種」，因之，屬
非感覺一面的「法」與六根中的「心」（今譯爲「意」）不在其中。

〔註36〕對「十現色入」的註解，陳氏引師說云：「十現色入者，云其內外相入，不可
相失也。視之可見，故曰現也。聲無形云何色乎？曰：聲與耳爲對，耳可見
故云色矣。又以因四大而發，四大爲色矣。願與色違，心惱悁痛，六情同意
矣」。此註開始時亦能注意根、境之對應關係，但其後說「願與色違，心惱悁
痛」，顯然將「十現色入」加入了價値的評述，因此而有以「愛」爲「樂」之

種情形亦見於其註「所入」將經文的「色、聲、香、味、更、法」解釋為「色、聲、香、味、細滑、邪念」，〔註37〕「邪念」之解明顯具有道德上的意義。

陳氏與康僧會以「種」生「心」之種種穢意，及由「心」說我（身）的理論基礎是相同的，所以他們雖同樣註解小乘佛學，卻又異於小乘教理。小乘佛學特別是安世高之學所出的「說一切有」部以為：只持有一個本體與一個機能的東西才是究極的要素，倘若一物具有兩個本體或兩機能，則它必須被分析為兩個存在素。因此，由兩個以上的本體或兩個以上機能所構成的本體，並不是真正的存在。譬如「人」由心與身體合成，身體與心雖為各別實在，但作為這二者之總體的「人」並不是實在。依這種實在論，說一切有部構建了他們承繼原始佛教而來的「無我論」（anātma）。陳氏與康僧會之說在身、心諸法之外，別舉所謂「識神」做為自我之本體，在理論上「識神」的位階高於「諸陰」所構作的人之身體與精神二面，「識神」受「諸陰」影響，卻不由「諸陰」所構作，是獨一無二的實在，這在佛教緣起論的基本大法下並不能成立，故他們的說法與小乘「無我」的根本主張有別。〔註38〕

（三）解脫之道與「無為」之說

由陳氏對「種」與「元氣」的解釋，可知陳氏儘管論說五陰、十二入、十八持，但其立場不是「一切實有」，而是以「心為眾之本主」為立論的基礎。在他的理論架構下，「痛」、「想」、「行」、「識」等四陰成了「心」的系列活動，由「存願」（痛）到「默念」（想）到「心馳」（行）到「心知」（識）可視為「心」之貪執的系列描述。這種立意與《陰持入經》分類法數的立場稍有差距，由此而論解脫之道，有其同者也有其異。

其同者，如論達致涅槃而脫離煩惱之法，在於從事智慧（慧）或禪定（斷）的修習。陳氏在解說斷知時如下表示：

解，顯然是忽略「身」與「更」（觸）（樂）為根、境的對應而致。

〔註37〕《陰持入經註》註「所入」言：「眼、耳、鼻、舌、身、心斯六體，色、聲、香、味、細滑、邪念所由入也」（頁9下）。然經文對六境之名，只有「色、聲、香、味、更、法」，未出現有「色、聲、香、味、細滑、邪念」之名。又「色、聲、香、味、細滑、邪念」亦見於康僧會〈安般守意經序〉，其言曰：「情有內外，眼、耳、鼻、口、身、心，謂之內矣。色、聲、香、味、細滑、邪念，謂之外矣」（見《出三藏記集》，頁242）。

〔註38〕《陰持入經註》解「是為邪見墮受是身」言：「邪見者，見五陰身，以為吾我也」（見《大正藏》第33冊，頁21中）。此註看似主張「無我」，然由其整體之論觀之，陳氏並未否定識神所主之自我本體。

「從斷知爲何等？愛欲已斷，是爲從斷知。彼爲具足，具足爲何等？
或言無有餘具足」。師云：彼彼術家也，眾欲已斷，三十七品即現矣
高術具者，邪向都盡，無復有餘。〔註39〕

在這段文字中，經、註的意思大致無別。陳氏引師說，以爲「斷知」即在令
眾欲斷離。另一種解脫的途徑則是「慧知」，陳氏的註解如下：

乾坤有始終，群生有興廢，成者必敗，盛者必衰，謂之「非常」。生
老病死，履邪受罪謂之「苦」。群生未有，厥本自空，今有幼終成必
空，謂之「空」。身爲四大，終各歸本，非已常實，謂之「非身」。
深睹四事之原，縷別厥欲之歸，輪迴三界，捨身受身積苦無量，持
志於正，觀空三界，欲逮於本無，諸苦寂滅，謂之「慧知」。《明度
經》曰：「癡者以非常、苦、空、非身爲常，樂有身，明度變之，故
曰大明」。〔註40〕

這是從「苦」、「空」、「非身」、「非常」四種諦觀來破除五陰的騷動，也與經
文的意思相近。

可堪注意的是，即使陳氏也由慧、斷說寂滅，但其寂滅非指色、心諸法
止息的寂靜，而僅爲六情寂然之寂靜，此點可由比較《經》、《註》之不同而
得知，經文言：

已無爲竟，命已竟畢，便爲苦盡，令後無苦。彼以有是陰亦持亦入，
已盡止寂然，從後無是陰亦持亦入，無相連不復起，是爲無餘。已
得度世無爲畢是爲二無爲種，彼不貪清淨本爲何等？爲三界中不
得、不望、不求，是名爲不貪清淨本。是本爲誰，爲不貪身清淨，
言清淨亦餘相連，清淨法意，所念爲本，是爲不貪清淨本。〔註41〕

註文的解釋云：

「已無爲竟」謂：已得泥曰也。「命已竟畢」謂：不復受生死壽命。
「便爲苦盡，令後無苦。彼以有是陰亦持亦入，已盡止寂然，從後
無是陰亦持亦入，無相連不復起」謂：惡意滅不復起生死。「是爲無
餘」謂：惡意盡滅無微餘。「已得度世無爲，畢是爲二無爲種，彼不
貪清淨本爲何等？爲三界中不得、不望、不求」已得三定者，六情

〔註39〕見《大正藏》第33冊，頁10下。
〔註40〕見《大正藏》第33冊，頁10中。
〔註41〕見《大正藏》第15冊，頁176中。

不復於三界中有所求索也，謂之清淨本。「是名爲不貪清淨本。是本
爲誰，爲不貪身清淨，言清淨亦餘相連，清淨法意，所念爲本，是
爲不貪清淨本」謂無復邪起，所念在三十七品經也。〔註42〕
經文「無餘無爲」的涅槃之境，陳氏皆將之解爲「惡意盡滅」，而惡意之起
陳氏歸之於六情之求索。滅惡意的立場同於康僧會〈安般守意經序〉「以治
六情」〔註43〕的總結之論。其次，陳氏所謂的「惡意滅復不起生死」應可就
「識神」的不復輪轉而說，蓋六情爲魂靈之我，〔註44〕指現實有愛憎生死之
我，而「識神」則有本體義。陳《註》解「癡相爲何等？爲冥中見冥」言：
「識神本沒，在三毒五陰窈冥之淵，又以六情探受，六邪以自覆弊，謂之冥
中見冥矣。」〔註45〕這說明識神如脫離三毒、五陰、六情、六邪（惡意滅），
則不復癡，不復輪轉而成就大明涅槃之境。

　　如上所述，陳氏《註》否定了以六情爲本的魂靈，但不否定終極的自我
本體（識神）。因之，他之論證涅槃的境界並不朝著身心諸法寂滅的一面，而
說自我本體對六欲斷離的一面。他引用《大明度經》、《慧印經》、《法鏡經》
說明泥洹（涅槃）不是止滅，而是「空無所著」，〔註46〕但陳氏的「空無所著」
是說「心」對「欲」的「無求」、「無想」、「寂靜」而不是《慧印經》或《般
若經》系所說的「無住之心」。〔註47〕在此立意下，「無爲」本應爲「泥洹」

〔註42〕見《大正藏》第33冊，頁18中。
〔註43〕〈安般守意經序〉言：「夫安般者諸佛之大乘，以濟眾生之漂流也。其事有六，
　　　　以治六情。眼耳鼻口身心，謂之內矣；色聲香味細滑邪念，謂之外也。《經》
　　　　曰：諸海十二事。謂內外六情之受邪行，猶海受流，餓夫夢飯，蓋無滿足也」。
　　　　見《大正藏》55冊，頁43上。
〔註44〕陳氏註「六本」言：「魂靈以六情爲根本。人之身受由教樹，輪轉無休。故曰
　　　　本也」。見《大正藏》第33冊，頁9下。
〔註45〕見《大正藏》第33冊，頁14下。相近的意見又如：「群生識神沒在癡冥，由
　　　　盲不明安危，去福就禍。識神本癡，樂身苦，不知親爲己尊，而欲意向之，
　　　　遂依受身」（頁13下）及「『癡冥』，心也。『在冥處五陰也』，云本癡冥，又
　　　　處在五陰，重以五蓋自覆。令其眼盲、慧壞、知盡，沒於四淵，流於諸海，
　　　　輪轉三界，不獲度世之道」（頁15下）、「『縛觀』觀知識神縛在十二因緣」（頁
　　　　17下）。
〔註46〕如《陰持入經註》言：「《慧印經》曰：空無所著是爲泥洹」（見《大正藏》第
　　　　33冊，頁13中）。又如「心所想即如想成形。以法觀法其法一也，但以疾心
　　　　造無量之想，而有無盡之身色痛癢。思想意止，生死意亦止，生死意止，識
　　　　寂無往來想矣。《安般》曰：念因有分，念盡無有，斯空、不願、無想，定向
　　　　泥洹門也。《慧印經》曰：空無所著是爲泥洹。斯生死法止」（頁11下）。
〔註47〕《佛說慧印三昧經》偈云：「……佛所覺者，爲無所覺；所可說法，爲無所說；

的別譯，〔註48〕或作爲「不復協作、騷動；恒常」之義，陳氏有時卻將之解爲「不以意存求（於欲）」。又如他注「爲無爲」時引《法鏡經》說：「不以意存求於泥洹，何況有勞想哉，斯無爲之云矣」，〔註49〕即將「無爲」釋爲「不以意求（於愛）（於泥洹）」，視之爲達到「泥洹」之法。由此可知陳氏系統雖引大乘之說，亦只得文字之似，而未能深入其理論意義。其論說「空無所著」，目的在說明「識神」本體可藉禪定脫離六情六欲而達清淨。陳氏的立場有小乘禪定所論止滅的一面，但其最終肯定可離於六欲的本體，卻又不合小乘無我的主張。

三、陳氏《註》的檢討

（一）陳氏思想背景的推測及其衍生問題

陳氏《陰持入經註》中頗多「師云」之記，可見此書的思想前有所承，或以爲「師」即指安世高，〔註50〕然陳氏的〈陰持入經序〉不尊之爲師，而稱「安侯世高」；加以所引經典多非安世高所出，故此說甚爲可疑。陳氏的思想來源雖無明確的線索可供察考，但《註》出現有「菩薩」之語。〔註51〕又所引述的經書有《大明度無極經》、〔註52〕《法句經》、〔註53〕《中心經》

〔註48〕所可度人，爲無所度。佛爲諦見，無所起法。設使泥洹，當爲是色，佛諸弟子，悉當在中。假令泥洹，爲常住法，大哀四等，皆成蠕動。一切人人，不能相見。於世自號，持我作人，諦視世間，無我無人，空無所著，是爲泥洹。……」（見《大正藏》第 15 冊，頁 467）。此處所說的「空無所著，是爲泥洹」是就「無住心」而說，同於《般若經》系的表達。與陳氏所說「識寂而往來無想」立意不同。

〔註48〕如陳氏注「無爲未度」時說：「已泥洹未泥曰（洹）」；釋「已無爲竟」時說：「謂已得泥曰也」皆以「無爲」爲涅槃之意（見《大正藏》第 33 冊，頁 18 中）。

〔註49〕《經》言：「愛已壞已離已盡，爲無爲」（《大正藏》第 15 冊，頁 178）。《註》言：『爲無爲』謂欲無欲，志寂無三界想矣。《法鏡經》曰：『不以意存求於泥洹，何況有勞想哉，斯無爲之云矣』」（頁 21 下）。

〔註50〕如鎌田茂雄《中國佛教通史》以爲《陰持入經註》的作者是陳慧，而「師」可能爲安世高。（關世謙中譯本第一卷，頁 222）但《陰持入經註》的作者是否是陳慧目前尚無定論，即使是陳慧，是否師於安世高，亦未能知。湯用彤《漢魏兩晉南北朝佛教史》言：韓林皮業陳慧「似」均同學於世高（上冊，頁 96）。亦頗疑此事。

〔註51〕如《陰持入經註》言：「謂菩薩作行，如波船師致人物於彼岸也。菩薩所度亦如是」。見《大正藏》第 33 冊，頁 23 中。

〔註52〕《大明度無極經》凡六卷三十品。又稱《大明度經》、《大明經》、《明度經》。

〔註54〕、《老母經》〔註55〕、《慧印三昧經》〔註56〕、《道地經》〔註57〕、《法

吳・支謙譯。收於《大正藏》第 8 冊。「大明」，即「摩訶般若」之意譯；「度無極」，即「波羅蜜」之意譯。本經之同本異譯經在鳩摩羅什之前有：後漢支婁迦讖所譯之《道行般若經》十卷、前秦竺佛念共曇摩蜱所譯《摩訶缽羅若波羅蜜經抄》五卷及後秦鳩摩羅什所譯之《小品般若波羅蜜經》十卷。

〔註53〕《法句經》之巴利文名爲 Dhamma-pada。意謂「眞理之語言」。凡二卷，三十九品七五二頌（今計有七五八頌）。印度法救撰集，三國吳之維祇難等譯（一說本經係於 224 年，由支謙、竺將焰等譯，而非維祇難等所譯）。係收集諸經中，佛之自說偈編集而成。又作《法句集經》、《法句集》、《法句錄》、《曇經》、《曇偈》，屬巴利語系，收於《大正藏》第 4 冊。此經之原本有一千頌、九百頌、七百頌、五百頌等數種，吳大帝黃武三年（224），維祇難齎來二十六品五百頌，後又增十三品，合爲三十九品七五二頌。本經現存之異本有四，即：巴利本《法句經》(Dhamma-pada)、梵本《優陀那品》(Udāna-varga，又作《鄔陀南品》)、西藏所譯 Ched-du brjod-pahi tshoms、宋代天息災所譯《法集要頌經》四卷（屬梵語系，收於《大正藏》第 4 冊）。此外，漢譯中西晉法炬、法立共譯之《法句譬喻經》四卷（屬巴利語系，收於《大正藏》第 4 冊，又稱《法喻經》、《法句喻經》、《法句本末經》）及《出曜經》三十卷（屬梵語系，收於《大正藏》第 4 冊），皆爲解說《優陀那品》之因緣者。（參見《善見律毗婆沙》卷一、《大毗婆沙論》卷一、《出三藏記集》卷七、《高僧傳》卷一〈維祇難傳〉、《開元釋教錄》卷二、《至元法寶勘同總錄》卷九、卷十）

〔註54〕《中心經》可能即《忠心政行經》。《忠心政行經》一卷，失譯。僧祐《出三藏記集》言：「出《六度集》，或云《忠心經》，舊錄有《大忠心經》、《小中心經》」。又東晉竺曇無蘭譯有《佛說忠心經》一卷（或名《佛說中心經》），收於《大正藏》第 17 冊，《陰持入經註》引文與今見《佛說忠心經》同。本經記載佛對移山梵志說五賊五欺諸法，與《阿含正行經》同本別譯。可參見《出三藏記集》卷四、《歷代三寶紀》卷七。

〔註55〕《老母經》，一卷，失譯，爲《老女人經》之異譯。《老女人經》一卷爲吳支謙所譯。經文記有貧窮老女請問生、老、病、死、五陰、六根、六大自何所來。佛答來無所從，去無所至；並兼說緣生之眾喻。老女人開解，佛爲說其往因，後往生極樂而成佛道。又劉宋求那跋陀羅所譯之《老母女六英經》亦爲其異譯。以上諸經皆收於《大正藏》第 14 冊（參見《出三藏記集》卷四、二）。

〔註56〕《慧印三昧經》，一卷，吳支謙譯，與《大乘智印經》、《如來智印經》同本，爲佛入智印三昧而說之經。收於《大正藏》第 15 冊（參見《出三藏記集》卷二、卷七）。

〔註57〕《道地經》梵名 Yoga-cārya-bhūmi-sūtra，印度僧伽羅刹（梵 Samgharaksa）作。漢譯本有《大道地經》一卷，安世高譯。西晉竺法護譯有全譯本，凡七卷，稱《修行道地經》，略稱《修行經》，皆收於《大正藏》第 15 冊。本書纂集眾經所說有關瑜伽觀行之大要。現行竺法護譯本共三十品，三十品中最後三品乃據《法華經》而來，古本無。六朝初期，即鳩摩羅什入關以前，已盛行講究本經（參見〈僧伽羅刹所集經序〉、《出三藏記集》卷十〈道地經序〉、《法經錄》卷三）。

鏡經》、〔註58〕《了本生死經》、〔註59〕《伅眞經》、〔註60〕《沸迦沙經》（又作《佛迦沙王經》）、〔註61〕《安般解》，〔註62〕其中半爲支謙所譯經典，故推測其思想混雜著大、小乘思想，而大乘思想中又與支謙一系有關。除了陳氏引經多支謙所譯外，現存支謙所譯《大明度經》中第一卷有注文，亦有師云之記，引經與《陰持入經註》大致相同。〔註63〕又《出三藏記集·支謙傳》載有支謙於吳地之活動；《高僧傳·康僧會傳》將支謙事跡列入，說明康僧會與支謙不無關係，由此可推測陳氏、康僧會、支謙之間在詮解佛經上應有密切之聯繫。

　　陳氏所持的大乘思想對理解小乘禪學有何影響？這個問題的解答，必須基於對大、小乘思想的判分。大乘佛教運動起於對部派佛教固定化及形式化的反省，由外緣因素看來，它的產生似乎基於僧團及戒律的革新；但由其內部理論看來，卻又不僅於此，特別是中期大乘佛教的「中觀學派」（Mādhyamika）和「瑜珈行派」（Yogācāra）的出現，它們將理論的重點放在修證道果之可能性的根據──「佛性」與「如來藏」的問題上，可顯見大乘教義的開展有其

〔註58〕《法鏡經》全一卷（或二卷）。東漢安玄譯，嚴佛調筆受。收於《大正藏》第12冊。本經與《大寶積經》卷十九康僧鎧所譯之《郁伽長者會》，及竺法護所譯之《郁迦羅越問菩薩行經》，皆爲同本異譯經。然本經係古譯本，將「釋尊」譯作「眾祐」；「舍衛國」譯作「聞物國」；「長者」譯作「理家」等。內容敍述釋尊應郁伽（梵 Ugra，本經譯作「甚」）長者之請，爲在家、出家之菩薩說戒行。（參見《雜阿含經》卷三十、《大唐內典錄》卷一、《歷代三寶紀》卷四、《開元釋教錄》卷一）

〔註59〕《了本生死經》全一卷。收於《大正藏》第16冊。署名爲吳·支謙譯，但《出三藏記集》卷六道安〈了本生死經序〉以爲此經譯者不明，而支謙爲之作注，其言云：「漢之季世，此經始降茲土，雅邃奧邈少達旨歸者也。魏代之初，有高士河南支恭明，爲作注解，探玄暢滯，眞可謂入室者矣」。本經之同本異譯經有《佛說稻芉經》、《慈氏菩薩所說大乘緣生稻稈喻經》、《大乘舍黎娑擔摩經》、《佛說大乘稻芉經》等。《出三藏記集》卷六所載道安撰之〈了本生死經序〉，謂本經爲佛陀初轉法輪時所說四諦四信之要旨。本經之內容包括：（一）以內緣、外緣二緣爲緣起之要素。（二）開示因相縛、緣相縛。（三）歸納內緣、外緣之起，皆需待非常、不斷、不躇步、種不敗亡、相像非故等五事之起。（四）說十二因緣等。（參見《歷代三寶紀》卷五、《譯經圖紀》卷一）

〔註60〕《伅眞經》三卷，支婁迦讖譯，又稱《伅眞陀羅經》、《伅眞陀羅所問如來三昧經》。（收於《大正藏》第15冊）

〔註61〕《沸迦沙經》又作《佛迦沙王經》、《佛說莂沙王五願經》，一卷，吳·支謙譯（收於《大正藏》第14冊）。

〔註62〕《安般解》不知確指。

〔註63〕見《大正藏》第8冊，頁 478～482。

基本的問題理路。「佛性」是探討成爲完美人格者的可能性，但原始佛教中，並不涉及此類的哲學問題，佛陀主張「無我」〔註64〕（anātma），他以爲人的身心由五蘊構成，而且「五蘊無常」，意即構成人的身心並無常住的東西存在，也沒有一個固執爲實體的自我存在。如要追問五蘊之外是否有一「離蘊之我」，佛陀將此類問題歸爲「無記」（avyākrta），〔註65〕「無記」是不回答的問題，這是由於「離蘊之我」是一個不能被認識的內容之故。能認識的內容盡在五蘊之中，肉體、感覺、感情、表象、意志、欲望、意識等都是能被認識的內容，而這些內容都被包含在五蘊之中。

佛陀的立場到了部派佛教時代有了變化，原始佛教並不是說自我（ātman）不存在，而是反對固執爲實體的自我存在。這個說法到了阿毗達磨教學興盛的部派時代，卻成了自我不存在的主張。在此情形下，小乘佛學特別是說一切有部所描述的世界圖景是：數量無限，刹那生滅，分離各別的實在（entity；dharmas 法），它們無始以來便處在一種聚、離、不安的狀態；聖者的作爲是透過兩種珍貴的元素（擇滅無爲與非擇滅無爲）讓它們逐步趨向於寂靜，而達到止滅的涅槃境界。這二種珍貴的元素分別是稱爲般若（prajbā）的識別分析之能力，〔註66〕以及能集中思慮從而破除所有干擾性念頭及思考的能力，稱爲三昧或瑜珈。〔註67〕在這個圖象中，人是由五蘊的種種法所聚積而成，因此「五蘊無我」即意謂：人格、永久的靈魂（pudgala 補特伽羅）〔註68〕以及自我（ātman）都不存在。

小乘佛學極端否定自我本體的教義，在佛陀入滅後，掀起了討論的浪潮，

〔註64〕 參見玉城康四郎主編《印度思想（一）》第二章，平川彰：〈初期佛教的倫理〉及第三章，早島鏡正：〈無我思想的系譜〉。李世傑中譯本（台北：幼獅文化事業公司，1985 年），頁 42～122。

〔註65〕 參見玉城康四郎主編《印度思想（一）》第二章，平川彰：〈初期佛教的倫理〉頁 52。

〔註66〕 此處所說的識別分析之能力，非指爲對事相的分別之智，而指認識到自我迷亂於緣起流轉，因而借助知性（prajbā）的行動而抑止法（dharma）的顯現。就小乘法數而言，這是屬於三「無爲法」（asamkrta dharma）中的「擇滅無爲」（pratisankyā nirodha）。

〔註67〕 參見 Stcherbatsky, Th.: *The Conception of Buddhism Nirvana* (Published Office of the USSR Leningrad, 1927. Reprinted in Shanghai, China, 1940), p.8～10（立人中譯本《大乘佛學》，北京：中國社科學出版社，1994 年，頁 16～19）。

〔註68〕 「補特伽羅（pudgala）」義譯爲「數取趣」，也指爲一生又一生的眾生（有情 sattva）。

這些討論及思考後來成了大乘運動的哲學基礎。大乘經典中，從正面提起 ātman（自我）問題的是《法華經》，它提出了 ātman-bhāva（本體）的立場，《法華經》使用 ātman-bhāva 之言詞，用以代替 ātman，其使用，大體可以分為如下四種意義：〔註69〕

（1）持有身體、肉體具體形態的東西。

（2）會變化的形相背後的本體。

（3）認識主體。

（4）身體及認識主體背後所存在的「眞實的自己」、「本質的自己」。

ātman-bhāva 的使用不但存在於《法華經》本身，也存在於其他大乘經典，因此對自我、人格等主體意義的論究也是劃分大、小乘教義的重要標界，而後《大乘起信論》用「如來藏」說心的狀態，可說達到了大乘思想的理論高峰。

陳氏是否了解大、小乘對自我眞實本體的意見？此無從得知。但以上的討論只是要說明存在於陳氏《註》中的事實，即陳氏《註》採取肯定自我本體的立場與大乘的思想有部份相合。在這個前提下，可以進一步質問這種相合的情況是因何而起？依早期傳法的概況看來，大、小乘之間的理論差異並不被強調，因此可先假設陳氏對大、小乘的說法是一體同受的，如此他對佛教自我本體的態度是趨於肯定或否定，則取決於二種可能：一、強勢的大乘思想。二、自身所熟知的文化傳統。前者是佛法傳入初期，大、小乘思想何者爲強勢的問題；而後者則是格義的問題。

（二）陳氏《註》心之理論的混合型式及其與佛教義理的差異

如果暫時不考慮中國思想的影響，由《陰持入經註》註文及引經的情形上看來，陳氏對「心」的意見有二個來源，一是得自於原始教典，如《法句經》；〔註70〕一是得自大乘經典如《法鏡經》、《慧印經》及《明度經》等。因之陳氏對「心」的理論應爲混合式的理論，如果分析其心的概念，應可簡要

〔註69〕 參見早島鏡正：〈無我思想的系譜〉，玉城康四郎主編：《印度思想（一）》第三章，（李世傑中譯本），頁 113～115。

〔註70〕 《陰持入經註》注「身六思想：一色想、二聲想、三香想、四味想、五更想、六法想」云：「心念善即善法興；惡念生即惡法興。夫心者，眾法之本也。《法句經》曰：『心爲法本』斯也」（《大正藏》第 33 冊，頁 10 上）。漢譯的《法句經》及其相關經典《法句譬喻經》、《出曜經》、《法集要頌經》等皆爲部派佛教中說一切有部的系統。此可參見淨海《眞理的語言（法句經）》譯序，台北：慧日講堂，1974 年，頁 3。

的歸爲下列幾點：

(1) 爲認識或意識的主體。

(2) 爲身體或意識主體背後的本體（「眞實的自己」、「本質的自己」）。

(3) 可分析爲本體（識神）與意識之作用（五陰、六情）二面。

(4) 識神本體沒於癡冥，緣依於意識的作用，則成輪轉之苦集之我。

(5) 識神本體不緣依於意識的作用（止息五陰六情，不意向諸欲的活動），則爲涅槃清淨的本體。

上述五點中皆與原始教典及小乘數論（特別是「說一切有部」）的立場不同。《法句經》雖說「心爲法本」，[註71] 但心非指爲超出緣起流轉的自我本體，而是爲「業」所決定的，是積集善或不善之業而成之心。[註72] 小乘的理論亦強調心與業（思）的關係，他們將主體或被稱爲知覺能力的部分，表述爲稱爲「心」citta（＝「識」vijñānā＝「意」manas）[註73] 之元素。「心」所表示的只是純粹的意識或感覺，其中沒有任何的內容。純粹的感覺（citta 心）不在孤立的條件下呈現；而永遠伴隨著心的現象或者作用（心所 caitta）。這些心的現象（caitta-dharma 心所法）或能力（samskāra）中有三種即是五蘊中的「受」（印象感受 vedanā）、「想」（表象作用 samjbā）以及被歸入「行蘊」（samskāra-skandha）的「思」（意志活動 cetanā）。

思（意志的活動 cetanā）指行動之先的心的努力，它依一定的法則排列複合體所組成的法 dharma，即是將構成元素（法）排列（sancetayati 審察、思考）進入個人生存的相續之流（santāna 流、系列、相續），此種生存的相續之流被凡夫視爲「自我」。由此，「思」（cetanā）也是「業」（道德因果法則 karma）以及生命之力 Élan vita（「習氣」vāsanā、熏習 bhāvanā）的同義詞。在小乘佛學的體系中，業、習氣、熏習代替了任何意識性的行動者，因此所有具有意識的「自我」都不存在，只存有每一「意識」刹那（citta 心）中所伴隨著的「意志」（思、業、習氣、熏習）刹那。[註74]

〔註71〕《法句經·雙要品》偈云：「心爲法本，心尊心使。中心念惡，即言即行。罪苦自追，車轢于轍。心爲法本，心尊心使。中心念善，即言即行。福樂自追，如影隨形」。見《大正藏》，第 4 冊，頁 559。

〔註72〕參見舟橋一哉《業的研究》第一章〈顯現於《阿含》中的業論〉（余萬居中譯本，台北：法爾出版社，1993 年），頁 26～27。

〔註73〕《俱舍論》第二品之三十四。同一術語可見於巴利經典《相應部》（samyutta Nikāya）第二品之九十四。

〔註74〕本段文字參見 Stcherbatsky,Th.: *The Central Conception of Buddhism and the*

　　由以上的分析可知陳氏與小乘教義不同者有：一、小乘理論中「心」的活動即是五蘊本身，而不是如陳氏所說「積聚五陰；盛滿足六情眾苦」的心。二、在「一切實有」的意義下別無如陳氏所說的「識神」做爲精神的本體。三、涅槃的解脫之道是達到色心諸法騷動的止息，而不僅是精神層面的六情欲求的止息。

　　再由大乘理論上來考慮，陳氏所說的意識本體也與大乘教理不同。部派解釋「補特伽羅」以及生死流轉及其解脫之事，主要爲「三世有」及「現世有」二系。小乘部派主張「三世有」，即認爲法（dharma）的最小單位是實體（entity），而且在過去、現在、未來的時間流轉中，是沒有增減的。因此他們依蘊、處、界──身心的綜和活動而立補特伽羅，此即《陰持入經》的基本立場。大乘一系則主張「現世有」，即以爲「過去、未來非實有體」，一切「有爲法」生滅無常，因果相續，都是現在有，「過去、未來非實有體」；意謂人生、宇宙的實相都在當前的刹那。他們不同於小乘部派依蘊、處、界立補特伽羅，而是以「一心」來解說。一心論者「依心立我」，以心能自照照他，本性清淨，而視煩惱污染爲客塵。〔註75〕

　　《陰持入經》及陳氏《註》皆依蘊、處、界說自我，與一心論的立場相去甚遠。陳氏《註》在解釋上雖不強調「實有」，而說本體之心，但始終對本性清淨或者藏識之說無所觸及，故與大乘之說歧異亦大。其次，大乘說「自我的本體」，說「心」的立場是「離蘊」的，《小品般若經》的〈釋提桓因品〉中誡示說：菩薩不可住於色、受、想、行、識。又說須陀洹果、〔註76〕斯陀含果、〔註77〕阿那含果、〔註78〕阿羅漢果、辟支佛道等連佛法都不可住，因爲「如來無所住，無住心名爲如來」。由此可知，在《小品般若經》以「任何處都不住」「無所住」的語詞表示存在的根本性格是「無住性」。但陳氏所說的「空無所著」、「不以意存求」僅止於心對六欲之念、作、求的止息，〔註79〕

Meaning of the Word Dharma, p.15～20（立人中譯本《小乘佛學》，頁33～42）。
〔註75〕有關「現世有」、「三世有」及「一心論」之說，參見印順：《印度佛教思想史》（台北：正聞出版社，1988年），頁57～80。
〔註76〕即「預流果」，指斷迷而初入聖者流類之境界。
〔註77〕即「一來果」指再受生一次，然後就不再受生之境界。
〔註78〕即「不還果」指死後不再受生之境界。
〔註79〕陳氏釋「痛痒止」云：「夫心喜曰痒：憂曰痛。衒家獲六欲即不喜，失之不慼。《法鏡經》曰：利衰毀譽，稱譏苦樂，不以傾動也。垢盡內淨，心寂苦空，故曰痛痒止」（《大正藏》第33冊，頁11下）。此段文字說「心寂苦空」是指

與「無住」之說有所距離，故其說與《般若經》系的理論不同。

（三）陳氏理論在格義問題上的意義

由上述幾節的討論，可知《陰持入經》與《註》之間，在立論上有相當的差距。這種差距的造成，應產生於二種語言及文化思想在「可譯性」上的限制。〔註 80〕在這種限制下，閱讀及詮釋者基於自身的參照系統，即可能形成不同的理解或誤解。從理論上推測，誤解的原因來自二方面，一是語詞的理解；二是理論的理解。二種誤解中，後者所牽涉的要比前者複雜，而且更爲根本。如果所翻譯的作品具有較爲完整的理論說明及介紹；讀者也就比較能關注語義在系統中的地位，而讓語詞的誤解減到最低。

原始佛教及小乘立論，皆不能外於印度及佛教自身的哲學傳統，但當這些思想傳到中國時，某些哲學論題不一定爲中國學者所知悉、重視，因此語詞在理論中的約定性，因不能得到充分的了解，而可能形成新的思想面貌。由於中國的思想傳統很少懷疑於自我的本體，因此早期的佛教界也相對的不能充分的了解印度的「無我」之論。經由上面幾節的分析，可知這種「有我」與「無我」的對立情形，明顯的存在《陰持入經註》的文字中。《陰持入經註》說：「邪見者，見五陰身，以爲吾我也」。〔註 81〕這應是佛教「無我說」的原形，但卻未受到《註》的重視，陳氏依此說「非身」（「身本無」；身是四大和合之形軀），並且否定「五陰身」（指爲心理及意欲的我），但他並未徹底的否定自我之本體。所以原本由蘊、處、界所要建立的「無我說」，《註》將之視爲建構意識之我的基本因素；原以身心寂滅爲解脫之道的理論，在《註》中成了識神本體（心）的意向問題。

陳氏依《經》之說，以爲泥洹解脫有二藥：一是「止」，用以對治「愛」。二是「觀」，用以治「癡」。〔註 82〕但他所說的泥洹非身心之寂滅，而爲上文

心對六欲之「不喜」「不感、不傾動」。

〔註80〕 西方語言學於翻譯理論曾提出「可譯限度」與「不可譯性」（untranslatability）的概念。如 Catford, J.C.：*A Linguistic Theory of Translation*（Oxford University Press, London 1965）指出不可譯性可分爲「語言上的不可譯性」與「文化上的不可譯性」兩方面。劉宓慶《當代翻譯理論》以爲可譯性必須基於：一、認識所指的同一性及語義系統的同構原理。二、思維形式的同一性。三、語法差異的規律性及語義系統的對應。四、文化的相互滲透論等諸種因素。此可參見其書第六章〈可譯性及可譯性限度問題〉（台北：書林出版公司，1993 年）。

〔註81〕 《大正藏》第 33 冊，頁 21 中。

〔註82〕 《註》言：「止觀爲二藥，癡愛爲二病，佛以止觀愈二病」（見《大正藏》第

所說的「離欲之識」（以「止」癒「愛」），或者得慧之心〔註83〕（以「觀」癒「癡」），皆指爲自我本體的淨化狀態。在《註》中這種解脫的理論依自我本體的染、淨不同被分爲「道心」與「世心」〔註84〕二種，所謂「道心」指爲不攀緣於六欲的我；而「世心」則是意向於五陰六情諸欲的我。二者的根本區別在於心的「止」、「定」與否，即欲求與不欲求；攀緣與不攀緣。

　　道心與世心的說法不同於佛學所說的勝義諦與世俗諦；又由於它在理論上重視精神面向，所以也和小乘身心、根境互爲緣依的特色有別，而成爲別異於印度傳統的佛學詮釋。值得注意的是：這種自我藉由修行轉化的模式雖與印度冥想的傳統有別，但在中國的思想中卻是常見。如儒家孟子「養氣」理論之對意志及情欲墮性的排除，而以「氣」與「浩然之氣」說明此種轉化。〔註85〕另一方面寡欲、無欲的觀念也是道教養生、成仙的重要主題之一，所以陳氏由主體說去欲與離欲止欲，與中國傳統思考有部份相合，可說是格義的關鍵之一。

四、道安〈陰持入經序〉所反映的問題

　　據僧祐《出三藏記集・新集安公注經及雜經志錄》可知道安曾爲《陰持入經》作注二卷，〔註86〕可見道安對《陰持入經》的重視，道安《注》今雖不見，但其意見可於〈陰持入經序〉〔註87〕中考知一二。今存道安〈陰持入

---

33 冊，頁 18 上）。

〔註83〕「心」與「識神」在註文中的地位幾乎相同。註文云：「識神本沒，在三毒五陰窈冥之淵，又以六情採受，六邪以自覆弊，謂之冥中見冥矣。」（《大正藏》第 33 冊，頁 14 下）又說：「『癡冥』，心也。『在冥處五陰也』，云本癡冥，又處在五陰，重以五蓋自覆。令其眼盲、慧壞、知盡，沒於四淵，流於諸海，輪轉三界，不獲度世之道」（頁 15 下）。這二段註解意思幾乎相同，而一說「心」，一說「識神」，可見二者有時同指爲意識之本體。

〔註84〕《陰持入經註》云：「行家當知世心廣倒，與道心違，謂之知倒也。」（《大正藏》第 33 冊，頁 16 上）

〔註85〕如《孟子・公孫丑上》言：「夫志，氣之帥也；氣，體之充也。夫志至焉，氣次焉。故曰：『持其氣，無暴其氣』。既曰：『志至焉，氣次焉』，又曰：『持其氣，無暴其氣』者何也？曰：『志壹則動氣；氣壹則動志也。今夫蹶者，趨者，是氣也；而反動其心。』敢問夫子惡乎長？曰：『我知言，我善養吾浩然之氣』」。勞思光以爲：「志指德性我，氣指生命我或情意我，即合生命力與才氣而言」；「養氣即指德性我對生命情意的轉化」。見《新編中國哲學史》（台北：三民書局，1986 年，增訂版），頁 173～174。

〔註86〕《出三藏記集・新集安公注經及雜經志錄》云：「《陰持入》者，世高所出殘經也。淵流美妙，至道直遝，爲注二卷」。見《大正藏》第 55 冊，頁 39 下。

〔註87〕見《大正藏》第 55 冊，頁 44～45。

經序〉的內容約有五個部份：一、說明陰持入是人間深重之病患。二、介紹佛法流傳的因緣，及《陰持入經》在三藏中的地位。道安認爲：佛爲大寂無爲的偉大聖者，佛滅後其弟子擔心妙法沉沒，由迦葉召集佛弟子，阿難背誦佛陀教誨，編集爲經、律、論三藏。三、由於佛法三藏精妙博大，深不可測，所以佛滅後，高明之士僅能訓釋、覽編佛典，作爲修行的規式，《陰持入經》只是其中之一。四、推崇安世高在佛法傳播及翻譯《陰持入經》上的貢獻，以爲《陰持入經》能揭示佛陀的止觀法門，藥治苦難病源，是成就泥洹品的要徑之一。五、略述晉朝修禪狀況，並自述離群獨居，少有論學道友，直到遇竺法濟、支曇講，方破疑暢滯，共爲《陰持入經》作注。

　　就《陰持入經》的修習問題而言，道安〈序〉大致交待了三個進程的變化：一是陰結之起；二是在止觀之下日損陰結；三是泥洹之境，此三個進程構成了道安所謂的「泥洹之關路」。從陰結的問題而論，道安說：「馳騁人心，變德成狂，耳聾口爽，耽醉榮寵，抱癡投冥，酸號三趣」。由這些文字看來，道安所重視的並非陰結之原因，而爲其現象，此與他的〈安般守意經序〉有相同的旨趣。如對照康僧會、謝敷之〈安般守意經序〉及陳氏《陰持入經註》所重五陰種及意想之說，可顯見道安的著眼不在法數如何建構身、心、意識之上，而在於陰結的現象及其後果。道安所理解的陰結現象爲何？在上引之文中除「酸號三趣」〔註88〕之外，全爲道家《老子》語，可知道安對五陰、六入、十二持所建構的「無我」的觀點並不相應，他所說陰結的癡冥現象，是由於自我的外馳及迷執。

　　就第二個進程而言，道安既以癡冥爲自我的迷執所致，所以他認爲止觀修持所對治的即在於撥除癡、愛二者的干擾，〔註89〕而爲陰結日損的過程。但道安所說的愛、癡，並不如小乘指爲身心本然之構作，而以爲癡、愛是自我陷溺之表現。故「損」，意爲撥離自我之種種迷執，而返復主體之自由境界。對此自由之道境，道安以「大寂」及「無爲」說之，〔註90〕說明它是不受欲

〔註88〕地獄、餓鬼、畜生，稱「三惡趣」。
〔註89〕道安言：「陰結日損」，所損者應指爲「癡」、「愛」二者，此可由道安稱譽佛陀而言「洪癡不得振其翼，名（巨）愛不得逞其足」可知。此觀點亦合於《陰持入經》以「止、觀」二藥愈「癡、愛」二病之說。
〔註90〕道安稱譽佛陀說：「洪癡不得振其翼，名（巨）愛不得逞其足。採善心於毫芒，拔兇頑於虎口。以大寂至樂，五音不能聾其耳矣；以無爲爲滋味，五味不能爽其口矣」。

望干擾的超然主體。

　　道安說得四諦、四信之解脫者「其爲行也，唯神矣，故不言而成；唯妙矣，故不行而至。統斯行者，則明白四達，立根得眼，成十力子，紹胄法王，奮澤大千。若取證則拔三結，住壽成道，徑至應眞」。由「唯神」、「唯妙」等語言的描述，可知道安不以泥洹爲色心的寂滅，而以泥洹爲成就之超然主體。意即在泥洹的境界下，自我本體非但可以擺脫癡、愛煩惱，而且可以由此得到絕對的自由以面對濁重的俗世。

　　由以上的分析可知：道安所謂的泥洹關路，實即自我本體由染至淨的轉化。所謂轉化是指由非道的狀態（迷執於癡、愛的不自由之我）轉爲道的狀態（超絕於癡、愛的自由我）。這種由非道（染）轉爲道（淨）的思考與陳氏論「世心」與「道心」的轉化，在形式上有相似處；而二者論說的不同，在於道安突出主體思想的境界意義。在〈序〉中道安曾二次提到「玄」的概念，〔註91〕「玄」的意義雖難以論究，然與主體之自由無礙及由此所呈現的境界，應相去不遠。這種強調主體境界的說法，與小乘的觀點大異，也與大乘般若空觀及眞如法性之說有別。般若空觀否定色心諸法的眞實性（自性）；眞常一系肯定清淨本心，凡此皆不見道安論及。因此，道安以《陰持入經》中的愛、癡諸欲說泥洹，表面上看似佛教傳統，但其內在理路仍應以道家無爲的思想爲主。

五、小　結

　　對照《陰持入經》與陳氏《註》、道安〈序〉三者的差別，可知《經》與《註》、〈序〉，以及《註》與〈序〉之間的差異，並不完全決定於翻譯的優劣問題，有極大的部份誤解是起於對理論系統的掌握不清，以及詮譯者存有不同的參照系統（如文化傾向與及理論趨好等）所致。如陳氏《註》與道安〈序〉所以不能正確的解讀《經》文，顯示解經者無法進入經義的問題脈絡；而陳《註》與道安〈序〉的差異則表示二者可能執有不同的參照系統。由這些現象也可推知所謂的格義問題，應不止於不同語詞概念間的比配，而包括不同理論或問題意識間的附會。

　　就《經》、《註》、〈序〉所呈現的格義結果看來，《註》與〈序〉之間所表現

〔註91〕如道安〈陰持入經序〉論安世高言：「其所敷宣，專務禪觀，醇玄道數，深矣遠矣」（《大正藏》第55冊，頁44下）；又言：「禪思守玄，練微入寂」（頁45上）。

的自我本體的理論，正是印度原始及小乘佛學所否定的，由此可知自我本體觀念在中國思想中的堅實地位，及其對格義問題的主導性。總體而言，在自我本體的概念下，道安與陳氏二者皆離於印度的佛學傳統；但細部的說，陳氏《註》極力由法數概念建立意識之我的解脫之道，對照於道安言超越本體之不受執累，二者中當以陳氏《註》較能回應《陰持入經》原有的小乘理論。陳氏較能契《經》的情形，從禪觀上看來亦是如此。陳氏言心、意、識之定止（不意向；不意欲），與《安般守意經》之數息、相隨、止的禪定寂止是相合。道安所說「不言而成；不行而至」的神妙變化，立意甚高，其初衷或是基於反對當時隱處山澤的守寂禪士，但其與小乘禪定的思想較隔，則不可否認。

僧祐《弘明集》卷二載宗炳（375～443）〈明佛論〉云：

> 故佛經云：一切諸法從意生形。又云：心爲法本。心作天堂，心作地獄，義由此也。是以清心潔情，必妙生英麗之境。濁情淬行，永悖於三塗之域。……夫億等之情，皆相緣成識，識感成形，其性實無也。自有津悟以來，孤聲豁然，滅除心患，未有斯之至也。請又述而明之：夫聖神玄照，而無思營之識者，由心與物絕，唯神而已。故虛明之本，終始常住，不可凋矣。今心與物交，不一於神。雖以顏子之微微，而必乾乾鑽仰，好仁樂山，庶乎屢空，皆心用乃識。必用用妙接，識識妙續，如火之炎炎相即而成燼耳。今以悟空息心，心用止而情識歇，則神明全矣。則情識之搆，既新故妙續，則悉是不一之際，豈常有哉。使庖丁觀之，必不見全牛者矣。佛經所謂變易離散之法，法識之性空，夢幻、影響、泡沫、水月豈不然哉。顏子知其如此，故處有若無，撫實若虛，不見有犯而不挍也。今觀顏子之屢空，則知其有之實無矣。〔註92〕

宗炳此論實可反映所謂格義之主導者爲神明本體（虛明之本）之概念。在〈明佛論〉中，「神明」相對於「相緣營思之識」，前者與物絕是解脫之本體爲「常」，後者與物交是情識之自我爲「空」（無常；其性實無；性空）。而舉顏子之「處有若無，撫實若虛」並非指爲《般若經》所言之「無住心」，而爲心與物絕的禪定寂止（心用止而情識歇，則神明全矣）。宗炳的說法與陳氏《註》在理論上並無二致，且以之溝通儒道，較之陳氏尤有進者。故類似陳氏之理論模式，可視爲格義的重要橋樑之一。

〔註92〕 見《大正藏》第 52 冊，頁 11 上。

第三章 道安對格義的態度及其經序思想的轉折

一、道安對格義的批評

　　道安〔註1〕（312～385）〔註2〕在中國佛教史上的評價很高，一般認爲他奠立了中國佛教發展的基礎。其主要的貢獻有二：一、在佛學研究上，道安藉由編纂經錄、整理翻譯，及從事經論的比較研究，爲佛教義理的探尋，立下正確的方向。二、在僧團的改革上，他自稱爲釋姓的佛徒，不但重視戒本的傳譯，並且倡導戒律，製定儀軌，實踐佛典教義的僧團生活，使得他所領導的佛教改革運動，成爲佛教徒自覺的基礎。道安的弟子中，著名者甚眾，如僧叡不但是鳩摩羅什譯場的主力，亦爲成名的佛教史家及佛學論者，其晚年所作〈喻疑〉〔註3〕是佛教史研究的重要文獻；又如結白蓮社於廬山的慧遠，被後人推爲淨土宗初祖，也是佛教史上的重要人物。

　　道安除了以佛教徒的自覺，及眞摯的形貌受到推崇外。佛教史學者對他

〔註1〕 道安（312～385）俗姓衛，常山扶柳人（今河北冀縣）人，早年父母雙亡，十二歲左右出家（《高僧傳》云十二歲出家，《名僧傳抄》說是十八歲）。咸康元年（335）於石趙的鄴都（今河北臨漳）師事於佛圖澄（232～384），深得佛圖澄的賞識。

〔註2〕 有關道安的生卒，《出三藏記集》卷十五與《高僧傳》卷五的傳記所載的卒年相同，皆爲東晉孝武帝太元十年（385）。但《高僧傳》及《名僧傳抄》還注明卒歲爲七十二歲，如據此則與前文所載稍有出入。今據湯用彤的考證定爲七十四歲（見《漢魏兩晉南北朝佛教史》上冊，台北：台灣中華書局，1961年，頁193）。

〔註3〕 收於《出三藏記集》卷五。亦見於《大正藏》第55冊，頁41～42。

在格義問題的看法上，也給予極高的評價，咸認他是促成格義結束的第一人，如湯用彤即認爲道安在其師佛圖澄死後，捨棄格義之法，鳩摩羅什來華後，乃有僧叡申其「格義迂而乖本」之說。〔註4〕然而湯用彤一方面肯定道安對格義的反省，一方面又以爲：

> 但格義用意，固在融會中國思想於外來思想之中，此則道安諸賢者，
>
> 不但不非議，且常躬自蹈之。

對於道安既反對格義，又使用格義的矛盾現象，湯用彤只以格義是當時的一般現象帶過，並沒有加以說明。橫超慧日對這種相違的情形予以會通，認爲這種現象是基於佈教的需要而採取的手段。他以爲儒家、道家經典是當時社會形塑文人的基本典籍，所以即使道安在把握佛教精神後，也不排斥採用格義的方式。〔註5〕中、日學者對這個問題的看法雖然有些不同，但卻有著相同的假設，即認爲道安對中印思想的了解及掌控，要高於以前的佛教學者。道安的佛學理解高於前代，此點無庸置疑，但道安之使用《老》、《莊》語詞講論佛道，是否十足自覺的出於傳道或會通的考慮？則有加以察考的必要。

事實上，使用《老》、《莊》習用語詞與沿用《老》、《莊》思想是二個不同的問題，因爲不同的人使用相同的語詞，並不能說明此二者擁有相同的思想。而且，如果考慮魏晉學術的開放風尚，似乎就更應該將思想與語言的使用視爲二事。魏晉清談玄學的展開，其基本的精神在賦予舊經典新的詮釋，此所以王弼少年能崛起於學界。魏晉思想風潮不只注重論辯的題材，也重視對三玄之學權威的破除。由魏晉士人熱中論難之風，可推測當時學界並沒有一套被確認的《老》、《莊》見解，而只存有著令人折服的析論。在這種學術風氣下，即使是襲用《老》、《莊》語言，仍必須經過詮釋及論辯，才能得到時人的同意。

由目前可見的文獻可知：魏晉學術自由開放的情形，並不限於對傳統經籍的討論，學者在面對佛經語言的使用及在義理的理解上，也同等要求論析辯理必須切要中的。《世說新語・文學》云：

〔註4〕 見湯用彤《漢魏兩晉南北朝佛教史》上冊，頁236～238。

〔註5〕 橫超慧日〈竺道生撰法華經疏の研究〉一文說：「即在當時的社會，道家及儒家的經典是形塑文人教養的典籍，所以介紹、解說佛教思想時以外典相擬配，確實是個頗爲有效的法子。因此把握了佛教精神之後，就不排斥採用格義作爲傳道的手段。」見《大谷大學研究年報》第五集（京都：大谷學會，1952年），收入《法華思想の研究》（京都：平樂寺書店，1986年），頁114（中譯文爲本文作者自譯）。

> 有北來道人，好才理，與林公（支道林）相遇於瓦官寺，講《小品》。
> 于時竺法深、孫興公悉共聽。此道人語，屢設疑難，林公辯答清析，
> 辭氣俱爽，此道人每輒摧屈。孫問深公：「上人當是逆風家，向來何
> 以都不言？」深公笑而不答。林公曰：「白旃檀非不馥，焉能逆風？」
> 深公得此義，夷然不屑。〔註6〕

支道林與竺法深精研《小品》（《道行般若經》），故孫綽稱竺法深爲逆風家，意指竺法深遇支道林當不致從風而靡。而支道林引《成實論》「波利質多天樹，其香則逆風而聞」自喻，以爲己義深奧，即使竺法深亦不能不折服。竺法深對支道林的比喻夷然不屑，此不屑的表現說明當時對佛經的解釋，並無權威的一面。在佛經詮釋上的爭論且都如此，對《老》、《莊》義理的詮解更是紛紜，《世說新語·文學》言：「初，注《莊子》者數十家，莫能究其旨要。向秀於舊注外爲解義，妙析奇致，大暢玄風」，可見當時對《莊子》的詮解仍爲眾說並起的實況。由此可知，當時學界崇尚妙析創發，要取得玄學界的認同，絕非固守舊說，或者搬論權威可致。因此，即使襲用《老》、《莊》之語，並不能代表即是取得《老》、《莊》思想的詮釋權；如能透視此點，則道安之反對擬配外書，與其論述多見《老》、《莊》之語，二者之間並不矛盾。

如果道安之使用《老》、《莊》語，不能等同於使用《老》、《莊》的思想觀念，那麼道安所反對的格義究竟何指？即爲必須加以深入的問題。學者在面對此一問題時，大多會著意於《高僧傳·僧先傳》中道安對格義批判的記載，其文如下：

> 值石氏之亂，隱於飛龍山，遊想巖壑，得志禪慧。道安後復從之，
> 相會欣喜，謂昔誓始從，因共披文屬思，新悟尤多。安曰：「先舊格
> 義，於理多違。」先曰：「且當分析逍遙，何容是非先達。」安曰：
> 「弘贊理教，宜令允愜，法鼓競鳴，何先何後。」先乃與汰等南遊
> 晉平，講道弘化。〔註7〕

學者對上段引文的注意多在「格義」之法上，而且絕大多數的意見認爲格義之法即竺法雅的格義之法，其具體的作爲是「以經中事數，擬配外書」。但考究文義，道安所說的「格義」意思並不清楚。僧先答說：「且當分析逍遙，何

〔註6〕見余嘉錫：《世說新語箋疏》（台北：華正書局，1989年），頁219。
〔註7〕見慧皎：《高僧傳·僧先傳》（北京：中華書局，湯用彤校注本，1992年），頁194。

容是非先達？」意思是說：「分析義理，自當縱橫逍遙，而不是去評斷先輩的是非」。僧先答話的重點不在格義之法是否適切，而是以「逍遙」之意，反對今人的詮解必比先賢爲優。道安對僧先的態度不以爲然，故說：「弘贊理教，宜令允愜，法鼓競鳴，何先何後」，意指這不是輩份先後的問題，而是何者較能允愜中理的問題。雙方的對話說明了評論的對象是所謂的「先達」；評論的焦點是先達是否能對義理作適切的詮解，而完全不涉及所謂的格義之法爲何。

　　竺法雅行格義之法雖是言之有據的歷史事實，但竺法雅格義學派之發生與道安同時，道安以「先舊」稱之的可能性不高，〔註8〕故此處所說的格義是否竺法雅的格義之法，頗待斟酌。從對話的脈絡推測，道安所言的「格義」應非「滯文格義」之義，否則與「於理多違」頗有重覆。但不指爲竺法雅之格義，是否指爲別種專稱，則有待進一步的推敲。因此，這段材料，最值得論究之處應在於「先達」與「道安」在弘贊教理上的差異，這是面對道安經序時，所必須先釐清的重點。

二、現存道安經序成篇的先後

　　爲了清楚了解道安經序在思想上是否有所變革，首先要確定的即是道安經序的作成先後。有關道安的傳記資料見於梁代僧祐《出三藏集記》卷十五〈道安法師傳〉、〔註9〕寶唱《名僧傳》卷五〈釋道安傳〉、〔註10〕慧皎《高僧傳》卷五〈釋道安傳〉，〔註11〕以及道安自作之經序及注經序等。〔註12〕對於這些材料的研究，湯用彤、塚本善隆、宇井伯壽、玉城康四郎等諸先生都有重要的貢獻，〔註13〕在這些學者對道安生平的研究基礎上，松巧村將道安經序分爲三期，排序如下：〔註14〕

〔註8〕 湯用彤《漢魏兩晉南北朝佛教史》以爲竺法雅雖與道安爲同學，但必年長於道安，所以僧先稱竺法雅爲先達（見上冊，頁237）。然道安於談首言「先舊」恐非專指法雅一人。

〔註9〕 《大正藏》第55冊，頁107。

〔註10〕 宗性《彌勒如來感應抄》卷四所引，可見於《續藏經》第134冊，頁6。

〔註11〕 《大正藏》第51冊，頁351。

〔註12〕 俱見《出三藏記集》卷六至十一。

〔註13〕 見湯用彤：《漢魏兩晉南北朝佛教史》第八章〈釋道安〉及第九章〈道安時代的般若學〉、宇井伯壽：《釋道安研究》（東京：岩波書店，1956年）、塚本善隆：《中國佛教通史》第一卷第七章（東京：春秋社，1979年）、玉城康四郎：《中國佛教思想の形成》第一卷（東京：筑摩書屋，1971年）。

〔註14〕 見松巧村：〈釋道安における佛教思想の形成と展開〉，《東洋文化》62期（東

（一）初期的著述

西元 365 年前於胡族支配下的華北活動。曾與竺法濟、支曇講等論《陰持入經》、《大道地經》、《大十二門經》。此期的研究以小乘經典為主，在西元 350 年以前著有：

〈道地經序〉〔註15〕（收於《出三藏記集》卷十）

〈陰持入經序〉（收於《出三藏記集》卷六）

〈大十二門經序〉〔註16〕（收於《出三藏記集》卷六）

西元 350 年至 365 年間著有：

〈（小）十二門經序〉（收於《出三藏記集》卷六）

〈人本欲生經序〉（收於《出三藏記集》卷六）

〈人本欲生經注撮解〉〔註17〕（收於《大正藏》第三三冊）

〈安般注序〉（收於《出三藏記集》卷六）

〈了本生死經序〉（收於《出三藏記集》卷六）

〈十法句義經序〉（收於《出三藏記集》卷十）

（二）中期著述

西元 365 年後滯留襄陽時期，在襄陽的十五年間，以般若經系的研究及經錄的綜理為重心，著有：

〈合放光光讚略解序〉（收於《出三藏記集》卷七）

〈漸備經十住胡名并書序〉〔註18〕（收於《出三藏記集》卷九）

京：東京大學東洋文化研究所，1988 年），頁 66～68。

〔註15〕《歷代三寶記》卷四著錄安世高譯《大道地經》二卷。又卷八載道安撰《大道地經注解》一卷，〈道地經序〉即《大道地經注解》之序。《經》存，可見於《大正藏》第 15 冊；《注》佚。

〔註16〕松巧村以為道安的〈大十二門經序〉作於〈（小）十二門經序〉之前，本文以為〈（小）十二門經序〉應比〈大十二門經序〉早出，理由見後。

〔註17〕道安〈人本欲生經序〉言：「敢以餘暇，為之撮注」。

〔註18〕《出三藏記集》卷九言此序「未詳作者」，湯用彤《漢魏兩晉南北朝佛教史》第二分第八章〈釋道安·規戒之確立〉（頁 212）及松巧村列為道安作品。蘇晉仁、蕭鍊子點校之《出三藏記集》校注以為：「《漸備經》與《光讚經》同為泰元元年（376 年）自涼州持來。〈光讚序〉為道安所作，自此序內容觀之，當亦道安所撰」（北京：中華書局點校本，1995 年，頁 375）。此說之推論牽強，〈光讚序〉為道安所作，與此序是否出於道安並無必然關係。且序文言：「泰元元年歲在丙子五月二十四日此經達襄陽。釋慧常以酉年，因此經寄互市人康兒，展轉至長安。長安安法華遣人送至互市，互市人送達襄陽付沙門

〈道行經序〉（收於《出三藏記集》卷七）

〈綜理眾經目錄〉（374 年）（收於《出三藏記集》卷二、三、五）

（三）後期著述

晚年於長安致力於佛典的翻譯事業，以《阿含經》及說一切有部的佛典為主要的研究對象，著有：

〈摩訶缽羅若波羅蜜經抄序〉（382 年）（收於《出三藏記集》卷八）

〈比丘大戒序〉（382 年）（收於《出三藏記集》卷十一）

〈阿毗曇序〉（382～383 年）（收於《出三藏記集》卷十）

〈四阿鋡暮抄序〉〔註19〕（382～383 年左右）（收於《出三藏記集》卷九）

〈鼻奈耶序〉（383 年）（收於《大正藏》第 24 冊）

〈鞞婆沙序〉（383 年）（收於《出三藏記集》卷十）

〈波須蜜集（經）序〉（384 年）（收於《出三藏記集》卷十）

〈僧伽羅剎經序〉（384 年）（收於《出三藏記集》卷十）

〈增一阿含序〉（385 年）（收於《出三藏記集》卷九）

考察松巧村先生的排序，中、後兩期大致符合經序及僧傳所述，但初期中除〈道地經序〉、〈陰持入經序〉、〈大十二門經序〉有相遇之僧侶、時、地可資考據外，餘皆闕如。其次，松巧村在分期上則著重於道安的活動地域，此種分期雖有其意義，但卻無法說明道安在思考上的轉折。如初、中二期的分野在於道安到達襄陽的前後，但地域的遷移是否是促成道安思想轉變的關鍵？目前尚無可知。但依現有材料看來，道安在飛龍山與僧先的對話，卻是一個不可不注意的關鍵。

一般學者認為道安對僧先提出「先舊格義，於理多違」是一自覺反省的開始，但卻將此自覺視為對大環境「格義」的自覺，而鮮能論究此自覺對道安所產生的影響及其改變。如果考慮道安提出「先舊格義」的目的不在是非

釋道安」（見《大正藏》第 55 冊，頁 63 下）。作者在序文中自稱為「吾」，故如為道安自作，不可能有「付沙門釋道安」之語，因此將此經列為道安作品頗可懷疑。

〔註19〕《出三藏記集》卷九言此序「未詳作者」。湯用彤《漢魏兩晉南北朝佛教史》第二分第八章〈釋道安〉（頁 242）以為是道安所作。又《大正藏》本《四阿含暮抄解》（見《大正藏》第 25 冊，頁 1）經題下注云：「此土篇目皆在首，是故道安為斯題」。題為道安所定，又序文有「八九之年」（即年七十二歲）等語，推測序文可能是道安所作。

先賢，那麼當他說出「於理多違」時，必當覺悟在先輩薰習下之自我的違理。依此，道安發出此語的痛切與求進，當令其思考有進一步的翻轉。如果加入了上述的因素，對於不知作成時地的經序，應可由其思想的展現，推測其作成的排序。依此考察，本文先假設道安著作分期如下：

（一）第一期的著述

西元 365 年前於胡族支配下的華北活動。主要經歷為：東晉穆帝永和五年（349 年）石遵繼石虎即位，請道安入居華林園，西元350年左右道安率眾避難到濩澤（今山西臨汾縣）。一時名僧如竺法濟、竺僧輔、竺道護相繼來此。他們和道安共同研究《陰持入經》、《道地經》等，並作了注、序。不久（約351 年），道安與同學法汰至飛龍山（今山西渾源西南），並與僧先相敘，而有「先舊格義」之論談。此期的著作其先後不可考，但可推測為：

〈了本生死經序〉（繼支謙注解而作）

〈十法句義經序〉（繼嚴佛調《十慧章句》、康僧會《六度》而抄集之經）

〈（小）十二門經序〉（所論內容近於康僧會之說）

〈道地經序〉（此序意見曾與支曇講、竺僧輔討論，應在 350 年左右）

〈陰持入經序〉（此序意見曾與支曇講、竺法濟討論，應在 350 年左右）

（二）第二期的著述

約西元 351 年與僧先在飛龍山論究「先舊格義」後，西元 354 年至太行恒山建寺造塔，聲名大振，隨其受學、出家者「中分河北」，慧遠亦於此時從道安出家。357 年回到鄴都，住受都寺，讓慧遠就席講《般若經》。360 年，王慕容儁死，王廷內訌，道安出走鄴都西北的牽口山。由於戰亂不息，再走山西王屋山（362 年），不久渡河到河南陸渾（今嵩縣）。此期的著作亦不可詳考，但依其思想之關聯，應著有：

〈大十二門經序〉（此經得見必待竺道護送至濩澤，序作應在 350 年後）

〈人本欲生經序〉（言「物之不遺，人之不棄，斯禪智之所由也」）

〈人本欲生經注撮解〉

〈安般注序〉（有所進於康僧會注義而作）

（三）第三期著述

西元 365 年，當時名士習鑿齒請道安南下弘法，途經新野，道安讓竺法汰率曇一等四十餘人去揚州；命法和到四川，自己則與慧遠等四百餘人到襄

陽，先住白馬寺，又創檀溪寺。襄陽因爲環境安定，所以道安於此住了十五年，除了每年講《放光經》之外，並寫作了中國第一部的佛典目錄《眾經目錄》（374 年），開創了佛典研究的新紀元。此期的著作可見於前引松巧村所列的中期著述，有〈合放光光讚略解序〉、〈漸備經十住胡名并書敘〉、〈道行經序〉、〈綜理眾經目錄〉等。

（四）第四期著述

東晉孝武帝太元四年（379 年），符秦所部符堅攻陷洛陽，請六十七歲的道安駐錫長安五重寺。在長安的七、八年間，他除了主持幾千人的大道場之外，同時組織翻譯事業，直接或間接促成的譯作如《中阿含經》、《增一阿含經》、《三法度經》、《阿毗曇八犍度論》、《毗曇心論》、《四阿鋡暮抄》、《摩訶缽羅若波羅蜜經抄》、《毗奈耶》等。除了鼓勵譯經外，並親自與道整、竺佛念、法和等參與校譯工作，對於不正確的譯文勸令重譯。他在〈摩訶缽羅若波羅蜜經抄序〉中提到翻譯有「五失本，三不易」之說，〔註20〕爲後來的翻譯工作指引了正確的方向。除了翻譯事業之外，道安重視戒本的傳譯，倡導戒律製定僧眾儀軌，並主張出家人以釋爲姓。此期的著作可見於前引松巧村所列的後期著述。

以上的排序大致根據松巧村之分期，而將初期再細分爲二期。第一期中的作品大致有相近的理論表現，其作成先後雖無法確定，其中〈了本生死經序〉、〈十法句義經序〉、〈（小）十二門經序〉都與支謙、康僧會一系的說法有關，故應爲系列之作，其作成或許略早於〈道地經序〉及〈陰持入經序〉。作品先後不明的問題亦見於第二期之作，然依序文的思想理論差異，推測此期作品的成篇年代應稍晚於第一期。本文四期之區分，與松巧村之排序有異者有：〈十二門經序〉、〈大十二門經序〉、〈了本生死經序〉及〈十法句經序〉四

〔註20〕〈摩訶缽羅若波羅蜜經抄序〉言：「譯胡爲秦，有五失本也。一者，胡語盡倒，而使從秦，一失本也。二者，胡經尚質，秦人好文，傳可眾心，非文不合，斯二失本也。三者，胡經委悉，至於嘆詠，丁寧反覆，或三或四，不嫌其煩，而今裁斥，三失本也。四者，胡有義記（說），正似亂辭，尋說向語，文無以異，或千五百，刈而不存，四失本也。五者，事已全成，將更傍及，反騰前辭，已乃後說，而悉除此，五失本也。然《般若經》，三達之心，覆面所演，聖必因時，時俗有易，而刪古雅，以適今時，一不易也。愚智天隔，聖人叵階，乃欲以千歲之上微言，傳使合百王之下末俗，二不易也。阿難出經，去佛未久，尊大迦葉令五百六通，迭察迭書，今離千年，而以近意量截（裁），彼阿羅漢乃兢兢若此，此生死人而平平若此，豈將不知法者勇乎？斯三不易也」。見《出三藏記集》點校本，頁 290、《大正藏》第 55 冊，頁 52。

篇，調整之理由略述如下：

（一）《（小）十二門經》、為當時通行之本，不像《大十二門經》有待於竺道護攜至濩澤（約 350 年左右），應為道安早期所接觸的經書。故〈十二門經序〉之作應早於〈大十二門經序〉。

（二）《大十二門經》與《小十二門經》的經文內容有相近處，〔註21〕皆為解說四禪〔註22〕、四等（四無量）〔註23〕、四空〔註24〕之論書。但為此二經所作的序文，所表現的理論內容卻有不同，故二篇序文可能為不同時期的作品。這類的情形也出現在〈陰持入經序〉及〈守般注序〉上；此二經同為安世高所譯之小乘禪經，但道安的序文在解釋上卻明顯有異，〈陰持入經序〉的義理表達較接近於康僧會、嚴佛調一系，與〈（小）十二門經序〉的表達相近；而〈大十二門經序〉、〈安般注序〉、〈人本欲生經〉則顯現另種風貌。故《大十二門經》與《小十二門經》、《安般守意經》與《陰持入經》之間的性質雖相近，但由於道安〈序〉作成的時間不同，也表現出二種不同的詮釋結果，此點於下文將有較詳盡之說明。

（三）《了本生死經》與《十法句義經》可能為道安研習支謙一系之作品

〔註21〕〈十二門經序〉言：「十二門者，要定之目號，六雙之關徑也。定有三義焉：禪也，等也，空也。」內文為對「四禪」、「四等」、「四空」的闡釋。《大十二門經序〉言：「聖人以四禪防淫，淫無遺焉；以四空滅有，有無現焉」，又言：「等心既富，怨本息矣。」在內容上也為解說「四禪」、「四空」及「等心」諸概念之作。

〔註22〕「四禪」梵語 catvāri dhyānāni，巴利語 cattāri jhānāni。又作四禪定、四靜慮。指用以治惑、生諸功德之四種根本禪定。亦即指色界中之初禪、第二禪、第三禪、第四禪，故又稱色界定。禪為禪那（梵 dhyāna）之略稱；意譯作靜慮，即由寂靜，善能審慮，而如實了知之意，故四禪又稱四靜慮、四定靜慮。

〔註23〕「四等」梵語 catvāry apramānāni，巴利語 catasso appamabbyo。又作四無量心、四等心、四心。即佛菩薩為普度無量眾生，令離苦得樂，所應具有之四種精神。指為：（一）緣無量眾生，思惟令彼等得樂之法，而入「慈等至」，稱為慈無量（梵 maitry-apramāna，巴 metta appamabbā）。（二）緣無量眾生，思惟令離苦之法，而入「悲等至」，稱為悲無量（梵 karunāpramāna，巴 karunā appamabbā）。（三）思惟無量眾生能離苦得樂，於內心深感喜悅，而入「喜等至」，稱為喜無量（梵 muditāpramāna 巴 muditā appamabbā）。（四）思惟無量眾生一切平等，無有怨親之別，而入「捨等至」，稱為捨無量（梵 upeksāpramāna，巴 upekkhnā appamabbā）。

〔註24〕此處應指「四無色」。指「無色界」之「空無邊處」、「識無邊處」、「無所有處」、「非想非非想處」等「四空處」（參見《菩薩瓔珞本業經》卷上）。「四禪定」與「四無量」、「四空定」合稱為「十二門禪」，略稱為「十二門」。

而作，前者不知譯者為誰，而有支謙為之注；後者則繼續於嚴佛調的《十慧章句》及僧康會的《六度集經》，為抄集而來的作品。道安在論〈了本生死經序〉中論苦之來由言：「凡在三界，罔弗冠癡佩行嬰，舞生死而趨陰堂，揖讓色味，驂惑載疑，馳騁九止者也」，以為苦起於癡愛貪欲；論解脫之道則言：「碎癡冠，沬嬰佩，昇信車，入諦軌」，思想近於〈陰持入經序〉及僧康會一系，應為早期的作品。又，〈十法句經義經序〉論此經的性質言：「經之大例，皆異說同行。異說者，明夫一行之歸；同行者，其要不可相無，則行必俱全。全其歸致，則同處而不新；不新故頓至而不惑，俱行故叢萃而不迷也。所謂知異知同，是乃大通；既同既異，是謂大備」。〈十法句經義經序〉中不見道安對佛之至道的說明，且序文以為佛經皆佛說，因而肯定以諸說並觀的方法了解經義，這是早期常見的解經方法之一，可推知道安此時尚不知各經的異同及部派之異，故推測〈十法句經義序〉之作應早於道安批評先舊格義之前。

三、道安初期經序所反映佛、道思想及其轉折

根據《高僧傳・道安傳》，道安論「先舊格義，與理多違」為憩遊飛龍山時期之事，在此之時他也透過竺道護得見《大十二門經》，因此〈大十二門經序〉之作可能在道安反省「格義」之後，應是考察道安思想轉變的重要材料。相對而言，隱於飛龍山之前，道安避難濩澤，曾與竺法濟及支曇講共同研究《陰持入經》；與竺僧輔、支曇講共析《道地經》，故〈陰持入經序〉與〈道地經序〉可代表道安在批評先舊前的意見。此三篇序表現了道安在批判格義前、後的思想，因此〈大十二門經序〉與〈陰持入經序〉、〈道地經序〉之間是否存在著思想上的差異？應是值得深入的問題。

（一）〈道地經序〉的思想

1. 道之本末

安世高所譯《道地經》一卷，為印度僧伽羅刹（梵 Samgharaksa，舊譯稱之為眾護）所作，梵名 *Yoga cārya bhūmi sūtra*。現存異譯本有東漢支曜所譯一卷本《小道地經》及西晉竺法護所譯《修行道地經》七卷。〔註25〕本書纂集

〔註25〕竺法護譯本共三十品，品目如下：集散、五陰本、五陰相、分別五陰、五陰成敗、慈、除恐怖、分別相、勸意、離顛倒、曉了食、伏勝諸根、忍辱、棄加惡、天眼見終始、天耳、念往世、知人心念、地獄、勸悅、行空、神足、數息、觀、經學地、無學地、無學、弟子三品修行、緣覺、菩薩。三十品中，

眾經所說有關瑜伽觀行之大要，可說是修行入門的重要階梯，道安因稱之為
「應眞之玄堂，升仙之奧室」，凡此語詞的使用，亦可見道安早期，受東漢魏
晉養生入道思想的影響。〔註26〕值得注意的是，道安在序文開頭將此經名義
析爲道、地二者，其言曰：

> 無本之城，杳然難陵矣；無爲之牆，邈然難踰矣。微門妙闥，少闚
> 其庭者也。蓋爲器也猶海與，行者日酌之而不竭，返精者無斁而不
> 滿。其爲像也，含弘靜泊，綿綿若存，寂寥無言，辯之者幾矣。恍
> 惚無行，求矣渀乎其難測。聖人有以見，因華可以成實，睹末可以
> 達本，乃爲布不言之教，陳無轍之軌，闡止啓觀，式成定諦。髦彥
> 六雙，率由斯路，歸精谷神，於乎羡矣。夫地也者，苞潤施毓，稼
> 穡以成；鏐鐐瓊琛，罔弗以載，有喻止觀，莫近於此，故曰道地也。

道安以「無本之城」、「無爲之牆」來形容《經》所要傳達的意義，也用「修
道」之語來形容安世高，而言：「克明俊德，改容修道」，〔註27〕在語詞上多
用道家老子之言。如果與《老子》的理論相對照，「道」在此除了不具形上本
體的意義外，老子用來描述道的語言，幾爲道安所襲取。由於道安不強調道
的本體意義，所以他用來指涉修習境界的「谷神」、「返精」或「歸精」之語，
理論的重點就落在人的意志狀態下，而爲一實踐意義的道。道安對道的形上
意義的撥除，顯示他雖使用老莊語，但在理論內涵上仍能區別佛、道二家。

　　因爲道安所指的道不具形上本體的意義，〔註28〕所以序文所謂的「睹末

最後三品乃據《法華經》而來，爲大乘教義，古本無。安世高譯本一卷，五
章，章名爲：散種、知五陰慧、隨應相具，五陰分別現止、五種成敗、神足
行、五十五觀等。支曜所譯則不分品目。三本俱收於《大正藏》第15冊。王
文顏：《佛典重譯經研究》以爲支曜譯本爲「摘譯大意」；安世高譯本是「節
譯」，竺法護則是全本翻譯（台北：文史哲出版社，1983年，頁71）。

〔註26〕湯用彤《漢魏兩晉南北朝佛教史》以爲：「漢末乃有太平道，而王充《論衡》
〈道虛篇〉以辟穀養氣神仙不死之術爲道家，此皆後世天師道教之始基。而
當時流佈之佛教，亦附於此種道術。《牟子》稱釋教曰佛道。《四十二章》自
稱佛教爲釋道，爲道法。而學佛則曰爲道、行道、學道。蓋漢代佛教道家本
可相通，而時人亦往往並爲一談也」（上冊，頁87）。

〔註27〕〈道地經序〉言：「（安世高）禪國高讓，納萬乘位，克明俊德，改容修道。越
境流化，爰適此邦，其所傳訓，淵微優邃」。見《出三藏記集》點校本，頁367。

〔註28〕學者論斷道安之道有本體義，所採用的最早文獻是梁釋寶唱《名僧傳抄》引
曇濟〈七宗論〉（見《續藏經》第134冊，頁9）及陳慧達《肇論疏》（見《續
藏經》第150冊，頁429之說，其言云：「無在元化之先，空爲眾形之始，
故稱本無」。然寶唱及曇濟未言〈本無論〉爲道安所主，而《出三藏記集》

達本」，並不具玄學思潮中的「本體」與「現象」的關係，而應視爲實踐過程中的手段與目的之關係。「睹末」之爲手段，意指具體的方法或可行的準則。在《道地經》中，這種具體性，被比喻爲「苞潤施毓，稼穡以成；鏐鐐瓊琛，罔弗以載」的「地」；而其實踐的準則首推止、觀二法。在道安序中，手段與目的或者「達本」與「睹末」的關係，並不如道家或玄學家所言的本體之「無」與現象之「有」。道家所言的本末、有無，在字面上呈現著對立的意涵，如現象是有爲的，道是無爲的等。道安使用「達本」、「睹末」之語，其間卻無對立義，而爲一致的關係。

「睹末」的操作意義是就「止」、「觀」二種方法而言，「止」所要達成的目的是「絕愛源、滅榮冀、息馳騁」；「觀」則要達到「了癡惑、達九道、見身幻」的境地，所以止觀二法之爲末，與其所要成就的目標是相一致的。因此，道安本末的思考與王弼「凡物所以存，乃反其形；功之所以剋，乃反其名」，〔註29〕及「守母存子」的觀念不同。他不像王弼視「無」爲物現象背後的形上根據，而僅將之解爲達到「絕愛源、滅榮冀、息馳騁；了癡惑、達九道、見身幻」後的精神狀態。

2.「精」與「神」

道安所指的「道」與「無爲」不具形上生成萬物的本體意義，「神」與「谷神」也僅表示爲主體的精神境界義。故他說「歸精谷神」，其中「谷神」一詞應爲「不竭不滿、寂寥無像、怳惚難測」的形象化語言，用以指稱精神的最高境界。從佛經的立場而言，「谷神」所喻的境界爲何？觀道安之意，應指「祛去矇昧，離去穢海」的涅槃境界，〈道地經序〉言：

亦未著錄道安〈本無論〉，故曇濟所引〈本無論〉是否爲道安之作，不能確定。另，慧達之說乃注《肇論》〈不真空論〉所破「本無宗」。詳觀僧肇〈不真空論〉破「本無宗」之論點與今見道安經序的思想並不相同，故〈本無論〉是否爲道安所作，十分可疑。歷來認爲僧肇所破「本無」之論非道安製論者，如吉藏（549～623）的《中觀論疏》（見《大正藏》第 42 冊）及安澄（763～814）的《中論疏記》（見《大正藏》第 65 冊）皆以爲所破爲竺法深本無義。而唐・元康《肇論疏》（見《大正藏》第 45 冊）及文才（1241～1302）《肇論新疏》（見《大正藏》第 45 冊）以爲所破爲竺法汰本無義；由這些異說判斷，曇濟〈七宗論〉中所言「本無宗」之論也可能非道安之論，而爲竺法汰或竺法深的論點。

〔註29〕見王弼：《老子指略》，樓宇烈：《老子周易王弼注校釋》（台北：華正書局，1972 年），頁 197。

> 人之處世，曠昧未祛，熙熙甘色，如饗太牢。由處積海，幽厄九月，
> 既生迍邅，羅遘百凶，尋旋老死，嬰苦萬端，漂溺五流，莫能自返。
> 聖人深見，以爲苦證，遊神八路，長陟永安。專精稽古，則逸樂若
> 此；開情縱欲，則酸毒若彼。二道顯著，宜順所從。石以淬璧，剝
> 堅截剛，素質精染，五色炳燦。由是論之，可不勉哉。

道既爲去苦之精神境界，「精」也就不指爲「精純之氣」，或者構成萬物的細
微元素，〔註30〕而應指爲處於「石以淬璧，剝堅截剛，素質精染，五色炳燦」
的精神狀態。由此，「歸精谷神」亦即「返精成神」，意謂棄絕癡愛，而讓精
神脫離苦諦漏盡，回返於無本無爲的境界之中。

（二）〈大十二門經序〉在論述上的思想轉折

　　道安是否自覺於他之襲用傳統語詞及思考形式，在轉讀佛典上是否有所
扞格？從他的語詞使用並不易判斷，因爲語詞的使用必須配合語言論理的語
法脈絡，如果脫離了語言完整的脈絡，不但會增加表達的困難，也將阻礙道
安與其他學人的溝通。因此這個問題的解答，不在於比對他之使用道家語詞
是否有所增減，而有待於對他論理方式的考察。依序細讀道安經序，〈大十二
門經序〉將是值得注意的篇章。

　　從時間上推測，《大十二門經》的流佈得之於竺道護將此經攜至濩澤；又
據《高僧傳‧道安傳》所載，道安與竺道護會面與僧先同時，俱在飛龍山。
因此，此經序的寫作應在道安反省「先舊格義」之時。從內容看來，〈大十二
門經序〉與之前的〈道地經序〉、〈陰持入經序〉在論點上也有顯著的不同。
在〈大十二門經序〉之前，道安所強調的，大都是〈道地經序〉的「精」、「神」
或者〈陰持入經序〉的「守玄」、「練微入寂」等這些修道的實踐概念；把涅
槃之道視爲是「歸精還神」所成就的無爲境界。但從〈大十二門經序〉看來，
此序雖多見道家語，但在論理上，道安所強調的卻不是「返精成神」的實踐
之道，而是「緣起」的概念及其重要性。

　　〈大十二門經序〉言：

> 夫婬息在乎解色，不係防閑也。有絕乎解形，不係念空也。色解則冶
> 容不能轉，形解則無色不能滯。不轉者，雖天魔玉顏，窈窕艷姿，莫

〔註30〕如《莊子‧知北遊》言：「昭昭生於冥冥，有倫生於無形。精神生於道，形本
　　　　生於精，而萬物以形相生」。此即把道視爲宇宙本體，而能化生精氣，再由精
　　　　氣生化有形之萬物。

足傾之，之謂固也。不滯者，雖遊空無識，泊然永壽，莫足礙之，之謂眞也。何者？執古以御有，心妙以了色，雖群居猶矞靈，泥洹猶如幻。豈多制形而重無色哉。是故聖人以禪防淫，淫無遺焉。以四空滅有，有無現焉。淫之有息，要在明乎萬形之未始有，百化猶逆旅也。

「解色」、「解形」之「解」可讀爲「了解」義，也可讀爲「支解」。但如讀爲「了解」義，道安下文並未說明「了色」、「了形」之意義爲何，故當是支解之義。支解色相，即是「了（解）色」，這是從緣起的立場所建立的概念，以明緣起之外別無「色」、「有」的存在。其次，道安言：「淫之有息，要在明乎萬形之未始有，百化猶逆旅也」，「萬形之未始有」的意思不同於玄學家所言的「萬物出乎未始有」或者是「有生於無」；〔註31〕換言之，目的不在指出萬物的形上本體，而是說萬物皆空無有，這是從緣起義說萬物的無有自性。再由萬物的空無自性，而破除其對主體的干擾，視之爲主體不住的「逆旅」。

除了由緣起建立空性之外，道安並由此說「等」義，其言云：

怨憾之興，興於此彼，此彼既興，遂成仇敵。仇敵適成，勃然赫怒，赫怒已發，無所不至。至不可至，神幽想獄，乃毒乃辛，欣之甘之，是以如來訓之以等，等所難等，何往不等，等心既富，怨本息矣。

「怨憾之興，興於此彼」這是由緣起的立場說一切穢意貪著的來源，因此能洞悉緣起的法則，就可建立等心，而讓怨本息止。如果比較道安在〈陰持入經序〉中將穢意貪著視爲人心之馳騁，爲「耳聾口爽，耽醉榮寵，抱癡投冥」的一面，可知道安在〈大十二門經序〉中更能把握佛教的精神。

對緣起之法的充分理解，也改變了道安對禪定的看法。〈陰持入經序〉以爲佛陀成道令「洪癡不得振其翼，巨愛不得逞其足」，以爲世病之在癡、愛二者，所以道的修習當令「陰結日損」，以去「陰入之病」。但在〈大十二門經序〉中，道安卻不以爲對癡、愛的對治是重要的，而轉而將修道之法指向「不留」、「不礙」而能同時發生統萬方、周萬形的心靈境界，他說：

明夫匪禪，無以統乎無方而不留；匪定，無以周乎萬形而不礙。禪定不怒，於神變乎何有也！至矣盡矣，蔑以加矣。

以「禪」「統無方」；以「定」「周萬物」，不把禪定視爲對治「世之深病」之方，而以禪定爲自適無礙的精神之境，這種看法顯示在透視緣起法（「解形」、

〔註31〕如王弼《老子指略》言：「夫物所以生，功所以成，必生乎無形，由乎無名」。見樓宇烈：《老子周易王弼注校釋》，頁179。

「解色」）後的自由自得。

比較而言，道安的〈（小）十二門經序〉並不強調緣起的觀念以及主體的自由義，而強調四禪、四等、四空對三毒療治之功，序文言：

> 夫唯正覺，乃識其謬耳。哀倒見之苦，傷蓬流之痛，爲設方便，防萌塞漸，闢茲慧定。令自澣滌，挫銳解紛，返神玄路，苟非至德，其道不凝也。

在防萌塞漸的前提下，「四禪」在對治「邪僻之心」，目的在於「漸斷微想，以致於寂，味乎無味」；「四等」在對治「瞋恚」，目的在於「丹心讎親，至柔其志，受垢含苦，治之未亂」；「四空」在對治「癡愛」，目的在於「以慧探本，分別末流」；其禪、等、空的修習，總歸的目的在經由身的安定（宰身），到心的安定（安神），進而「度人」。又，關於「神」的概念，〈（小）十二門經序〉言：「神不可量，獨能精焉」，將「神」視爲精神的「精純化」而非「自由化」，與〈道地經序〉「返精歸神」的概念是相同的，凡此皆表示〈道地經序〉、〈陰持入經序〉、〈（小）十二門經序〉具有相同的思想結構，而與〈大十二門經序〉稍異。

由以上之分析可知道安在〈道地行序〉、〈陰持入經序〉、〈（小）十二門經序〉中所表現的解脫之道，大都指向「返精歸神」的工夫論，也即〈陰持入經序〉所言：「陰入之弊，人莫知苦，是故先聖照以止觀，陰結日損，成泥洹品」，視修道爲對治陰結，解除癡愛的歷程。由此，〈陰持入經序〉所說的「以大寂爲至樂」、「以無味爲滋味」即〈（小）十二門經序〉所言的「漸斷微想，以致於寂，味乎無味」，也即〈道地經序〉所言：「絕愛源，了癡惑」，三序在義理上的差別不大。除此之外，〈陰持入經序〉言：「若取證則拔三結，住壽成道，徑至應眞」。認爲成道不僅是煩惱與苦的解脫，也有延長壽命，證成羅漢的效用。此中，養壽長生的思想也與涅槃原意不合，而近於中國「形神互養」之概念。

相對於上三篇經序所示，〈大十二門經序〉並不強調返精歸神的觀念，而強調主體之自由無礙，這與〈安般注序〉「無爲故無形而不因，無欲故無事而不適」以及〈人本欲生經序〉「邪正則無往而不恬，止鑒則無往而不愉」所傳達的義理相近。由此看來，道安主體無礙的觀念並非偶然的論點，而爲〈大十二門經序〉之後經序的理論重點。就道安思想的發看來，這不但改變了他對小乘經典的詮解，也極可能是他理解《般若經》系的重要橋樑。

四、《般若經》的傳譯及道安在研究上的擇取

在鳩摩羅什以前，《般若經》的傳入當以支婁迦讖在後漢靈帝時來洛陽譯出《般若道行品經》（《道行般若經》）為始〔註32〕（即後來鳩摩羅什所譯的《摩訶般若波羅蜜多經》，簡稱《小品般若經》）；此經在吳時被支謙再譯為《大明度無極經》。後，曹魏朱士行西渡流沙，在于闐得《般若經》的梵文本九十章，於元康元年（291年）由無羅叉及竺叔蘭譯成《放光經》。永安元年（304年），此經再由竺叔蘭與竺法寂考校書寫為定本。〔註33〕道安在襄陽的十五年間（364～379年），十分重視《放光經》，每年講一次《放光經》，到長安後（379年）也未曾稍歇。〔註34〕西元382年，道安由鳩摩羅跋提處得《大品》一部，他不但敦促竺佛念（佛護）共曇摩蜱譯出五卷本的《摩訶缽羅若波羅蜜經抄》，〔註35〕且親為作序，凡此皆可見道安對《般若》經典的重視。

又太康七年（286年）有于闐祇多羅，攜《般若》胡本來，由竺法護譯出，是為《光讚般若經》。《放光》與《光讚》為《大品般若經》的同本異譯，二本有簡繁及譯筆上的不同。《光讚》出後，因遭晉世亂，並未大行，直到泰元元年（376年），譯出後九十一年才得到道安的研究及表彰，道安為之作有〈合放光光讚略解序〉。〔註36〕

據《出三藏記集》卷五〈新集安公注經及雜經志錄〉及卷七、卷八所載，道安於《般若經》之研究甚為用力，其所述著約有下列諸種：

1. 《道行經集異注》一卷（佚）

<hr>

〔註32〕僧祐：《出三藏記集・新集條解異出經錄》以為除支讖《般若道行品經》十卷外，另有竺朔佛所翻譯的一卷本《道行經》。又《出三藏記集》卷七未詳作者的〈道行經後記〉所言：「口授天竺菩薩竺朔佛，時傳言譯者月支菩薩支讖」，可知支讖所譯亦為竺朔佛所攜來之梵本。據此，印順《初期大乘佛教之起源與開展》認為一卷本之《道行經》可能為《道行般若經》的〈道行品〉，而十卷本應為二人合譯（台北：正聞出版社，1981年，頁566）。

〔註33〕有關《放光經》之出、譯，參見僧祐：《出三藏記集・放光經記》（點校本，頁264）。又《出三藏記集・朱士行傳》（頁515～516）。慧皎：《高僧傳。朱士行傳》（校注本，頁145～146）。

〔註34〕事見《出三藏記集》卷八〈摩訶缽羅若波羅經抄序〉（點校本，頁289）及卷九〈漸備經十住梵名並書敘〉（頁332）。

〔註35〕三支充惠以為經典上記為曇摩蜱與佛念（或佛護）所譯，但實為竺法護所譯。其說收於梶山雄一等著《般若思想》第二章《般若經》的成立（台北：法爾出版社，許洋主中譯本，1989年），頁118。

〔註36〕僧祐：《出三藏記集・合放光光讚略解序》（點校本，頁265）。

2. 《道行指歸》（佚）

3. 〈道行序〉

4. 《放光般若折疑准》一卷（佚）

5. 《放光般若折疑略》二卷（佚）

6. 《放光般若起盡解》一卷（佚）

7. 〈放光般若折疑略序〉〔註37〕（佚）

8. 〈大品序〉〔註38〕（佚）

9. 《光讚折中解》一卷（佚）

10. 《光讚抄解》一卷（佚）

11. 〈合放光光讚略解序〉

12. 〈摩訶缽羅若波羅蜜經抄序〉

13. 《實相義》〔註39〕（佚）

14. 《性空論》〔註40〕（佚）

上列作品雖多亡佚，然亦可探知道安對般若學的貢獻。值得注意的是：
道安之鑽研般若學，應以西元 364 年到達襄陽後，每年講頌《放光經》為其
戮力期。《放光》譯出寫定於 304 年，何以在 364 年才得到道安的重視？推測
此事或許與道安 351 年左右於飛龍山批評「先舊格義」之事不無相關。

　　《放光》及《光讚》之前，中國流行的般若經是《般若道行品經》，但真正
有影響者還有支謙的異譯本《大明度無極經》，此經在目前所見第一卷有注文，
而且多引師說，觀注文論理及其所引經典，推測此注的作者可能與《陰持入經
註》的陳氏有關。〔註41〕由道安所作的其他經序看來，道安對支謙所譯經應有
所接觸，如〈了本生死經序〉即稱讚支謙「探玄暢滯，真可謂入室者矣」。可疑

〔註37〕見《出三藏記集》卷十二，〈宋明帝敕中書侍郎陸澄撰法論目錄序〉。

〔註38〕見《出三藏記集》卷十二，〈宋明帝敕中書侍郎陸澄撰法論目錄序〉。

〔註39〕見《出三藏記集》卷十二，〈宋明帝敕中書侍郎陸澄撰法論目錄序〉。

〔註40〕見元康：《肇論疏》（收於《大正藏》第 45 冊）。

〔註41〕印順《初期大乘佛教之起源與開展》認為：附於《大明度經》卷一之注，為
　　　　道安對竺朔佛所譯一卷本《道行經》所作之注。（頁 566、600）此說可疑，因
　　　　沒有理由認定支謙的譯文與竺朔佛同，而且《出三藏記集》卷二於「《道行經》
　　　　一卷」下所說的：「安公為之序注」，可能指列於卷五的《道行品集異注》一
　　　　卷（佚）及列於卷七的〈道行經序〉，而非《大明度經》第一卷之注。基於上
　　　　述理由，本文以為《大明度經》第一卷之注與道安無關，而其論理方式與前
　　　　章所論著有《陰持入經註》的陳氏關係較近。

的是：道安既推崇支謙的貢獻，也曾親見《明度經》，〔註42〕何以在對般若經的研究上卻未提及此經？合理的推測是：道安所批評的「先舊」可能也包括支謙、康僧會一系的解說。因此在西元351年以後，道安之詮解佛典，與支謙一系之說乃有漸行漸遠的跡象，而他之重視《般若經》的研究，固然由於《放光》、《光讚》的譯出，另一方面可能是道安對《般若經》的理解更爲深入，也更深切地反省於《大明度經》經、注的翻譯及解釋不能契於經旨。

般若法門是繼承部派佛教而有的發展，部派佛教在未見道之前，總是先以無常、苦、空、無我（或加「不淨」）爲觀門，由此起厭、離之心而向於寂滅。般若法門不觀生滅無常及空，此點與部派佛教的觀法有明顯的差異。《道行般若經》說「心」而言「不壞、不分別」；「不壞」是不變異的意思，即從色等如如不異、不生不滅去觀無常，直接契入於一切法不可得、不生不滅。所以《般若經》系與其他部派佛教最大的不同，在於一切以「法性」（鳩摩羅什譯爲「法相」、「法實相」Dharmāta）〔註43〕爲準量，直接由「法性」的不生不滅、無二無別、無著而頓入，而不必從世俗所見的生滅著手。〔註44〕就此點而言，今所見的《大明度經》第一卷的注文，實與般若法門稍有距離，其例可見於下表之注：

支謙譯《大明度經》第一卷	《大明度經》第一卷注〔註45〕
賢者秋露子曰：「云何有是意而意非意」。	
善業曰：「若非意者爲有？爲無？	師云：當學知是非意，以知非意無復想。捨即爲意淨光明者，無復塵冥矣也。
彼可得耶？」	彼，彼意也。可得，意處不乎？
（秋露子）曰：「不可也」	言不可者，不可言無，亦不可得處也。
善業曰：「如非意，有與無不可得。不可得不可明，其合此相應者，豈有是意，意非意哉？」 曰：「如是者何？謂非意。」	有爲者謂生死之心。陰自起念，捨一念一至，無不爲己。非意者，無復有此生死想，故曰無也。
善業曰：「謂其無爲，無雜念也」。	雜念者，想且在經且在五陰，意不一定，謂之雜念也。已如空定，不起五陰爲無雜念也。

上舉注文之例，可見《大明度經》注明顯的以世俗的生滅無常去說「非意」

〔註42〕僧祐《錄》列有《明度經》四卷，下有道安注：「或云《大明度無極經》」。（見《出三藏記》卷二〈新集撰出經律錄〉，點校本，頁30）可見道安曾親見此經。
〔註43〕鳩摩羅什所譯的「法相」新譯作「法性」，而羅什所譯爲「法性」者，或爲「法自性」（dharmasvabhava）或者「法界」（dharmādhātu）的異譯。
〔註44〕本段文字參見印順：《初期大乘佛教之起源與開展》第十章，頁638。
〔註45〕見《大正藏》第8冊，頁478～489。

（鳩摩羅什譯爲「非心」），因此而將「非意」解爲「無復有生死想」。這種解釋
與康僧會〈安般守意經序〉所說「攝心還念，諸陰皆滅；穢欲寂靜，其心無想」
〔註46〕的四禪境界，以及陳氏《陰持入經註》所說的「五陰滅者，諸念寂盡無
常非常之想」〔註47〕在理路上並無二致。其次，如陳氏與康僧會之師說承之於
支謙一系，則支謙之譯可能即摻雜了個人的了解，而非《般若經》的原意。比
較支讖、支謙及鳩摩羅什的譯本，三本雖略有出入，但後譯的支謙譯本顯然較
支讖所譯不能達理（參見下表）。〔註48〕支讖譯本能由中道之義把握心之非有非
無，較支謙譯爲「無雜念」的小乘禪立場要近於般若法門。由這些跡象看來，《大
明度經》的傳譯，可能不但於般若學的傳揚無有助益，恐怕還有混亂之過。

支婁迦讖譯《道行般若經》〔註49〕	支謙譯《大明度經》〔註50〕	鳩摩羅什譯《小品摩訶般若波羅蜜經》〔註51〕
舍利弗謂須菩提：「云何有心無心？」	賢者秋露子曰：「云何有是意而意非意」。	爾時舍利弗語須菩提：「有此非心心不？」
須菩提言：「心亦不有，亦不無，亦不能得，亦不能知處。」	善業曰：「若非意者爲有？爲無？彼可得耶？」	須菩提語舍利弗：「非心心可得若有若無不？」
	（秋露子）曰：「不可也」。	舍利弗言：「不也」
	善業曰：「如非意，有與無不可得。不可得不可明，其合此相應者，豈有是意，意非意哉？」	須菩提語舍利弗：「若非心，心不可得有無者，應作是言有心、無心耶？」
舍利弗謂須菩提：「何而心亦不有，亦不無，亦不能得，亦不能知處者？如是不有亦不無，亦不有有心，亦不無無心？」	（秋露子）曰：「如是者何？謂非意？」	舍利弗言：「何法爲非心？」
須菩提言：「亦不有有心，亦不無無心」	善業曰：「謂其無爲，無雜念也」。	須菩提言：「不壞、不分別，菩薩聞作是說，不驚、不怖、不沒、不退，當知是菩薩不離般若波羅蜜行。……」

〔註46〕見《大正藏》第 55 冊，頁 43。
〔註47〕見《大正藏》第 33 冊，頁 21 中。
〔註48〕下表旨在說明支謙譯本非必優於早期譯本，而非對《小品般若經》的全面比
　　　　對，故未將西元 382 年由竺佛念（一說法護）共曇摩蜱所譯的《摩訶缽若
　　　　波羅蜜經抄》列入。
〔註49〕見《大正藏》第 8 冊，頁 425～426。
〔註50〕見《大正藏》第 8 冊，頁 478。
〔註51〕見《大正藏》第 8 冊，頁 537。

五、道安經序的般若思想

道安對《般若經》的了解，目前可考的文獻中以〈道行經序〉與〈合放光光讚略解序〉最為完整。依經序所言，〈道行經序〉的寫作在道安重視《放光經》之後，推測是道安到襄陽以後的作品（西元 364 年前後）；而〈合放光光讚略解序〉寫成於道安見到《光讚經》後，應在東晉太元元年（376 年）以後。

〈合放光光讚略解序〉中有道安對這二種譯本的看法，他以為《放光經》的優點是「言少事約，刪削復重，事事顯炳，煥然易觀」，缺點是「從約必有所遺於天竺辭及騰每大簡」；〔註52〕《光讚經》優於《放光》的地方是能得天竺原貌，所謂「言准天竺，事不加飾」，但這個優點對中國的讀者而言也是一種障礙，所謂「悉則悉矣，而辭質勝文也。每至事首，輒多不便，諸反覆相明，又不顯灼也」。道安對《光讚經》在閱讀上的障難，非但不在意，反而在反覆相明中「互相補益，所悟實多」。因此〈合放光光讚略解序〉於〈道行經序〉應有所補充，可視為道安在般若學上成熟的意見。

（一）〈道行經序〉的般若思想

〈道行經序〉反映的道安思想大致圍繞在「智」、「真如法性」及「語言概念與智的關係」三個議題上；以下將分段略述道安對此三議題的意見。

1. 智　度

經序所言的「智度」是「般若波羅蜜多」的意譯，「般若」是梵文 prajba；巴利文 pabba 的音譯，意指人類覺悟真實生命時，所表現的根源叡智。在梵文中根源的叡智（pra-jba）與一般指為判斷能力的分別智（vi-jbāna）有相同的動詞語根 jbā（知，察知），但前者加前置詞 pra（先、前），而後者加前置詞 vi（分離）而形成不同的名詞。所以 prajbā 不是分別作用的認識，而是無分別的智慧，也是超越的圓滿的智慧。

「波羅蜜多」是梵文 pāramitā 的意譯。此語的意思有多種，其中最具代表性的是（一）「到彼岸」＝param（彼岸）＋itā（到達）以及（二）pārami（到彼岸）＋tā（狀態，抽象名詞的語尾）。param-itā 意為「到達彼岸」；而pārami-tā 意指「到達彼岸的狀態；完全到達彼岸」，後者除了「到達彼岸」外，有「德」的完成的意思，也有圓滿之意。〔註53〕

〔註52〕「及騰」疑為「反騰」之訛，即道安所倡「五失本」之第五：「反騰前辭」。
〔註53〕以上對「般若波羅蜜多」的梵文解釋參見葉阿月《超越智慧的完成》（台北：

道安對「般若波羅蜜多」的意譯是「智度」，而對「智度」的解釋是：

> 大哉智度，萬聖資通，咸宗以成也。地含日照，無法不周，不恃不處，累彼有名。既外有名，亦病無形，兩忘玄漠，塊然無主，此智之紀也。

由引文所言的境界描述可知道安將「般若波羅蜜多」視爲是「超越智慧之完成」（pārami-tā），而非「去至彼岸」（param-itā）。在道安所陳述的智度境界中，所用雖是道家老莊語言，但卻不存有著形上本體的意義，而只由境界義說非有（既外有名）非無（亦病無形），因此它與老莊玄學中本體論的關係，並不像有些學者的論斷那般的密切。

道安所論的智度狀態是「不有」、「不無」的無分別狀態，這種無分別狀態不是由形上道體或本體而說的，而是由人的般若智而說的。這與般若所示的「超越智」或「無分別智」是相合的，而且他說：「高妙莫大乎世雄，而喻之幻夢」能將如來視爲無如來，顯見他對般若之視一切設施爲假名具有體認，此點如比較《大明度經》第一卷的譯注，將是顯而易見之事。

《大明度經》第一卷言：「何等法貌爲菩薩者？不見佛法有法爲菩薩也。」注文對此的解釋是：「於佛經法，不見五陰六衰十二緣起有菩薩也」〔註54〕意思可能是說：「菩薩不見於五陰六衰十二緣起」。《大明度經》的這段譯注與《般若經》的原意稍有不同。此段譯文對照羅什本，應爲：「所言菩薩者，何等法義是菩薩？我不見有法名爲菩薩」；〔註55〕意即：「一切繫屬於名稱之下的事物都是非現存的狀態，爲眾生在無明下所假構出來的東西，並不是眞實的存在，因此我不見可稱爲菩薩的那種事物。」稍早的《道行般若經》也是這個意思，其譯文如下：

> 佛使我說菩薩，菩薩有字便著菩薩。有字無字何而法中字菩薩，了不見有法菩薩，菩薩法字了無。亦不見菩薩，亦不見其處，何而有菩薩。〔註56〕

《道行般若經》由假名而說菩薩無有，此與道安對所說的「高妙莫大乎世雄，而喻之幻夢」有部份的相近，亦顯示道安在理論上的擇取，有其佛學上的徑

新文豐出版公司，1980 年），頁 20～21。又 Conze, E. trans.: *The perfection of wisdom in Eight Thousand Ślokas*（The Asiatic Society, Second Impression, 1970）.

〔註54〕見《大正藏》第 8 冊，頁 478 下。

〔註55〕見《大正藏》第 8 冊，頁 537 中。

〔註56〕見《大正藏》第 8 冊，頁 425 下。

路，不應全然被視爲玄學本無思想下的產物，或者老莊形上思想的附庸。

2. 真如法性

〈道行經序〉說：

> 執道御有，卑高有差，此有爲之域耳。非據眞如遊法性，冥然無名
> 也。據眞如遊法性，冥然無名者，智度之奧室也。名教遠想者，智
> 度之蓮廬也。然存乎證者，莫不契其無生而惶眩；存乎跡者，莫不
> 忿其蕩冥而誕誹。道動必反，優劣致殊，眩誹不其宜乎，不其宜乎。

這段引文，如要嚴肅的看待，「執道御有，卑高有差，此有爲之域耳」應是對
他前期所作〈安般注序〉中「執寂以御有，策本以動末」的批評。〈安般注序〉
所形成的主體自由義，是在緣起觀念下建立的，「執寂以御有，策本以動末」
中的「寂、本」指主體之脫離緣起的境界；「有、末」則爲緣起的現象世界。
所謂「無形而不因；無事而不適」是就人能擺脫十二緣起，而得的自由境界
而言。〈道行經序〉與〈安般注序〉不同，它進一步的由「眞如」、「法性」的
立場來說自由無礙。

「眞如」爲梵語 bhūta-tathatā 或 tathatā 的意譯，「眞」爲眞實不虛妄之意；
「如」指不變其性之意。在《阿含》經典中，緣起四諦之理法乃永遠不變之
眞理，故緣起法即爲「眞如」。《般若經》言「眞如」重於在一切法中顯「無
差別性」（如性），乃謂一切存在之本性超越所有之差別相，不即一切法，不
離一切法；所以在眞如無差別性中，可說一一法的如性，因此《大品般若經》
中作爲眞如的異名者有：法性（dharmatā）、法住（dhaema-sthitita）、法定
（dharma-niyāmatā）、法界（dharma-dhātu）、不虛妄性（avitathatā）、不異如性
（ananya-tathatā）等，皆表示一切法的本性，無差別、無變異。〔註57〕

觀道安〈道行經序〉所使用的「眞如」、「法性」之說，部份合於《般若
經》的法性眞如的概念，他說「據眞如遊法性」，「據」與「遊」二字說明道
安並不將「眞如」、「法性」視爲實體概念，〔註58〕而應爲由般若智所呈現的
一切法無差別、不變異的本性，因爲法性爲一切法的平等的本性，才有「遊」
於一切法的意涵。〈合放光光讚略解序〉言：「如，爾也，本末等爾，無能令

〔註57〕參見印順：《如來藏之研究》（台北：正聞出版社，1981 年），頁 28～39。

〔註58〕福永光司及松巧村合著的〈六朝的般若思想〉認爲：「道安主張眞如、法性不
是非存在，而是有實體的」（中譯文收入許洋主譯《般若思想》，台北：法爾
出版社，1989 年，頁 282）。此點本文不能同意。

不爾」也是說法性的本末始終如一「不變異」。又說:「法身者,一也,常淨也」,〔註59〕「一」指「有無均淨,未始有名」,乃就無分別(未始有名)、不變異(有無均淨)而說「一」,而不是指為實體之「一」。〔註60〕道安說「冥然無名」是般若精義,「名教遠想」只如旅舍(蘧盧),可以一宿而不可久處,〔註61〕與《般若經》所表達的意思頗有相合之處。他說般若住於「冥然無名」,離於「名教遠想」,目的也在指出一切分別想念(優劣致殊)與由此而起的執著(眩誹),都與般若不相應。

3. 語言概念與智的關係

《小品般若經》言:「所言菩薩者,何等法義是菩薩?我不見有法名為菩薩」,顯示《小品》的作者不認為「真實的狀態」可以相應於語言的描述。換言之,透過語言所指涉的只是被虛構的東西,「真實之道」與「虛構之道」之間彼此異質。由此可知:對於真實的狀態,《小品般若經》完全否定了「名實對應」的語言概念;也反對「尋名求實」或「依實立名」的心態。〔註62〕道安基於《小品般若經》的語言態度而說「冥然無名」,可見他能見到般若的部份要義,但詳觀序文,他對《般若經》的語言概念並不能全盤掌握,因此在序文中,他所指示的讀經要徑,對語言本身所形成的文本意義,非但無超越的意思,反而認為解讀得當才能得到語言背後的真義:

> 且其經也,進咨第一義以為語端,退述權便以為談首。行無細而不
> 歷,數無微而不極,言似煩而各有宗,義似重而各有主。環見者慶

〔註59〕 其言曰:「法身者一也,常淨也。有無均淨,未始有名。故於戒則無戒無犯;在定則無定無亂;處智則無智無愚。泯爾都忘,二三盡息,皎然不緇,故曰淨也」。

〔註60〕 福永光司及松巧村合著的〈六朝的般若思想〉認為:「道安主張『真如』、『法身』不是非存在,而是有實體的」。「初期道安的禪觀思想否定為知覺、認識、想念所把捉的現象——即『末』、『有』,而以復歸於與現象不同次元的實體世界——『本』、『無』為目標。相反的,在他的般若學中,他設定『一』或『如』為實體,此實體除去基於『本』與『末』、『有』與『無』這種相對概念的分別。所以他以為實體即『一』或『如』,不是與事實不同的次元,而是適應事象的」(許洋主中譯《般若思想》,頁282)。但〈合放光光讚略解序〉開頭言:「般若波羅蜜者,成無上正,真道之根也。正者等也,不入二也。等道有三義焉,法身也,知也,真際也」,法身既為等道之一義,除非等道有實體義,否則法身亦不應有實體義。

〔註61〕 道安此取《莊子》義,《莊子·天運》言:「名,公器也,不可多取。仁義,先王之蘧盧,止可以一宿而不可久處,覯而多責」。

〔註62〕 參見萬金川:《龍樹的語言概念》(台灣:正觀出版社,1995年),頁42～43。

其遁教而悦窹，宏哲者望其遠標而絕目。陟者彌高而不能階，涉者
彌深而不能測，謀者慮不能規，尋者度不能盡。既杳冥矣，真可謂
大業淵藪，妙矣者哉！然凡論之者，考文以徵其理者，昏其趣者也；
察句以驗其義者，迷其旨者也。何者？考文則異同每為辭，尋句則
觸類每為旨。為辭則喪其卒成之致，為旨則忽其始擬之義矣。若率
初以要其終，或忘文以全其質者，則大智玄通，居可知。

道安主張閱讀時不應執著於語句的文理、意旨，因此正確的閱讀應在於「率
初以要終」、「忘文以全質」的過程中，去「統言之宗，尋義之主」。這種看法
與玄學家王弼「得象忘言，得意忘象」，〔註63〕及其注《老子》、《周易》時所
主張的「統之有宗」、「會之有元」〔註64〕是相一致的。他們之間的共同處是：
文字仍為「得意」之必要憑藉。這種看法如代表一種讀經的方式，可與《般
若》中觀學派「假名」的觀念部份相合。

　　據楊惠南先生之意見，「假名」之義有二解，一是「約定、教說、消息」，
二是「虛假不實」的一切世俗法，〔註65〕又稱「假名有」、「假有」。〔註66〕在
漢譯的意思中，「假」有假藉的意思，而「名」則為語言文字，所以「假名」
是假藉約定俗成的語言文字來傳播教說，這是取「約定、教說、消息」的意
思，道安在讀經的態度上與此種假名說法的概念相合。但如以「約定、教說、
消息」之「假名」作為《般若經》的基本立場，則明顯相異於《般若經》「以
名為假（不真）」，以四聖諦及一切世俗法為「假名有」的立場。從道安的序
文看來，他顯然不僅僅將之視為讀經之法，而認為這是「大智玄通」的要徑
之一，視之為「冥然無名」的理論基礎，如此在基本立場上與《般若經》將
有所不同。

　　如果著眼於道安此論在其思考方式上的地位，可以發現道安此論非基於
性空的立場，而是基於在「真如」的般若觀照下，對一一法性的全面肯定。

〔註63〕見《周易略例·明象》（樓宇烈：《老子周易王弼注校釋》，頁 609）
〔註64〕見《周易略例·明象》（樓宇烈：《老子周易王弼注校釋》，頁 591）
〔註65〕根據荻原雲來：《漢譯對照梵和大辭典》（頁 823b～4a），「假」（波羅聶提）譯
　　　　自梵語 prajñpati，此語是以表「認知」之語根 jña 附加表「前、先」之義的前
　　　　置詞 pra-所派生的陰性名詞。漢譯曾名之以「假、假（安）立、假設施、虛
　　　　假、假名（字）施設假名、立名、言語」等，可見這個詞和認識的活動有關。
　　　　在《般若經》的立場中，所有的認識活動與事物真實的本性（空性）都是不
　　　　相應的，也是虛假不實的。
〔註66〕參見楊惠南：《印度哲學史》（台北：東大圖書公司，1995 年，頁 182～183）

他說：

> 要斯法也，與進度齊軫，逍遙俱遊，千行萬定，莫不以成。眾行得
> 字而智進，全名諸法參相成者，求之此列也。

所謂「眾行得字而智進，全名諸法參相成者」應指名、字、諸法相依緣起，
相互依持而平等無別，此種觀點亦即道安在序文開頭所說的：「地含日照，無
法不周；不恃不處，累彼有名」，以爲智度統攝諸法，含照無限，故不能爲形
名所拘限。但不爲形名所限，又不指其離於形名，所以說：「既外有名，亦病
無形」。

　　由道安對「語言」與「般若智」之關係的論述，可知道安雖能得般若「無
分別智」，但他的無分別智不是由《般若經》「一切事物都是空的」（sarvadharmāś
śunyāh 一切法空）的立場建立，而是由「諸法緣起，相互成就」而建立的，
這種思考與《般若經》存在著明顯的距離。又他之肯定一一法性的立場，也
與道家《老子》第二章言：「聖人處無爲之事，行不言之教，萬物作焉而不辭，
生而不有，爲而不恃」肯定萬物自身的價值，有異曲同工之妙。

4. 道安的語言概念同於王弼的言意理論

《道行般若經》卷九〈隨品第二十七〉言：

> 諸經法但有字耳，無有處所，菩薩隨般若波羅蜜教當如是。般若波
> 羅蜜本無形但有字耳，菩薩隨般若波羅蜜教當如是。般若波羅蜜本
> 無所從生，菩薩隨般若波羅蜜教當如是。般若波羅蜜本無有異，菩
> 薩隨般若波羅蜜教當如是幻化及野馬，但有名無形。〔註67〕

這段話與鳩摩羅什所譯的《小品摩訶般若波羅蜜經・隨知品第二十六》在經
文的次序上不同，但對照而觀，應近於〈隨知品〉開頭論假名的一段：

> 佛告須菩提：一切法無分別，當知般若波羅蜜亦如是。一切法無壞，
> 當知般若波羅蜜亦如是。一切法但假名字，當知般若波羅蜜亦如是。
> 一切法以言說故有，當知般若波羅蜜亦如是。又此言說無所有，無
> 處所，當知般若波羅蜜亦如是。一切法虛假爲用，當知般若波羅蜜
> 亦如是。〔註68〕

引文所言是由假名設施的立場，說一切的言說雖可傳達解脫成佛的「教說」
或「消息」，但並不指涉任何眞實的事物。經文說「一切法以言說故有」，意

〔註67〕見《大正藏》第 8 冊，頁 470 中。
〔註68〕見《大正藏》第 8 冊，頁 579 中

即一切事物只因著名稱，順著語言的習慣被談及。然而言說只是「假名」，它既非從任何眞實的事物而來，而其自身也不是眞實的事物（無所有，無處所）。因爲言說只是不實的假名設施，而人們卻常以爲它可以代表實的事物，所以《般若經》的作者要人們知道眞實的事物是離開語言的，它們無法以言說的習慣指示出來，也不能用言說的方式加以表出，它們是超越語言的。

《般若經》以爲：事物的眞實狀態是（dharmatā 法性）是離於一切相狀特徵的空性（śūnyatā），然而名稱所以能成立卻是基於相狀特徵而來。因此，事物的眞實狀態是處於言說之外的。妄執取相者如「名實相應」論者，以爲可以尋名求實、依名立實，這是誤以「非存在的事物」（asaṃvidyamāna-dharma）爲「存在」的結果。

道安在理解上並不能與《般若經》的意見相合，他不將假名與眞實的事物視爲是「非存在之事物」與「存在」之區別，而視爲「名言」與名言背後的「意義」之區別，因此他雖也反對「名實的對應關係」，但最終仍肯定「名」仍有指示出「實」的功能，他的理解應是受到王弼言意理論的影響。魏晉對語言的討論大致有三種主張：一、是主張名實對應的「言盡意論」；二、是反對名實對應的「言不盡意論」；三、是王弼的「得象忘言，得意忘象」說。王弼的理論雖不主張名實對應的言盡意說，但他主張經由「忘」而得言語背後的眞義，最後仍不視語言爲虛假不實的「假名」，〔註69〕而肯定「言」、「象」對得「意」有導引之功。〔註70〕

5. 譯文的影響

道安的理解一方面受到玄學言意理論的影響，一方面也可能是基於譯文的失誤，如比較鳩摩羅什的《小品摩訶般若波羅蜜經・隨知品》與支讖《道行般若經・隨品》可知《道行般若》於假名有、性空之義的譯語容易造成誤讀：

〔註69〕 王弼注《老子》二十八章言：「樸，眞也。眞散則百行出，殊類生，若器也。聖人因其分散，故爲之立官長。以善爲師，不善爲資，移風易俗，復使歸於一也」（樓宇烈：《老子周易王弼注校釋》，頁75）。注三十二章言：「始制，謂樸散始爲官長之時也。始制官長，不可不立名分以定尊卑，故始制有名也」（樓宇烈：《老子周易王弼注校釋》，頁82）。由上二章注可見王認爲名、器仍爲樸（道）所出，有其眞實之一面。此種對名、器的看法，或爲道安所承繼。

〔註70〕 參見拙著：《王弼的言意理論與玄學方法》第二章〈王弼的言意理論及其在方法上的意義〉（台北：台灣大學中國文學研究所碩士論文，1993年）。

支讖《道行般若經》	鳩摩羅什《小品摩訶般若波羅蜜經》
般若波羅蜜等無有異	一切法無分別
諸經法無有能壞者	一切法無壞
般若波羅蜜本無形但有字耳 諸經法但有字耳，無有處所 幻化及野馬但有名無形	一切法但假名字
	一切法以言說故有
	此言說無所有，無處所
	一切法虛假爲用
諸經法無有極不可盡	一切法無量
地水火風四事無有極	色無量
佛身相本無色 佛所教化者無有異 諸經法本無淨適無所因 佛諸經本無說無教 諸佛境界各各虛空 泥洹虛空無所有	受想行識無量
	一切法無相
	一切法通達相
	一切法本來清淨
	一切法無言說
	一切法同於滅
	一切法如涅槃
諸經法無所生，無所因出 般若波羅蜜本無所從生	一切法不來不去，無所生
十方天下之人呼爲是我所非我所悉斷之 一切無有索菩薩過者亦無有得佛過者脫無央數人	一切法無彼我
	賢聖畢竟清淨
諸佛說經法行道如是	捨一切擔
	一切法無熱（疑爲「執」）
	一切法無染無離
	一切法清淨
	一切法無繫者
	一切法是菩提覺以佛慧
	一切法空、無相、無作
	一切法是藥，慈心爲首
	一切法梵相、慈相、無過、無恚
譬如大海水不可斗量	大海無邊
虛空不可盡	虛空無邊
譬如日明所照悉至	日照無邊

四大本無形	色離
五陰本無形	受想行識離
虛空之中音響無形	一切音聲無邊
譬如須彌山巔珍寶各各別異	諸性無邊
菩薩爲諸天阿須倫鬼神甄陀羅摩睺勒人及非人作不可計之覆護	集無量善法
生死根波羅蜜力諸覺禪棄脫三昧定入禪具足悉脫愛欲臨作佛時乃得行是	一切法三昧無邊
	佛法無邊
佛所作爲變化無有極	法無邊
釋梵各自有教	空無邊
沙羅伊檀六事大虛空無形	心心數法無邊
臨作佛時諸經法悉足成	諸心所行無邊
發心行佛道無有與等者	善法無量
發心行願甚大菩薩等心於十方人無有極	不善法無量
佛有四事不護，各各異端無有極	

（說明：二經在譯文中可對應者以格線標示，存疑則不框格線，表列以爲參考）

　　《道行般若經》言：「但有字，無有處所」或「本無形，但有字」，其中「無形」及「無處所」原意可能爲「空」、「離於一切名言徵相」，但卻被道安解釋爲「語言」背後的意義，所以道安才會有「與進度齊軫，逍遙俱遊，千行萬定，莫不以成。眾行得字而智進，全名諸法參相成者，求之此列也」的說法。但此種誤讀是否全歸罪於道安？恐非盡然，試看《道行般若經・隨品》最後的結語：

> 佛語須菩提，若有菩薩行般若波羅蜜時，當作是隨，當作是念，當作是入，當作是視，去離諛諂，去離貢高，去離強梁，去離非法，去離自用，去離財富，去離憍倖，去離世事，棄身不惜壽命，適無所慕，但唸佛行事安穩，菩薩行能如是者，得佛不久。悉得薩芸若功德不久。如是輩菩薩不當字菩薩，當字爲佛。何以故？今得佛不久故。

　　說：「不當字菩薩，當字爲佛」，明顯與《般若經》之視名、字爲假名設施相違，對照《小品摩訶般若波羅蜜經・隨知品》之反覆提說「虛空」、「無邊」、「離集善相」、「離合和法」、「善不善不可得」，實有距離，此可見「般若空性」難以契入中國思想，亦有由翻譯而造成誤讀的情況。

（二）〈合放光光讚略解序〉的般若思想

1. 《般若經》說空即說涅槃、真如、法身、真際

在原始佛教的教理中，空（śūnya）與空性（śūnyatā）是佛法解脫的心要，與解脫之道是不相離。解脫之道是如實知無常、苦、空、無我；依厭、離欲、滅、無所取著而得解脫。解脫要依於慧（般若 prajba）；修行如實觀慧而能離煩惱，主要的方便是空、無所有（ākibcanyā）、無相（animitta）。空於貪、瞋、癡也是無相無所有的究竟義；所以在佛法的發揚中，空更顯得重要。〔註71〕

初期大乘在修證方法上，與《阿含經》說不同。大乘直示生死與涅槃不二，說「一切法本無所生」，「一切法本來寂靜」；原始般若〔註72〕說一切執，一切分別想念都與般若不相應；與分別想念相對應的語言名字，都是虛妄不可得的。所以直從「但名無實」下手，於一切無所取著，能直入一切法無生。《大品般若經》綜合了「如，法性（法界；法身），實際（真際）」為一類，而解之為涅槃的異名。如《摩訶般若波羅蜜經》卷十七說：

> 深奧處者，空是其義，無相、無作、無起、無生、無染、離、寂滅、
> 如、法性、實際、涅槃，須菩提，如是等法，是為深奧義。〔註73〕

真如、法界與空（śūnyatā），無生（anutpattika）、寂滅（vyupaśama）、涅槃（nirvāna）是同一內容的不同說明，可見《般若經》是以真如、法界等表示涅槃的，而這也就是一切法性。〔註74〕

2. 道安說真如、法身、真際含有實踐次序之意義

道安在〈合放光光讚略解序〉中，首先提出的即是「如，法性（法界；法身），真際（實際）」三者，他說：

> 般若波羅蜜者，成無上正，真道之根也。正者，等也，不二入也。
> 等道有三義焉，法身也，如也，真際也。故其為經也，以如為始，

〔註71〕 參見印順《空之探究》（台北：正聞出版社，1985年），頁79。

〔註72〕 龍樹《大智度論》說：「般若波羅蜜部黨，經卷有多有少，有上中下」。「上本」是十萬頌本，「中本」與「下本」則是一般所說的《大品》與《小品》。下本《小品》如漢譯的《道行般若經》、《大明度經》、《小品般若波羅蜜經》均是。中本如《光讚般若波羅蜜經》、《放光般若波羅蜜經》、《摩訶般若波羅蜜經》。上本即《大般若波羅蜜經》的〈初分〉，共400卷。下中上三部先後集出，先有「原始般若」如《道行般若經》的〈道行品〉，經「下本般若」、「中本般若」而後「上本般若」。參見印順《空之探究》，頁138～142。

〔註73〕 見《大正藏》第八冊，頁344上。

〔註74〕 參見印順《如來藏之研究》，頁33～34。

以法身爲宗也。

如者爾也，本末等爾，無能令不爾也。佛之興滅，綿綿常存，悠然無寄，故曰如也。

法身者，一也，常淨也。有無均淨，未始有名。故於戒則無戒無犯。在定則無定無亂，處智則無智無愚。泯爾都忘，二三盡息，皎然不緇，故曰淨也，常道也。

眞際者，無所著也，泊然不動，湛爾玄齊，無爲也，無不爲也。萬法有爲，而此法淵默，故曰：無所有者，是法之眞也。由是其經萬行兩廢，觸章輒無也。何者？癡則無往而非微，終日言盡物，故爲八萬四千塵垢門也。慧則無往而非妙，終日言盡道也，故爲八萬四千度無極也。所謂執大淨而萬行正，正而不害，妙乎大也。

在這些文字中，道安在解釋如、法身、眞際的同時，還將此三者看成是不同境界的指引，所以他說：「其爲經也，以如爲始，以法身爲宗也」。意思應是指以「如」作法入道之始，而以「法身」爲其宗致。

　　簡要的剖析道安的意見如下：他將「眞如」、「法身」、「眞際」三者，分別爲三種不同的解說層次。眞如（tathatā）是「如斯」的意思，「如此這般」。「如」做爲入道之基，則意指不分別造作即能如實的呈現諸法的實相，故道安說：「如者爾也，本末等爾」。從佛之興滅看來也是如此，於興滅無所分別，則顯現常恒的涅槃之道，而無所附麗於任何分別的造作設施。而無分別設施的目的，在遠離語言造作中對立的兩端，此即「法身」，它遠離名言，有與無、戒與無、定與無定，智與無智的分別對待，所以是一，是常。「眞際」則說明三者的最高境，所以表現爲無所著、不動、淵默、無爲。

3. 道安展開義理之思考方式與《般若經》不同

　　在道安的思考中，眞際「無爲」所指爲何？察其理路應是由超越二邊來指引，他所舉之例如：慧與癡、轍與跡、可道之道與常道。這種看法近似於二諦中道之論，但卻非大乘佛教的原始。何以故？《般若經》的甚深義是空性，也就是涅槃，涅槃的體證沒有時、空、數、量（無邊、無量），也沒有能、所（主觀與客觀）的對立，而是渾然的無二無別，是不可說不可得的。此一立場與小乘部派佛教由現實身心（五蘊、六處等）出發，指導知、斷、證修以達涅槃實現的方法是不同的。換言之《般若經》不從無常、苦入手，而從

空、無相、無願等入門,所闡揚的是空(一切法空)。原始般若的《道行般若經・道行品》雖未說空,而說「離」、「無性」、「無生」、「無性」、「不可得」等,但其基本的立意與「一切法空」無別。所以《小品般若波羅蜜經》卷九才說:

> 須菩提!般若波羅蜜無盡,(如)虛空無盡故,般若波羅蜜無盡。……..
> 色無盡故,是生般若波羅蜜;受想行識無盡故,是生般若波羅蜜。
> 須菩提!菩薩坐道場時,如是觀十二因緣,離於二邊,是爲菩薩不
> 共之法。

意指世俗說法,先立種種相對二法(如見與見者;作與作者;有與無;生與滅;生死與涅槃等),然後由此分別相對的一切法來說緣起、相依。《般若經》的立場與世俗異,《般若經》不立相對二法,而由「不離不即」、「離二邊」的立場說緣起義,所以是不生、不滅、不常、不斷、不一、不異。

但依道安之論,他的涅槃之道顯然是由世俗的「二邊」至「不入二」(眞如;等)然後達「一,常」(泯爾都忘;法身),最後進至「無爲」(眞際者;泊然不動;湛爾玄齊),故道安論眞如、法身、眞際之義理的展開正是《般若經》所要破斥的。換言之,道安的論法是:先立相對二法,再論相對二法之超越,於相對中顯平等相而臻於無相對,此與《般若經》一開始即離於相對的論法不同。

在〈合放光光讚略解序〉中,道安對語言的態度也同於〈道行經序〉,他說:

> 凡論般若,推諸病之疆服者,理徹者也。尋眾藥之封域者,斷跡者
> 也。高談其徹跡者,失其所以指南也。其所以指南者,若〈假號章〉
> 之不住,〈五通品〉之不貢高,是其涉百辟而不失午者也。宜精理其
> 徹跡,又思存其所指,則始可與言智已矣。何者?諸五陰至薩云若,
> 則是菩薩來往所現法慧,可道之道也。諸一相無相,則是菩薩來往
> 所現眞慧,明乎常道也。可道,故後章或曰世俗,或曰說已也。常
> 道則或曰無爲,或曰後說也。此兩者同謂之智,而不可相無也。斯
> 乃轉法輪之目要,般若波羅蜜常例也。

以爲語言(徹跡;可道)及語言背後的意義(所指;常道)二者可相互顯義,是玄智的二面,不可割離。由這些意見看來,道安後期的般若思想仍不免先立二邊,再由二邊相依而圖超越,與《般若經》之論稍有不同。

六、道安經序在格義問題上的意義

　　晉孝武帝太元四年（西元 379 年）道安西至長安後，以譯經爲務，不但譯畢親爲校定，並常序其緣起；其所主導之譯經，關於戒律者有《比丘尼大戒本》、《鼻奈耶經》；屬於說一切有部之論書有《阿毗曇八揵度論》、《鞞婆沙論》、《鞞婆沙阿毗曇廣說》、《阿毗曇心論》、《僧伽羅刹所集經》、《波須蜜集經》；屬阿含部者則有《中阿含經》、《增一阿含經》及《四阿鋡暮抄解》等。由這些譯經及譯序可知道安對大小乘及部派佛教之別，同等容受，並無一定之立場。因此這些經序並未顯現他在佛教思想上有何改變。

　　湯用彤先生以爲：「綜自漢以來，佛學有二大系。一爲禪法，一爲般若。安公實集二系之大成。」〔註 75〕此種結果，實因於道安視小乘禪法與大乘般若爲初終二階所致。道安以戒、禪二者爲基址、初階，這種作法在實踐上有其可行之處，但卻泯沒了大、小二乘在理論上的精要處。

　　佛教的修持擁有不同的法門，歸納這些不同的修行法門，可以戒、定、慧三學統貫。戒在於支配身心，其目的在得三摩地（samādhi）與般若慧。三摩地即是「定」，譯爲「等持」或「三昧」，指集中意志，控制意志，使心神達於平衡而不紛亂。三摩地本身並沒有什麼目的，由其作用得般若慧，這才是終極目標。佛住世時，有許多外道認爲三摩地是修行的最終目的，認爲只要證得三摩地，即是證得涅槃。但佛陀所憧憬的是「般若慧」而非「三摩地」，以爲出定後能得般若慧，能將八正道的正見溶入生活，而得到絕對的身心自由才是終極。

　　隨著大、小乘佛教在思想發展上的日益分歧，戒、定、慧三學的講求也就逐漸不同。從戒、定、慧所欲達成的無我涅槃之空而言，小乘認爲如能察照蘊、處、界一切法，爲無常、苦、無我，就能對治常、樂、我之倒見，安住於無相、無願、空界三者之中。一般而言，「無常、苦、無我」與「無相、無願、空界」是配合而說的：無常義是無相；苦義故無願；無我義就是空界。這種觀察叫「分別智」，由「分別智」進一步起「諸行分別智」，觀緣起的起滅，側重於起滅的無常義，而通達於它的寂滅。

　　大乘般若學以「生滅無常觀」爲「相似般若」，以「不生不滅觀」爲「眞般若」從而與小乘相對立。《般若經》之說無相、無願、空、無所有，是由但

〔註 75〕見湯用彤：《漢魏兩晉南北朝佛教史》上冊，頁 227。

名無實的虛妄性，而顯示如實相。換言之，《般若經》不由「分別智」依蘊、處、界說苦、空、無我，而由超越的「無分別智」觀「一切法空」，依一切法而觀爲一切空，不離一切而超越一切。

小乘禪法與大乘般若在立論上既有不同，強加合併在理論上則難免牴牾，如涅槃是去虛妄顯實相，於緣起中見無性？還是令緣起之法滅？止觀之觀是作中道實相之觀？或是觀緣起之起滅？凡此之例皆有其不同的精要之處。道安視二者爲初終之二階，在教理上難免割裂，然亦顯示中國學者在了解佛教教理上的困難，要其難處約有二點可說：

（一）對無我義的不契

佛教教理中的無我觀念，大、小乘的論法雖各自有別，但卻是共同承認的結論。然而中國傳統中始終沒有與「無我」相應的觀念，所以比道安稍早的康僧會等人，始終將「無我」解爲「去除邪意之我」，此種意見也同見於道安早期的經序中，如〈道地經序〉、〈陰持入經序〉、〈十二門經序〉。在此觀點下，佛教的名數雖在中國傳佈，然其中心觀點如緣起法則等，始終無法進入中國學者的理解核心。在中國學人的思考中，緣起法或十二因緣法，只被視爲構作身心穢意的根本原因，而不被視爲客觀世界的根本眞理。由此，早期中國學者大都視解脫之道爲「不墮罪」、「不亂意」；能提高層次者如道安，也只在主體的意義上打轉，不能由此看到自性空、一切法空，而只能將之視爲主體觀照下的清淨世界，而肯定緣起的世界於清淨主體無所干擾。

（二）對空義的不契

由於緣起法是佛教根本大法，一切生命的存在與變動，都不能違背這個普遍的基本法則，所以佛陀以「法性、法住、法界常住」來稱嘆它。小乘視緣起爲「眞如」，由此而論諸行無我之空義，〔註76〕也由此論涅槃歸宿的緣起空。〔註77〕同樣的，大乘般若論「一切法空」的根據亦由緣起法而立。般若學者認爲自性（svabhāva）是自有自成不依於他者，自生與眾緣和合而有之事

〔註76〕如說一切有部以此建立「法有我無」，諸行無我的勝義空（paramārtha-śūnyatā），「法有」是由眼、耳、鼻、舌、身、意六處的生滅中說明生死流轉；「我無」是否定其中有作業者及受報者。意即：唯有法假（指十二因緣的起滅：法設施 dharma-prajbapti）設施（假名：安立 prajbapti），有緣起的生死相續，有業有異熟（報），而沒有作業受報的我。

〔註77〕緣起說：「此有故彼有，此生故彼生」，必然歸結到：「此無故彼無，此滅故彼滅」的寂滅涅槃。

物恰好與之相反，所以凡是眾緣有，也就沒有自性。般若空宗由緣起法的肯定而論一切依於因緣而有，所以一切法無自性；一切無自性，所以一切法皆空。中國學者始終不能正視緣起為一切法的原理，因此不能由此得「我自性空」，所以道安在理解般若的空義時，才將「去亂意之我」與「緣起之事相」並立，而得出我之超越境，離於緣起，觀照於緣起、無礙於緣起的意見。在此推論下，《般若經》的「一切法空」轉為「觀照之空」，「空」成為主體在其境界下的結果；而「緣起」則為在此空之境界的觀照下，所呈現為物殊異、相依，各成其自己之道家式的「自然」、「自生」的狀態。

（三）翻譯與理解之隔閡

如能透視中國學者在上述二點上的限制，即可知在佛經翻譯及理解上亦顯現相同的趨向。如無羅叉所譯的《放光經》與鳩摩羅什譯為「如」的 tathatā，早期的支讖《道行般若經》譯為「本無」，〔註78〕《大明度經》及《摩訶般若鈔經》在譯名上亦承襲《道行經》。〔註79〕「本無」的譯名早於玄學的發展，可能與玄學家論「以無為本」無關，〔註80〕而應視為「其本為無所來、無所去、無住、無異、無所掛礙、無有作者、無所得」〔註81〕的譯名。由於《大品般若經》中真如、法界與空（śūnyatā），無生（anutpattika）、寂滅（vyupaśama）、涅槃（nirvāna）是同一內容的不同說明，因此作為真如的異名也有不虛妄性

〔註78〕如鳩摩羅什《小品般若波羅蜜經》譯為〈大如品〉者，《道行般若經》、《大明度經》及《摩訶般若鈔經》皆譯為〈本無品〉。

〔註79〕參見鍵主良敬：〈本無おとび如・真如譯について〉（《大谷學報》，京都：大谷大學，1968年）及木村清孝：〈無義考──その思想の背景をめぐつて〉（《奧田慈應先生喜慶紀念佛教思想論集》，京都：平樂寺書店，1976年）。

〔註80〕認為「本無」一詞與玄學有關者，如福永司光與松巧村合著的〈六朝的般若思想〉即以「本無」一詞的來源是「以無為本」，得自於《老子》：其言曰：「《般若經》中的 tathata 概念，係以空觀為前提，因此實質上意指『做為空的實相』。其漢譯語相當於『本無』，這是因為譯者認為它含有對現象背後的真實性的否定」（許洋主中譯《般若思想》，頁261）。

〔註81〕《道行般若經・本無品》言：「諸法無所從生，為隨怛薩阿竭教，隨怛薩阿竭教是為本無。本無亦無所來，亦無所去，怛薩阿竭本無，諸法亦本無。諸法亦本無，怛薩阿竭亦本無，無異本無。如是須菩提隨本無，是為怛薩阿竭本無。怛薩阿竭本無住，如是須菩提住隨怛薩阿竭教，怛薩阿竭本無無異本無無異也。諸法是無異，無異怛薩阿竭本無無所掛礙。諸法本無無所掛礙，怛薩阿竭本無，諸法本無礙，一本無等無異本無，無有作者，一切皆本無，亦復無本無。如是怛薩阿竭本無不壞亦不腐，諸法不可得」。見《大正藏》第8冊，頁453中。

（avitathatā）、不異如性（ananya-tathatā）的意思，這些語詞被譯為「無所來、無所去、無住、無異、無所掛礙、無有作者、無所得」，總括為「本無」，其譯名應該不是「本體為無」的意思，而是「本性為無」。

眞正在理解上的誤謬可能不是出於以「本無」為「本體為無」；而是「本無」所指涉的「一切法空」，被解釋為主觀境界之空的意思，試看下列三組譯語：

《道行般若經》	《大明度經》	《小品般若波羅蜜經》
諸法隨次無所得著 諸法無有想如空 是經無所從生，諸法索無所得〔註82〕	諸法隨次無所得 無想如虛空 是經無所從生，諸法索之無所得〔註83〕	世尊！是法隨順一切法。 何以故？世尊！是法無障礙處無障礙相如虛空。 世尊！是法無生，一切法不可得故。世尊！是法無處，一切處不可得故。〔註84〕

《小品般若波羅蜜經》所說的「一切法空」，在《道行般若經》及《大明度經》中被譯為「無有想如空」；「一切法不可得」被譯為「是經無所生，諸法索無所得」，由這些譯語看來，譯者顯然因對「一切法空」的語譯不全，而有讀為「我無想如虛空，是經無所從生，我索諸法無可得」的可能，後者所說不能免於「有我」之論。

其次如「自然」之譯，「自然」是有關「自性（svabhāva）」、「無自性（asvabhāva）」的漢譯。「自性」的意義可分為二類，第一類是世間法所說的地堅性、水濕性等；如求堅、濕等自性的實體就了不可得，也就是沒有自性（無自性），無自性是自性的第二類，是聖人所證的眞如（tathatā）。第一類是世俗自性：世間眾生以為自性是有的，如地堅性等，由於不符緣起的深義，所以要被破斥。第二類是勝義自性，即眞如法性，可以說是有的。〔註85〕

《小品般若波羅蜜經》卷三說：「色無縛無解，何以故？色眞性是色」，〔註86〕「色眞性是色」《道行般若經》與《摩訶般若鈔經》譯為：「色之自然故色」，這是說：色等法的眞自性（勝義自性）即是色等眞相，這是沒有

〔註82〕見《大正藏》第 8 冊，頁 453 上。
〔註83〕見《大正藏》第 8 冊，頁 493 下。
〔註84〕見《大藏經》第 8 冊，頁 562 中。
〔註85〕有關自性之二義參見印順：《空之探究》，頁 180。
〔註86〕見《大正藏》第 8 冊，頁 551 中

繫縛與解脫可說的。假如推考「自然」之譯,與「自性」之差別,(勝義)
自性的意思是「無所有性」、「無性爲自性」這是基於緣起法而說的,但「自
然」一詞則沒去了「由緣起而知一切法無有自性,一切法以無性爲自性」的
思想轉折,所以「自然」一詞之譯及其使用,所顯示的問題是對「緣起法」
或「以無性爲自性」的忽略。

　　這樣的結果,一方面是道家「自然」一詞在思想上的強大優勢,但其基
本的原因應該在於:中國學者開始時並未接受緣起法爲根本眞理的論說。依
此而論,緣起法只在論述身心意苦時才受到重視,在論說般若智時則被視爲
被觀照下的對象。

七、小　結

　　綜觀道安經序所表現的思想可得下列幾點結論:

　　(一)道安在飛龍山對僧先言「先舊格義,於理多違」,所指的「格義」
應非竺法雅的格義之法,而是對先輩經解的批評。這種格義的評論,一方面
是針對當時的佛學理解;另一方面也是對自己以往理解的反省。

　　(二)考察道安經序的內容,道安在理解《般若經》時有意略去《大明
度經》的譯、注,推測道安所說「先舊格義」之對象,有部份可能指支謙及
康僧會一系的傳承。

　　(三)道安第一、二期思想的轉折點應該以他提出「先舊格義」之評論時
爲分界。在此之前的〈道地經序〉、〈陰持入經序〉、〈(小)十二門經序〉中所表
現的解脫之道,大都指向返精歸神的工夫論,與中國傳統思想與康僧會一系的
意見有思想形式上的相似。第二期的思想則以〈大十二門經序〉、〈人本欲生經
注撮解〉、〈人本欲生經序〉及〈安般注序〉爲同一系列。此期思想,與前期最
大的差別是能重視緣起法則,所以與佛教教理較爲接近。第二期的意見不強調
返精歸神的觀念,轉而強調主體之自由無礙。然此主體自由的建立不完全基於
中國道家的無爲思想,而是基於緣起法下萬物空無自性的理解。由於對緣起法
的強調,改變了道安對禪定境界的看法,依此而說主體能超脫於緣起法,不爲
緣法所限,而成不留不礙的心靈境界說。就掌握緣起爲佛法根本而言,道安有
進於先達的理解,然而因爲不能意識到緣起法爲一切法的原理,所以道安的超
越主體觀始終不在緣起之中,就佛法而言,這種理解並不徹底。

　　(四)道安晚期的思想表現於〈道行經序〉與〈合放光光讚略解序〉中,

此二篇序的思想重點在「智」與「眞如法性」的問題上，可視爲道安在般若學上的成熟意見。此期特出於前一期思想的部份在於：以般若「無分別智」作爲觀照世界的方式。在般若智的觀照下，緣起世界轉爲相依平等的清淨世界。然而這種思想與佛教義理亦有明顯區別，其相隔處在於不能自見自我主體之「自性空」與「假名空」二者，這也是不能知「我之自性亦爲緣起」、「緣起之外別無超絕之自我本體」、「一切名但假無實」所導致的結果。

（五）就中印思想相互比附的格義問題而言：

1. 誤解佛教教理的基本原因，可能不在當時的學術意見，或者學術語言的使用，而在於「傳統主體觀念不契於佛教的無我觀」及「早期對緣起法的理解不全」這二個根本問題上。因爲誤以緣起法只是構作身心意識的原因，所以也就不能由此建立佛教的無我觀。

2. 早期「眞如」的漢譯爲「本無」，「本無」譯出於東漢時期，與道家「以無爲本」或魏晉玄學的論點應無關係。因此「本無」之譯不能視爲「以無爲本體」，而應視爲「本性爲無」的意譯。由於佛教中自始即無形上實體的意見，因此與中國道家在思想的類比多在境界義上，而非形上本體義上。

3. 道安思想與玄學的關係，可確定者在於「言意理論」上；道安的語言觀與王弼的言意理論相近，而與佛教的假名觀稍有距離。此種結果一方面可能是由於王弼思想的影響力，一方面則可能起於早期譯本在此問題上的模糊。

第四章　道安時代的般若學與不契空義之關鍵

　　中國學者對《般若經》始有正確的理解，開始於鳩摩羅什法師（西元 344
～413 年）〔註1〕的譯經。鳩摩羅什之父爲印度人，母爲龜茲國王妹，生於龜
茲。他最初跟小乘說一切有部的師父修阿毗曇學，後來轉向龍樹系的中觀佛
教，研究《中論》、《百論》、《十二門論》及《般若經》。西元 382 年，羅什隨
戰勝的龜茲國前秦部將呂光移居涼州、姑臧；西元 401 年，涼州爲後秦軍所
平定，他即被後秦王姚興迎到長安。

　　鳩摩羅什在長安，藉姚興和長安僧侶的協助，譯有《大品般若經》、《小
品般若經》、《金剛般若經》、《維摩經》、《法華經》及《中論》、《百論》、《十
二門論》、《大智度論》等大乘經典。這些重新漢譯的大乘經典，給後來中國
的佛教研究奠下堅實的基礎，而他所宣說的龍樹系中觀思想，也給不知歸趨
的中國般若學研究，立下了明確的方針。其門下優秀的弟子如僧肇、僧叡、
道生、道融、曇影等對般若學都有新的開展，尤其是僧肇曾被視爲「解空第
一」，其《肇論》咸認是中國對般若始有正確理解的線索之一。除此之外，鳩
摩羅什透過書信的往返，也對道安的弟子慧遠及其廬山教團有所影響。

　　有關鳩摩羅什學派對般若學的貢獻，並非本文之論述重點，但爲了具體
的說明道安時代般若學的限制，以下只藉由他的第一弟子僧肇對本無、心無、
即色三宗的批評，及對當時可考文獻的評述，略論六家七宗的般若學概況，

〔註1〕鳩摩羅什的傳記參見《出三藏記集》卷十四〈鳩摩羅什傳〉（收於《大正藏》
　　　第 55 冊，頁 100～102）及《廣弘明集》卷二三所收僧肇〈鳩摩羅什法師誄〉
　　　（收於《大正藏》第 52 冊，頁 246 中至 265 中）。

及其不契空義的可能因素。

一、文獻所見六家七宗之說

　　約在道安時代（312～385 年），有關般若學的研究概況，可見於僧肇於弘始十一年（409 年）之後所作的〈不眞空論〉〔註 2〕及僧叡〈毗摩羅詰提經義疏序〉〔註 3〕二文。〈不眞空論〉言及「本無」、「即色」、「心無」三宗，其言曰：

> 心無者，無心於萬物，萬物未嘗無。此得在於神靜，失在於物虛。
> 即色者，明色不自色，故雖色而非色也。夫言色者，但當色即色，
> 豈待色色而後爲色哉？此直語色不自色，未領色之非色也。本無者，
> 情尚於無，多觸言以賓無。故非有，有即無；非無，無亦無。尋夫
> 立文之本旨者，直以非有非眞有，非無非眞無耳。何必非有，無此
> 有；非無，無彼無。此直好無之談，豈謂順通事實，即物之情哉？

而〈毗摩羅詰提經義疏序〉則謂：

> 自慧風東扇，法言流詠已來，雖曰講肄，格義迂而乖本，六家偏而
> 不即。性空之宗，於今驗之最得其實。

〈毗摩羅詰提經義疏序〉所言之「格義」與「性空之宗」留待後詳，六家雖不知其確指，然其指謂可略見於梁・釋寶唱《名僧傳抄・曇濟傳》所引曇濟〈七宗論〉、〔註 4〕陳・小招提寺慧達（524～611 年）〈肇論序〉、〔註 5〕慧達《肇論疏》、〔註 6〕隋・吉藏（549～623 年）《中觀論疏・因緣品》、〔註 7〕唐・

〔註 2〕見僧肇：《肇論》（收於《大正藏》第 45 冊，頁 152）。

〔註 3〕見僧祐：《出三藏記集》卷八（收於《大正藏》第 55 冊，頁 58）。

〔註 4〕見寶唱：《名僧傳抄》；《續藏經》（台北：中華佛教會，1968 年）第 134 冊，頁 9。

〔註 5〕見慧達：〈肇論序〉；《大正藏》第 45 冊，頁 150 中。

〔註 6〕收於《續藏經》第 150 冊，頁 413～444，原題「晉惠達撰」。湯用彤先生《漢魏兩晉南北朝佛教史》以爲是陳朝慧達之誤，但不肯定是否爲〈肇論序〉之作者小招提寺慧達法師（頁 232）。呂澂《中國佛學源流略講》以爲此慧達不可能爲小招提寺之慧達，因爲慧達在〈肇論序〉中明白表示：「聊寄一序，託悟在中」，並沒有說自己作過《疏》，而且元康只見〈序〉而未見《疏》；又《疏》文自稱「招提意」等，不似作者本人之口吻（台北：里仁書局，1985 年，頁 51）。方穎嫻依李德華所譯之《肇論》，以爲「慧達」即「惠達」，主《肇論疏》與《肇論序》同爲小昭提寺慧達之作（見《先秦道家與玄學佛學》頁 186，註 5）。

〔註 7〕見吉藏：《中觀論疏・因緣品》；《大正藏》第 42 冊，頁 29。

元康《肇論疏》、〔註8〕日人安澄（763～814 年）《中論疏記》、〔註9〕元‧文才（1241～1320 年）《肇論新疏》〔註10〕等。歸納以上諸文所說的六家內容及代表人物，約可表列如下：

（一）《肇論》所破三家之說：

《肇論》所破	本無宗	心無宗	即色宗
慧達《肇論疏》	道安（別列慧遠）	竺法溫	支道林
元康《肇論疏》	竺法汰	支愍度	支道林
吉藏《中觀論疏》	琛法師	溫法師	關內即色
安澄《中論疏記》引《述義》	深法師（本無異）〔註11〕	竺法溫	關內即色〔註12〕
文才《肇論新疏》	竺法汰	道　恒	支道林

（二）六家〔註13〕七宗之說：

曇濟〈六家七宗論〉	本無		心無	即色	幻化	識含	緣會
	本無	本無異					
吉藏《中觀論疏》	道安	琛法師	溫法師	關內、支道林	壹法師	于法開	于道邃
安澄《中論疏記》	道安	深法師	竺法溫	關內、支道林	釋道壹	于法開	于道邃

〔註8〕元康：《肇論疏》：《大正藏》第 45 冊，頁 161～171。

〔註9〕安澄：《中論疏記》卷 3；《大正藏》第 65 冊，頁 92 下至 95。

〔註10〕文才：《肇論新疏》：《大正藏》第 45 冊，頁 209。

〔註11〕湯用彤《漢魏兩晉南北朝佛教史》以爲破道安（上冊，頁 232），然《中論疏記》雖引《述義》所云釋道安〈本無論〉，但論其所破則仍應指深法師。其言曰：「元康師云：下第三破晉朝竺法汰本無義也。……慧達《疏》下卷云：破釋道安本無義。《述義》云：皆此誤矣。……《述義》云：准此經論，所有諸法非有非無，從因緣故，假名有無，若如深法師作，定執言無在有前者。此無即是非爲有，本性是無，即前無後有。若爾者，諸佛菩薩有先無後有之罪過也」（見《大正藏》第 65 冊，頁 93 中下）。

〔註12〕湯用彤《漢魏兩晉南北朝佛教史》以爲破支道林（上冊，頁 232），然詳觀全文，應爲破關內即色義。安澄其言云：「《述義》云：此下破關內即色義。……然康達二師並云破支道林即色義，此言誤矣」（見《大正藏》第 65 冊，頁 94 上）。

〔註13〕曇濟以爲六家指七宗除去「本無異宗」，安澄《中論疏記》以爲六家爲七家除去「本無宗」。

（三）元康《肇論疏》引寶唱〈續法論〉所引僧鏡〈實相六家論〉所論十
　　二家之後六家：

	第一家	第二家	第三家	第四家	第五家	第六家
空	理實無有（眞諦）	色性是空	離緣無心	心從緣生	邪見所計心空	色色所依之物實空
有	凡夫謂有（俗諦）	色體是有	合緣有心	離緣別有心體	不空因緣所生之心	世流佈中假名

二、六家之所指與格義之解釋

（一）識含、緣會、幻化三宗為存神之論

　　由上表可知，前人對六家中之識含宗、緣會宗、幻化宗的看法較爲一致，而對本無宗、即色宗及心無宗則較爲紛歧。識含、緣會、幻化三宗中，識含宗與緣會宗皆出於于法蘭；識含宗于法開爲于法蘭弟子，而緣會宗于道邃與于法開爲同學。于法開善《放光經》及《法華經》。支道林講《小品般若》時，于法開曾使其弟子法威難「舊此中不可通者」，而使林公爲之辭屈。〔註14〕識含之說可略見於《中觀論疏》及《中論疏記》其言曰：

> 三界爲長夜之宅，心識爲大夢之主。今之所見群有，皆於夢中所見，其於大夢既覺，長夜獲曉，即倒惑識滅，三界都空。是時無所從生，而靡所不生。〔註15〕

> 于法開著《惑識二諦論》，云：三界爲長夜之宅，心識爲大夢之主。若覺三界本空，惑識斯盡，位登十地。今謂其以惑所睹爲俗，覺時都空爲眞。〔註16〕

其說以「識含於神」得名，〔註17〕以爲「心識爲大夢之主」，故以對治惑識而令神明位登十地爲重點。

　　幻化宗，《中論疏記》以爲是釋道壹之說：

> 釋道壹著《神二諦論》云：一切諸法，皆同幻化，同幻化故，名爲世諦。心神猶眞不空，是第一義。若神復空，教何所施，誰修道，

〔註14〕見《世說新語》第 45 則。

〔註15〕《中觀論疏》卷 2 末（《大正藏》第 42 冊，頁 29 中）。

〔註16〕《中論疏記》卷 3 末（《大正藏》第 65 冊，頁 94 下）。

〔註17〕湯用彤：《漢魏兩晉南北朝佛教史》，頁 265。

隔凡成聖，故知神不空。〔註18〕

此說以心神眞不空爲主，不空心神但空諸法。以現有的材料而論，此論與識含宗並無大別，只是識含再細分神、（心）識，非如幻化宗之心神合論。

緣會宗之說，不明，《中論疏記》云：

> 于法邃著《緣會二諦論》云：緣會故有，是俗。推拆無，是眞。譬如土木合爲舍，舍無前體，有名無實。故佛告羅陀，壞滅色相無所見。〔註19〕

此說但以緣會之理爲說，由於材料短缺，未知其對心、識有何看法，但由說「色相」及「土木合而爲舍」之例，推測可能亦主色空，而不空心神。故識含、緣會、幻化三宗之般若說，實與《般若經》流行前中國對佛教義理的理解沒有大的差距。僧叡在〈毗摩羅詰提經義疏序〉中曾感嘆，中土先出之經典，多「存神」之文，而少「識神性空」之說，〔註20〕這種情形也造成了對佛教義理偏於對治心識以達神明的理解。故識含、緣會、幻化三宗之以識、神之別說「夢；覺」、「眞；俗」，難免不能予人新的理解，由此或可推測六家雖齊名於東晉，僧肇卻只重視「本無」、「心無」、「即色」三宗之故。

（二）本無、即色及心無三家所指的疑義

六家中，本無、即色及心無三宗代表人物爲誰？前人說法頗爲紛歧。心無宗的代表人物雖有竺法溫〔註21〕（竺法蘊）、支愍度、道恒等差異，但據陳寅恪〈支愍度學說考〉〔註22〕所云：此說當爲支愍度首創，竺法蘊承其義將內容加以充實，而後道恒繼續倡行。因支愍度、竺法蘊及道恒三者在理論上有相承的關係，因此僧肇所破「心無」之宗爲誰？並不是重要的問題。但「即色」及「本無」二宗的代表人物有異說，其說理亦有不同，故二家的代表人物是誰，〔註23〕當牽涉於僧肇所破爲何者理論之問題。

〔註18〕《中論疏記》卷3末（《大正藏》第65冊，頁95上）。

〔註19〕《中論疏記》卷3末（《大正藏》第65冊，頁95中）。

〔註20〕僧叡〈毗摩羅詰提經義疏序〉：「此土先出諸經，於識神性空，明言處少，存神之文，其處甚多。《中》《百》二論，文未及此，又無通鑒，誰與正之？」

〔註21〕據陳寅恪：〈支愍學說考〉，溫法師、竺法溫應指竺法深弟子，竺法蘊。

〔註22〕陳寅恪：〈支愍學說考〉，《金明館叢稿初編》（《陳寅恪先生文集一》，台北：里仁書局，1981年），頁141～161。

〔註23〕如呂澂《中國佛學源流略講》以爲《肇論》主要批判的三宗代表人物是：心無宗爲支愍度，即色宗爲支遁，本無宗爲竺法汰。他的立論基礎來自於對元康說法的信任（見頁51）。

　　一般而言，主張道安及支道林之義合於僧肇〈不眞空論〉者，會將「本無宗」歸之於「竺法深」，而將「即色宗」歸之於「關內即色」。如吉藏《中觀論疏》以爲道安本無說與「方等經論、（羅）什、（僧）肇、《山門（玄義）》義無異也」；〔註24〕而支道林即色義「與安公本性空（故）無異也」，〔註25〕所以他認爲肇公所破爲琛法師本無義〔註26〕及關內即色義。安澄《中論疏記》的立場同於吉藏《中觀論疏》，因爲他們認爲僧肇所破非道安本無，所以安澄不將道安與支道林列入曇濟所說的六家之中，而以深法師及關內即色代替。

　　吉藏所以將道安及支道林除在六家之外，是因爲他將六家等同於格義（於義有格），此點在安澄的《中論疏記》表達得最清楚。《中論疏記》引《別記》及《述義》認爲「格義」是「約正言也」或者是「無得之義還成有得之義」，這說明他們所論的格義，非爲竺法雅格義之法的專稱；〔註27〕格爲扞格之格，非格量之格。由於認爲道安與支道林於佛理無格，所以結論以爲僧肇所破非道安之本無、支道林之即色。

　　類似吉藏與安澄的論點，雖不無可能，但他們認爲道安合於僧肇〈不眞空論〉之義，有部份的理由是得之於僧叡的評論。僧叡〈喻疑〉言：「附言求旨，義不遠宗，言不乖實，起之於亡師」；〔註28〕又〈毗摩羅詰提經義疏序〉中言：「格義迂而乖本，六家偏而不即；性空之宗，以今驗之，最得其實」，

〔註24〕《中觀論疏》卷二末（《大正藏》第42冊，頁29上）。

〔註25〕又於論周顒〈三宗論〉後云：「釋道安本無，支公即色，周氏假名空，肇公不眞空，其原猶一，但方言爲異」。

〔註26〕湯用彤《漢魏兩晉南北朝佛教史》以爲「吉藏謂肇公僅破本無異宗」（頁238）。然詳觀《中觀論疏》，吉藏未有「本無異宗」之語，而直接以「本無」論琛法師之理論。

〔註27〕僧叡〈毗摩羅詰提經義疏序〉言：「自慧風東扇，法脈流詠已來，雖曰講肄，格義迂而乖本，六家偏而不即。性空之宗，於今驗之最得其實」。湯用彤《漢魏兩晉南北朝佛教史》雖未明言此處之「格義」爲「扞格義」或者是「格義配說」之格義，然其引僧叡「恢之以格義；迂之以配說」之言，說僧祐言「支竺所出，多滯文格義」是「梁時學僧不悉格義之意所致」，並論慧皎《高僧傳‧羅什傳》抄襲僧祐原文，仍言「滯文格義」，是「慧皎之不精審處」。由此看來，湯用彤先生以爲此處之格義爲「擬配立例」之法（頁237～238）。繼承湯說者如呂澂《中國佛學源流略講》以爲：「羅什以前的佛學研究情形，據僧叡〈毗摩羅詰提經義疏序〉記載，大概有兩個方面：格義和六家。……意思是說：向來對於佛學的研習，可分爲兩派，一派屬於格義，用這種方法的人，往往與本來的義理相違」（頁49）。

〔註28〕見《出三藏記集》卷五（《大正藏》第55冊）。

凡此皆肯定道安在詮解佛說義理的貢獻。一般學者對僧叡的看法多持肯定，而將他所說的性空之宗，歸之於道安所立，〔註29〕其論據亦多得之於僧叡〈大品序〉所言：亡師安和尚「標玄旨於性空」。〔註30〕值得懷疑的是：

1. 僧叡爲道安弟子，語近恭敬乃必然之事。又其所述道安功績，皆由比較前輩而來，即使將道安與羅什並列，不一定表示道安的義理同於羅什而無誤。如梁武帝〈注解大品序〉〔註31〕言曰：「此經東漸二百五十有八歲，始於魏甘露五年，至自于闐，叔蘭開源，彌天導江，鳩摩羅什澍以甘泉，三譯五校，可謂詳矣」又言：「所以龍樹、道安、童壽、慧遠，咸以大權應世，或以殆庶救時，莫不伏膺上法，如說修行」。如由此而論竺叔蘭、道安、慧遠、羅什義理無別，豈不誤謬？

2. 道安〈性空論〉不見於《出三藏記集》也不見於南北朝以前之學者所徵引，而僅見於唐人元康《肇論疏》。〔註32〕元康言道安著有〈性空論〉羅什著有〈實相論〉，今所見《出三藏記集》卷十二〈宋明帝敕中書侍郎陸澄撰法論目錄序〉，反而列有道安所著的〈實相論〉，故湯用彤先生疑〈性空論〉「或即上列之〈實相論〉」。〔註33〕凡此皆表示此中問題實有待其他新的論證方能成立。

由陳・慧達《肇論疏》肯定《肇論》所破爲道安與支道林二者；而晚出著作如吉藏《中觀論疏》反而肯定道安與支道林合於羅什之情形，可知前人章疏亦有其理解上之限制。故道安理論是否格義而爲僧肇所破，不應視其於佛教史上的貢獻而定，而應視其理論而定。同理，肇論所破即色論是否爲支道林即色義亦應同等考察，不應只就前人章疏論之。〔註34〕

〔註29〕如湯用彤《漢魏兩晉南北朝佛教史》將本無宗屬之道安，又以唐人章疏可信，而言道安以性空宗著稱（頁241～241）。
〔註30〕僧叡〈大品序〉言：「亡師安和尚，鑿荒途以開轍，標玄指於性空；落乖蹤而直達，殆不以謬文爲閡也。宣宣之功，思過其半，邁之遠矣」（見《出三藏記集》卷八（《大正藏》第55冊）。
〔註31〕見《出三藏記集》卷八（《大正藏》第55冊）。
〔註32〕元康《肇論疏》謂：如安法師立意，以性空爲宗，作〈性空論〉；什法師立意，以實相爲宗，作〈實相論〉（見《大正藏》第45冊，頁162中）。
〔註33〕湯用彤：《漢魏兩晉南北朝佛教史》，頁243。
〔註34〕如呂澂《中國佛學源流略講》以爲《肇論》主要批判的三宗代表人物是：心無宗爲支愍度，即色宗爲支遁，本無宗爲竺法汰。他的立論基礎來自於對元康說法的信任（見頁51）。

三、僧肇所破三家爲竺法汰、關內即色、支愍度

（一）竺法汰本無宗

疏記所見列爲「本無宗」者有道安、琛法師、竺法汰。〔註35〕引有道安之論者有慧達《肇論疏》、吉藏《中觀論疏》及安澄《中論疏記》引《述義》云釋道安本無義。三書所引之內容雖有詳略，但內容頗值玩味。寶唱《名僧傳抄・曇濟傳》引曇濟〈七宗論〉言：

> 如來興世，以本無佛（弘）教，故方等深經，皆備明五陰本無，本無之論，由來尚矣！何者？夫冥造之前，廓然而已，至於元氣陶化，則群像稟形；形雖資化，權化之本，則出於自然。自然自爾，豈有造之者哉！由此而言，無在元化之先，空爲眾形之始，故稱本無，非謂虛豁之中，能生萬有也。夫人之所滯，滯在未（末）有，苟宅心本無，則斯累豁矣！夫崇本可以息末者，蓋此之謂也。
> 〔註36〕

上段引文有二個特色：（一）文中所言的「本無」多就「末有」背後的形上本體而言，故「本無」非取宇宙論式的「無」生「萬物」之義，而指爲「無」化「萬物」，令萬物自然自爾之義。（二）論工夫境界之「崇本息末」，其意見與魏晉玄學家王弼的看法無別，並無佛教的論理方式表現其間。將上二點特色與道安思想不強調本體義之「無」的論法相爲對照，可推測此文應非道安之作；而且，《名僧傳抄》的作者寶唱及曇濟，也都未指言此論爲道安所作，故道安如眞有「本無」之論，是否即是此文，不無可疑。另，慧達《肇論疏》有道安本無論之引文，與曇濟引文稍有不同，然在義理上也可視爲相異的觀點，其言曰：

> 第三解本無者，彌天釋道安法師〈本無論〉云：「明本無者，稱如來興世，以本無弘教，故方等深經，皆云五陰本無。本無之論，由來尚矣」。須得彼義爲是：「本無，明如來興世，只以本無化物；若能苟解無本，即思異息矣。但不能悟諸法本來是無，所以名本無爲眞，

〔註35〕慧達《肇論疏》爲了解釋〈不眞空論〉的本無說，曾舉慧遠的本無義加以說明。慧遠本無說以爲：「因緣之所有者，本無之所無，本無之所無者，謂之本無。本無與法性同實而異名也」。慧遠以因緣所生之有，即本無之無，故本無與法性是同實異名。慧遠之說與曇濟〈七宗論〉所引的立意不同，也與僧肇所說本無義不合，故本文暫不討論。

〔註36〕見《續藏經》第 134 冊，頁 9 上

末有爲俗耳」。〔註37〕

此段文字在斷句上，學者有疑，〔註38〕但依《肇論疏》之體例，「須得彼義爲是」之以下文字，可能是慧達申述其所理解的道安本無義，而「須得彼義爲是」之前所引文字，只是用以說明本無諸說，及尊崇「本無」的共同理由。此段文字如依吉藏《中觀論疏》所言「安公明本無者，一切諸法，本性空寂，故云本無。此與方等經論、什、肇、山門義無異也」之意，吉藏對慧達「須得彼義爲是」以下一段文字應會作如此解：「如果不能領悟諸法本來是無，而以本無爲眞，末有爲俗，則不能超越假名對立之想」。如吉藏之解另有根據，也符合道安原意，〔註39〕則《肇論疏》所述道安之說或許可信，而慧達說此道安本無之論爲僧肇所破，則可能不是實情。

再由僧肇的評論推斷考察，〈不眞空論〉云本無者：「故非有，有即無；非無，無亦無」，這是由非有、非無，有、無兩邊的立場言「本無」，而不是由「有」之形上本體爲「無」的立場論有、無的關係。所以僧肇的評論才會是：

> 尋夫立文之本旨者，直以非有非眞有，非無非眞無耳。何必非有，
> 無此有；非無，無彼無。此直好無之談，豈謂順通事實，即物之情
> 哉？

意思是說經論成立「非有」、「非無」的的本意，乃在說明諸法皆因緣起而有，

〔註37〕見《續藏經》第 150 冊，頁 429 上。

〔註38〕方穎嫻〈釋道安與六家七宗之本無義〉以爲當斷句如下：
第三、解本無者，彌天釋道安法師〈本無論〉云：「明本無者，稱：『如來興世，以本無弘教，故方等深經，皆云五陰本無。本無之論，由來尚矣』。須得彼義爲是：本無明如來興世，只以本無化物；若能苟解無本，即思異息矣。故不能悟諸法本來是無，所以名本無爲眞，末有爲俗耳」。
方穎嫻以『』內文字爲道安引述當時通行之本無義，以「須得彼義爲是」以下爲道安自己申述；以「但不能悟諸法本來是無」以下文字爲道安對「本無」說的批評（見《先秦道家與玄學佛學》，台北：學生書局，1986 年，頁 170）。觀慧達《肇論疏》之體例，所引應是僧肇所破之主的言論，不可能歧出而引入道安對「本無」的批評。故『』內之文字，可能是道安之言，而「須得彼義爲是」以下，則可能是慧達對道安〈本無論〉的解釋。

〔註39〕方穎嫻〈釋道安與六家七宗之本無義〉以爲吉藏《中觀論疏》及安澄《中論疏記》所引「無在萬化之前；空爲眾形之始。夫人之所滯，滯在末有，若詫心本無，則異想便息」是「誤以曇濟之本無義爲道安本無義，因道安弟子僧叡，從羅什譯出《中論》等空宗典籍後，仍稱道安『性空之宗，最得其實』，故吉藏亦再無疑議，直從叡法師說以申論，謂安公之本無義即『一切諸法，本性空寂』義，而其申論前所謂之『詳此意』，即明說此意乃由叡法師說參詳而出，非由原引之本無義直接悟出」（見《先秦道家與玄學佛學》，頁 185）。此說或近於實。

所以就其自性而言是「空的狀態」（空性）。因爲自性是空的狀態，所以不可以說「是無、是有」，也不可以說「有與無兩俱」，或者「有與無兩離」，因爲不是上面的三種情況，所以是「非有非眞有；非無非眞無」。說諸法「非有非無」，就其實相而言即是離於認識活動中「有、無」「非有、非無」的分別。「本無論」的意思不同於般若「空性」的看法，它強調「非有」是「無」，又以爲「非無」也是「無」，由於過於強調有、無的對立，而執著於無，所以與事物的實情不相符。

　　由僧肇批評之重點與曇濟所引不合，可知即使曇濟所引「本無宗」之論爲道安所作，也不是僧肇所破之理論，何況曇濟所引，與上章所論道安的經序思想明顯有別。故所謂「六家」是否包含道安實可懷疑。考察疏記所引之論述，竺法深〔註40〕之論見於吉藏《中觀論疏》與安澄《中論疏記》所引，二者之論以爲：

> 琛法師云：本無者，未有色法先有於無，故從無出有；即無在有先，有在無後，故稱本無。〔註41〕
>
> 《二諦搜玄論》十三宗中本無異宗，其製論云：「夫無者，何也？壑然無形，而萬物由之而生者也。有雖可生，而無能生萬物。故佛答梵志，四大從空生也。」《山門玄義》第五卷《二諦章》下云，復有竺法深即云：「諸法本無，壑然無形，爲第一義諦。所生萬物，名爲世諦。故佛答梵志，四大從空而生」。〔註42〕

竺法深之論與曇濟所引〈本無論〉頗有相合，所論多著眼於「有」、「無」二者的先後關係或生成關係，在理論上也屬宇宙生成論式的思考，所以應非僧肇所破之對象。〔註43〕如果除去道安與竺法深，合於僧肇所評者，推測應以爲竺法汰本無義的可能性最大。

　　竺法汰「本無義」之詳細論述雖不見，然《高僧傳·竺法汰傳》說他曾在荊州與慧遠破道恒的心無義：「所著《義疏》並與郗超書論本無義，皆行於

〔註40〕此竺法深據安澄《中論疏記》所説，非東晉初之竺法深，而爲羅什來華後，北土三論師之竺法深，作琛字者乃誤也（見《大正藏》第65冊，頁20）。湯用彤先生於此有所考辨，見《漢魏兩晉南北朝佛教史》，頁251～252。

〔註41〕吉藏：《中觀論疏》（《大正藏》第42冊，頁29上）。

〔註42〕安澄：《中論疏記》（《大正藏》第65冊，頁93中）。

〔註43〕湯用彤先生以爲僧肇所破本無宗爲竺法深的説法，然本文以爲六家中，言「神明、識神」一路，僧肇並不加以破斥，蓋識神諸論與性空般若相去較遠。同理，言「有無相生」之論更離佛教義理，故僧肇並不力破此論。

世」。考《出三藏記集》卷十二〈宋明帝敕中書侍郎陸澄撰法論目錄序〉列有〈本無難問〉下注「郗嘉賓。竺法汰難，并郗答，往反四首」。二人中，郗超所主張爲支道林即色義，〔註44〕故推測竺法汰所主應爲「本無義」。《高僧傳》說竺法汰與慧遠齊名，曾於瓦官寺講《放光經》，晉太宗簡文皇帝親自臨幸，王侯公卿，莫不畢齊。可見他在當時的影響力非同小可。這可能是其製論不傳，但仍能爲後世學者所注意的原因之一。

　　曇濟所引未名作者的〈本無論〉既與竺法深之說相近，又與今存道安經序之理論多不相合，故此論可能爲竺法深之說，而非道安之論。又，依僧肇破「本無宗」之論理看來，所破似非曇濟所引「本無宗」及疏記所引竺法深之說，故推測所破可能爲竺法汰之說。然以上之結論未有堅實證據，只得存考。

（二）關內即色宗

　　疏記所論之即色義有二家，一爲關內即色，一爲支道林即色義。〔註45〕論及關內即色義者有吉藏《中觀論疏》及安澄《中論疏記》所引《述義》之說。吉藏所論關內即色義，是據〈不眞空論〉而說，無法區別與支道林即色義之不同，而且他說支道林「不壞假名而說實相，與道安本性空故（說）無異」，也只是肯定支道林與道安之說無異，於支道林即色義並無說解。故所謂關內即色之論，不得不求諸於安澄《中論疏記》所引《述義》之說，其言云：

> 《述義》云：此下破關內即色義。此師意云：細色和合，而成粗色，若爲空時，但空粗色，不空細色，望細色而粗色，不自色故。又望黑色而是白色，白色不白色，故言即色空都非無色，若有色定相者，不待因緣，應有色法。又粗色有定相者，應不因細色而成，此明假色不空義也。然康達二師並云破支道林即色義，此言誤矣。

推測其立論似分粗、細二色，以細色爲色之最小單位，以粗色爲細色所構成。因爲粗爲細色和合，所以粗色無定相，是空（但空粗色）；而細色是最小單位，非別色所成，所以不能說它是空（不空細色）。

　　《述義》所說的關內即色義，應是僧肇所破。〈不眞空論〉言：

〔註44〕參見湯用彤：《漢魏兩晉南北朝佛教史》，頁257～259。

〔註45〕湯用彤《漢魏兩晉南北朝佛教史》言：「惟所謂執關內即色，或竟無其事，亦未可知。蓋支公與道安聲名揚溢，或有曲爲之解者。謂肇與支安持義無異。故既謂肇公未斥安公本無。復言亦非呵支公即色。而且謂肇在長安，所破者爲長安之三家義。故吉藏疏曰『長安本有三家義』。又另謂有『關中即色』也。實則恐並非事實。此種誤傳，或出於吉藏之揣測，亦未可知」（見頁260）。

即色者，明色不自色，故雖色而非色也。夫言色者，當色即色，豈
待色色而後爲色哉？此直語色不自色，未領色之非色也。

這段話中的「夫言色者，當色即色，豈待色色而後爲色哉」，歷來注疏有二種不
同的說解。元康《肇論疏》以爲「此猶是林法師語意」，而文才《肇論新疏》則
認爲這是「論主（僧肇）破辭」。審查僧肇原文，應以文才所言爲確。從文意上
看，即色之主張「色不自色」，「色不自色」可以有二解：一是「色不有色之性」，
〔註46〕二是「色待緣起，色不自有色」。〔註47〕此二解都可通，但其說爲何，
應該由僧肇的評語來決定，僧肇評曰：「此直語色不自色，未領色之非色也」，
與即色宗之「明色不自色，故雖色而非色也」，在文字上似無區別，如果要區分
二者所言，除非把「夫言色者，當色即色，豈待色色而後爲色哉」視爲是僧肇
的評語。如果「夫言色者，當色即色，豈待色色而後爲色哉」是對「色不自色」
的批評，那麼即色論的「色不自色」只能是「色不自有色」的意思，而非「色
不有色之性」的意思。換言之，即色論說「色不自色」是由緣起上說「相緣而
有色」，以爲「色色相緣而空」，在立意上似存有不相緣之色，故說「雖色而非
色」，意即「色色相緣之色非本色」。僧肇評語則強調別無相緣之外之色，故「當
色即空」；其說「未領色之非色」連上句而讀，應指爲：「未領當（本）色即非
色」。整體而言，僧肇之意可順解如下：「即色論者，以爲待緣而起的色，因其

〔註46〕 戴璉璋〈玄智與般若─依據《肇論》探討玄佛關係〉一文主此說。其言曰：「就
現有資料查考，即色宗沒有『色色而後爲色』的說法，他們只是就色之緣起
以把握色之性──『當色即色』的主張者，這也正是他們稱爲即色宗的緣故」
（台北：中央研究院，第三屆國際漢學會議論文，2000 年 6 月，頁 8）。戴說
以爲即色宗「偏於色之性空，而未能即於假名之有」（頁 9）然而，如果僧肇
評語「直語色不自色，未領色之非色」中的「色不自色」如解爲「色不自有
色性」，則此意與「色之非色」並無差異，何來「未領」之語？何況即色之說
正是「色不自色，故雖色而非色也」。戴說以爲「未領色之非色」即「不顧色
的名號」或「未領爲假名之有」，在文字上似不易順解，且與元康所釋，言林
法師「不知色是空，猶存假有也」不合。即使戴先生將「色色」解爲「以色
爲色」或「使色爲色」的意思，以爲「把色稱爲色」是名號上著眼（頁 8）。
但，這也很難解釋前一句「當色即色」：如果即色論的「色不自色」已經說到
了「色不自有色性」，這就已經是「當色即色」了，其立說全與「色之名號」
無關，何以僧肇要歧出而批評即色義「不必從色的名號上著眼」？故此釋似
不通暢。

〔註47〕 元康釋「色不自色」爲：「此林法師但知言色非自色，因緣而成，而不知色是
空，猶存假有也」。又宗少文〈答何承天書〉中言即色空可引爲連類，曰：「夫
色不自色，雖色而空。緣合而有，本自無有。皆如幻之所作，夢之所見。雖
有非有。將來未至，過去已滅，現在不住，又無定有」。皆取色色相緣之意。

色色相緣之故，是空如夢幻。但是即色論者只由色色相緣說空，不能明白色之
自性即空，別無相緣之外之色」。〔註48〕

　　比較僧肇的評論與《述義》所引關內即色義，可知關內即色正是僧肇所破。
關內即色由法的粗、細，推導出不依緣起的最小單位，這種論法以爲粗色爲細
色相緣合和而生，故是色色之色，空幻無實。細色爲最小之單位，別無所假，
所以爲眞。關內即色之論細色不空，即是〈不眞空論〉所破的「未領色之非色」，
意即：「色色緣起故空，別無（細）色是在緣起之外的，所以別無色不空，也無
獨立於色色之外之色」。蓋緣起之法是一切事物的根本原則，世間事物沒有能脫
離緣起的，所以由緣起的立場是「一切法空」，一切法空無自性，僧肇對即色義
之批評在於即色義對緣起法不能全面肯定，所以不能了悟「法無自性」。

　　肇論所破如是關內即色義，那麼支道林的即色義所論爲何？支道林即色
之論，目前並無完整的資料。故眞正能考察支道林之說者，應該以《世說新
語・文學》注引《支遁集・妙觀章》之文及慧達《肇論疏》與《中論疏記》
引《山門玄義》、《述義》之文爲主。《世說新語・文學》注引《支遁集・妙觀
章》之，其言云：

　　　夫色之性也，不自有色。色不自有，雖色而空。故曰：色即爲空，
　　　色復異空。〔註49〕

慧達《肇論疏》與《中論疏記》引《山門玄義》、《述義》之說，文字稍異，

〔註48〕呂澂《中國佛學源流略講》謂：「僧肇批評即色宗有二個錯誤：一是把色看
　　　成是概念化的結果，單從認識論上來理解空性。另一是不了解所謂非色、
　　　色空也就是假有之意：沒有假有，也無所謂空」（頁 55），然此說似有強加
　　　曲解的可能。根據《荻原梵和大辭典》（頁 823b～824a）「假」（波羅聶提）
　　　譯自梵語 prajbpati，此語是以表「認知」之語根 jba 附加表「前、先……」
　　　之義的前置詞 pra-所派生的陰性名詞。漢譯曾名之以「假、假（安）立、
　　　假設施、虛假、假名（字）施設、假名、立名、言語」等，可見這個詞和
　　　認識的活動有關。所以假有空，實即概念之空，如依呂澂之見，何以即色
　　　論者能知概念空，卻不能分辨假有空？又從僧肇的評語，與僧肇之前的佛
　　　學論著看來，當時人最不能了解者即是假名空。更何況即色論者言「色不
　　　自色」，前一色字非如呂澂所言爲「對名想（概念）的色」。又鎌田茂雄：「即
　　　色論者，只看到色即是空的部份，而不能看到空即是色的一面」（見其《中
　　　國佛教通史》二卷，關世謙譯，台灣高雄：佛光出版社，1990 年，頁 178），
　　　頗能點出中國傳統理解般若學的問題，但以之說即色論，在文意上也不能
　　　順解「色之非色」。
〔註49〕見《世說新語・文學》第 35 則。余嘉錫：《世說新語箋疏》（台北：華正書局，
　　　1989 年），頁 223。

但基本的論點無別，二者的引文如下：

> 吾以爲即色是空，非空滅色，此斯言至矣。何者？夫色之性色，雖色而空；如知不自知，雖知恒寂也。(《肇論疏》)

> 夫色之性，色不自色，不自，雖色而空；知不自知，雖知而寂。(《山門玄義》)

> 《述義》云：其製〈即色論〉云：吾以爲即色是空，非色滅空。斯言矣，何者？夫色之性不自有色，色不自有，雖色而空；知不自知，雖知恆寂，然尋其意，同不眞空，正以因緣之色從緣而有，非自有故，即名爲空，不待推尋破壞方空。既言：夫色之性不自有色，色不自有雖色而空，然不偏言無自性邊，故知即同於不眞空也。(《述義》)

如合觀《世說新語·文學注》、《肇論疏》、《中論疏記》三書之引文，支道林言「色即是空」，應是就「色性」而說的，他說色性是「色不自色」，「色不自色」不似僧肇所說的「色色而後爲色」之色。由於支道林所言「色不自色」的相近之例是「知不自知」，可知支道林所表示的意思應是：「色之性不能成爲色的對象」，猶如「知之性不能成爲知的對象」，此與〈大小品對比要抄序〉所言：「夫無也者，豈能無哉？無不能自無，理亦不能爲理。理不能爲理，則理非理也；無不能自無，則無非無矣」在立意上是相同的。由於色之性與知之性不是知識的對象，它們超越於「能、所」、「主、客」的認識活動之外，所以是「空」。但色性雖是超越之空，並不表示它不存在，而只是說它不可用認識活動來理解，由於它並非「虛無」，所以說是「色復異空」。

支道林的理解有新巧之處，在思維上較僧肇所破的三宗要深入。但從「般若學」的立場而言，仍非確論，因爲依此論不但不見佛說緣起的色彩，而且不能得出一切法空的結論。換言之，它只能說明色性（體）是在認識之外，而不能說明認識爲幻，所以也得不出「假名空」，「色爲幻化」的意見。從思維形式上看來，它是魏晉玄學式而非佛理式的論法，此在下文中可進一步辨析。

另外文才《肇論新疏》亦有東晉支道林〈即色遊玄論〉，與前論略異，其言曰：

> 彼謂青黃等相，非色自能，人名爲青黃等。心若不計，青黃等皆空。以釋經中色即是空。〔註50〕

〔註50〕見《大正藏》第45冊，頁209上。

此論將「色不自色」之色視爲「名言」，即「名言」不自起，而起於「人心」。
但如依此解，即色論於此並無涉「色色而後爲色」的緣起說，如此，僧肇評
即色宗所言的「豈待色色而後爲色哉？」則無所著眼。文才不管前謂之即色
說，於此只再就僧肇的評語，解釋僧肇的意思而說：

> 謂凡是質礙之色，緣會而生者，心雖不計，亦色法也。受想等法，
> 亦應例同。意云：豈待人心計彼謂青黃等，然後作青黃等色耶，以
> 青黃亦緣生故。〔註51〕

前謂即色以人心所賦予之「名言」說「色」，而後之評論不破於此，而由「質
礙之色」爲緣會之色，不待心計而破之。如此，文才對僧肇之言的解釋豈不
落入僧肇破斥即色的「色色而後爲色」？由此可知，文才所謂的即色遊玄說
與僧肇所破並不相恰，而文才對僧肇的解釋更不中的，以色空破之似非重點。
整體而言，此論不太可能爲支道林「即色遊玄」原論。因此僧肇所破應是關
內〈即色論〉，以吉藏、安澄所述爲確。

（三）支愍度心無宗

　　有關心無宗之立，主張爲支愍度所立者有《世說新語・假譎》〔註52〕及
元康《肇論疏》；主張爲道恒所立者有《高僧傳・竺法汰傳》；〔註53〕主張爲
溫法師所立者有《中論疏記》，並謂道恒執心無義得之於法溫，後支愍度亦追
學前義云云。《中論疏記》以法溫、道恒、支愍度三人有學說上的傳承，一般
學者於此多持肯定，然於法溫、道恒、支愍度三者的先後，則有不同的意見，
其中以陳寅恪先生〈支愍度學說考〉於法溫、愍度、道恒三人之時代先後考
據最詳，可視爲定論。陳說以爲「竺法溫」應爲竺法深之弟子「竺法蘊」，屬
支愍度之晚輩，故心無宗之立當以支愍度爲確。〔註54〕

　　有關支愍度心無義，《世說新語注・假譎》有如下的說明：

> 種智之體，豁如太虛，虛而能知，無而能應。居宗至極，其唯無乎？

〔註51〕 見《大藏經》第45冊，頁209上。

〔註52〕 《世說新語・假譎》言：「愍度道人始欲過江，與一傖道人爲侶。謀曰：用
舊義往江東，恐不辦得食。便共立心無義」。見余嘉錫：《世說新語箋疏》，
頁859。

〔註53〕 《高僧傳・竺法汰傳》言：「時沙門道恒，頗有才力，常執心無義，大行荊土，
汰曰：此是邪說，應須破之。乃大集名僧，令弟子曇壹難之……」。

〔註54〕 見《金明館叢稿初編》〈支愍度學說考〉收入《陳寅恪先生文集一》（頁 154
～160）。

〔註55〕

據上所釋，一切智的本體是虛無，因一切智之體也是心體，所以處「心」於「虛無」，謂之「心無」。

僧肇破心無義，頗中上述所引，其言曰：

> 心無者，無心萬物，萬物未嘗無。此得在於神靜，失在於物虛。

這段評述，吉藏、元康、文才的疏解大致無別，意即：「心無論者主張在心境上對萬有的生成、變化不起執心，因此以爲心是無，而萬物是有。此論的優點在於能使心神寧靜而得萬物之實，缺點是不能了知萬物是空無自性。」然安澄《中論疏記》引《二諦搜玄論》另有溫法師之《心無論》，其言曰：

> 夫有，有形者也；無，無像者也。然則有象不可謂無；無形不可謂無。是故有爲實有，色爲眞色。經所謂色爲空者，但内止其心，不滯外色。外色不存，餘情之内非無如何，豈謂廓然無形，而爲無色乎。〔註56〕

此段文字所引心無之說，較〈不眞空論〉詳細，然其立意實無別，可見二說應有相同的理論背景。又支愍度之著作，經錄雖載有《合維摩詰經》五卷、《合首楞嚴經》八卷、《經論別錄》一卷、〈修行道地經序〉。然存文者僅《出三藏記集》卷七、八所錄的〈合首楞嚴經序〉與〈合維摩詰經記〉，上二文雖未記有支愍度的般若見解，然知其所觀經，多與支謙、竺法護、竺叔蘭有關，故其思想與支謙的譯經應有相當關聯。《世說新語‧假譎》第11條言：

> 愍度道人始欲過江，與一傖道人爲侶。謀曰：「用舊義往江東，恐不辦得食」。便共立心無義。既而此道人不成渡，愍度果義積年。後有傖人來，先道人寄語云：「爲我致意愍度，無義那可立？治此計，灌救飢爾，無爲遂負如來也」

此事如可信，亦可見支愍度之說並非立基於對《般若經》的嚴謹研究，《世說新語注‧假譎》對上文所說的舊義、新義有如下的說明：

> 舊義者曰：「種智有是，而能圓照。然則萬累斯盡，謂之空無；常住不變，謂之妙有。」而無義者曰：「種智之體，豁如太虛，虛而能知，無而能應。居宗至極，其唯無乎？」〔註57〕

〔註55〕見余嘉錫：《世說新語箋疏》，頁859。

〔註56〕見《大藏經》第65冊，頁94中

〔註57〕見余嘉錫《世說新語箋疏》，頁859。

舊義將般若看成是一切種智，是無所不知的，因而是有。可知舊義偏於存神之說，與《陰持入經註》之作者陳氏及支謙一系所論相近，支謙所譯《大明度經》於般若空義不契，〔註58〕所以支愍度之論不見佛法緣起性空之說，應有跡可尋。

四、僧肇評論的基礎及後人的評述

（一）僧　肇

　　僧肇對三家義的批評，所據的觀點為何？依〈不真空論〉所言，其評「心無宗」的錯失在於「猶存物有」，即無法了悟色空之理；評「即色宗」，則指出其不得「色無自性空」之理；最後評「本無宗」的缺失在於「好無」，即以〈本無〉之論不能超越有、無的對立。前二者的問題在於色空，即「色無自性空」這個問題上，其根本的觀念在於一切法不離於緣起。由於「心無宗」論色、心二法在緣起觀上是闕如的，所以才會有「空心不空色」之說。實即在緣起觀下，心不能獨立於色之外存在，色亦不能離於心。故「空心不空色」只具中國心境無執的主觀境界義，而不具佛理的基本立意。關內即色宗的問題亦然，以為色色相緣之外別有不相緣之色，所以才會有色色是空，而色卻異於空的立論。綜合言之：心無與關內即色宗的共同問題在於說緣起法之不徹底，故以為有「心」及「細色」是在緣起之外。

　　僧肇除了以「色空」為基點評斷「心無宗」、「（關內）即色宗」外，也以「假名空」評斷「本無宗」之失。「本無宗」由於好無之說，有所執於名言的「有義」與「無義」，所以不能契入名言為假、名言為空的般若精義。《小品般若經》以「一切事物但有名稱」，揭示事物的空性，所謂但有名稱的「假名」，指在主客對立的認識活動裡，透過名言概念，去詮表本質上具有非決定性的事物（即所謂「無自性的（asvabhāva）」事物）。因此假名是障蔽真實的，其成立乃是基於認識者對「緣生法」的主觀虛構（vikalpa 分別）而來，只是概念的假構，所以

〔註58〕在《般若經》的諸譯本中，支謙的《大明度無極經》亦是有影響的譯本之一，此經在目前所見第一卷有注文，多引師說，觀其論理及引經可能與注《陰持入經》的陳氏有關。道安在〈了本生死經序〉曾稱讚支謙「探玄暢滯，真可謂入室者矣」，對支謙甚有推崇．也曾親見《明度經》。然而可疑的是：道安在對般若經的研究上從未提及支謙所譯經。由此一現象或可推測道安所批評的「先舊」中，可能包括支謙、康僧會一系的解說。此系以「神明」相對於「相緣營思之識」，應屬僧叡所言「存神」一系，而非「識神性空」一系，道安於此應有自覺，故以其「於理多違」而略之。

不是眞實的實在。換言之，眞實（tattva = paramārthasatya）是免於定義的對象與定義的狀態，超離了「言語的表達」（vāg-udāhāra）；而假名則是相應於「定義對象與定義的狀態（prajbaptikī yuktā laksyalaksanasamsthitih）」。〔註59〕

由上述可知：僧肇的評論基點在於緣起法則下的「無自性空」與「假名空」，前者大致與中國主觀境界的思想相格，而後者則與魏晉時期的言意理論相格，所以二者可說是中國思想家於佛理不契的二個關鍵點，此與上章討論道安經序思想的結論是相合的。

（二）周顒〈三宗論〉

除了僧肇的評論外，疏記所見如安澄《中論疏記》引《別記》云：「六家者，空假名、不空假名等也」，這種論法與吉藏《中觀論疏》所引周顒〔註60〕〈三宗論〉相近。〈三宗論〉所論三宗爲：一不空假名，二空假名，三假名空；結論以假名空爲確。所謂「假名」應指「假名有」，爲被名言概念所執成之有（existence），這些對象或事物存在於日常語言的表達中，而成爲一種生活或行動的方式，常被凡夫執以爲「眞」，「假名空」即在破除執假爲眞的情形。

周顒所論三宗，如以六家合觀，屬「不空假名」者，如「心無宗」之「空心不空色」、「即色宗」之「色不自色，雖色而空，色復異空（不空假色）」等。屬「空假名」者如「本無宗」之「非有，有即無；非無，無亦無」、「緣會宗」之「緣會故有，緣散故無」以及「識含宗」之「心識爲大夢之主，今之所見皆於夢中所見」、「幻化宗」之「世諦之法皆如幻化」等。

從般若空義看來，「不空假名」與「空假名」之不確，在其立意仍有獨立的「心」、「色」二法之概念，前者以心爲空，後者以色爲空，所以與《般若

〔註59〕 參見萬金川《龍樹的語言概念》的分析（台灣：正觀出版社，1995 年，頁 62），及《師子賢造・現觀莊嚴光明般若釋》荻原雲來校訂梵本（東京：山喜房佛書林，1973 年），頁 55。

〔註60〕 周顒，汝南人，齊時曾官至中書侍郎。其事蹟可見於《高僧傳》〈釋僧遠傳〉、〈釋慧基傳〉、〈釋慧隆傳〉、〈釋法度傳〉、〈釋曇斐傳〉、〈釋法慧傳〉；《續高僧傳》〈玄奘傳〉、〈釋法護傳〉、〈釋法寵傳〉、〈釋慧約傳〉；《比丘尼傳》〈釋法宣尼傳〉。《出三藏記集》卷十一，載有周顒〈成實論抄序〉；卷十二〈法苑雜緣原始集目錄〉目錄有《龍華像會集》周顒所作之〈宋明皇帝初造龍華誓願文〉。《弘明集》卷六載有周顒難張融「門律」之書信數篇；《廣弘明集》卷二十四載有釋智林〈與汝南周顒書〉，此書信亦見《高僧傳・釋智林傳》，促成周顒出《三宗》之論。此外《廣弘明集》卷二十六有周顒〈與何胤書論止殺〉。

經》的意見不同。而「假名空」則從「但名無實」的立場而說「假名」，這表示所有用語言表示的概念及對象，只存在語言的使用之中，所以它們是虛幻無實的，真正的存在狀態是離於語言的，在語言的世界之外的。

「空假名」與「不空假名」二分色、心，背離了緣起的根本原則，而且前者執於自我心體的境界，與「無自性說」相隔，後者執於名言概念的生活世界，以生活的概念世界為實，而與「一切言說，但名無實」的思想相隔。如果回到前文對僧肇評論的分析中，可以發現不管評論的基點為何，都可以得出中國學人所以不契於般若的二個重要關鍵：

1. 講求自我心體的境界不契於無我、無自性之說。

2. 以言得意的進道途徑不契於「但名無實」的語言無實觀。

（三）僧鏡〈實相六家論〉

周顒〈三宗論〉說解「不空假名」、「空假名」及「假名空」三宗，在論述時用及真、俗二諦。觀後世疏解，以真俗二諦評論或理解般若理論，似是僧肇之後顯見的事實。如元康《肇論疏》引寶唱〈續法論〉下僧鏡〔註61〕〈實相六家論〉，所列六家義（見前文之表）即以空（真諦）、有（俗諦）二諦論各家特色。

僧肇〈不真空論〉雖未論及真、俗二諦之分，但可略推他對真、俗二諦的區分。〈不真空論〉指出見證般若在於「不有、不無」、「不真、不偽」。般若之體證不在於滌除客體萬物，或閉塞主體的視聽，以期寂寥虛豁；而在於「即物順通」，「即偽即真」。〔註62〕僧肇所謂「即物順通」是指不逆阻、不固

〔註61〕《高僧傳》卷七有〈僧鏡傳〉，其傳略如下：釋僧鏡，姓焦，本隴西人，後遷居吳地。於關隴尋師受法，累載方還，停止於京師，司空徐湛之請為一門之師。後弘化三吳，聲馳上國，宋世祖請其回京師，止定林下寺。著有《法華》、《維摩》、《泥洹》義疏。宋元徽中卒，享年六十七（見《高僧傳》點校本，頁293）。

〔註62〕〈不真空論〉言：「尋夫不有不無者，豈謂滌除萬物，杜塞視聽，寂寥虛豁，然後為真諦者乎？誠以即物順通，故物莫之逆：即偽即真，故性莫之易」。此段文字之「真諦」應非真、俗二諦之真諦；而應指為真性（即空性）。李潤生：《僧肇》以為「即偽即真」意即：「不離俗諦假有之偽，亦不離真諦真空之真」（台北：東大圖書公司，1989年，頁141），將「真」、「偽」二字解為真諦與俗諦，詳觀原文，此解非確。〈不真空論〉言：「言有，是為假有以明非無，借無以辨非有」。此句中之「假有」非指「假名有」而是「假借『有』之名義」的意思，句中「假有」是相對於「借無」而言。故「即偽即真」應意同於「非有非無」。由此而論，僧肇之意是以「有、無、真、偽」都是「諸法假號」，

定物象的變化；所謂「即眞即僞」即「非有非無」，也即是不落入眞、僞、有、無的名言戲論中，依此二徑，乃能得悟不易之眞性（空性）。因之，如論僧肇對眞、俗二諦的看法，其所謂的「眞諦」應指爲離於語言的眞理之道（yathābhūta-mārga）；而俗諦則指爲語言的虛妄之路（vākpatha）二者是對揚互斥的。

　　僧鏡〈實相六家論〉所判分的六家眞、俗二諦之說並不全然顯示爲對揚互斥的二路。第一家所說的「空眞」、「俗有」是以聖、凡所見之理作區分；第二家以「色性是空」爲眞，以「色體爲有」爲俗；第三家以「離緣無心」爲眞、「合緣有心」爲俗，以爲心可出入於緣起；第四家以「心從緣生」爲眞，「離緣別有心體」爲俗，肯定心在緣起之中；第五家以「心空於邪見」爲眞，「不空因緣所生之心」爲俗；第六家以「色色所依」爲眞，「世流佈中假名」爲俗。爲了方便對照討論，以下將〈實相六家論〉之表，重列於下：

	第一家	第二家	第三家	第四家	第五家	第六家
空	理實無有（眞諦）	色性是空	離緣無心	心從緣生	邪見所計心空	色色所依之物實空
有	凡夫謂有（俗諦）	色體是有	合緣有心	離緣別有心體	不空因緣所生之心	世流佈中假名

　　〈實相六家論〉所論六家中，第一家及第六家之說合於僧肇之說。第二家言「色體是有」不合《般若經》一切法空的立意。「色體」是指客觀的色的存在樣態，但《般若經》所言「色的存在狀態」是指「存在於語言中的對象」。換言之，別無存在於語言之外的客觀實體存在，所以是「但名無實」。第二家於假名有之義不契，而其立論則襲自中國的體用觀念，以色性爲本體，以色體爲現象、爲作用。故除了語言上使用「色」、「空」之詞外，其立論思考與佛學無涉。

　　除了第一、第二、第六之外，其餘的三家皆由「心」的立場來安立眞、俗二諦。第三家言：「離緣無心，合緣有心」，如解釋爲「心爲緣起，離開緣起則無心」，則此二句實即一句，未足成爲眞、俗之分。故此論應指「心離於緣起則爲空」、「心落於緣起則爲有」。以心不受緣起之干擾爲眞，明顯可知爲中國主觀境界義。第四家如第一家之論，是就聖、凡的解悟而判分，然其論不見空義，可合於第一家，卻不完全。第五家言：「邪見所計心空」意應指「心

都是名言戲論，執於戲論將不能契於般若空性。

空於邪見爲眞」這是空心之說。「不空因緣所生之心爲俗」意應指「以因緣所生之心爲俗」。以心去邪見爲眞諦，以緣起之心爲俗諦，二諦之間缺乏理論的關聯，而立意則以去「邪見所計」爲主，雖論及緣起，然無足輕重。故此論應近於中國式的小乘禪觀。

上述六家中，有三家以「心」爲立論基礎，而表現爲「境界」（如第三家）與「本體」（如第二家）或「修心止意」（如第五家）之三種樣態，在根本立意上與佛教教理無涉，然亦反映格義佛學中，傳統中國不契於佛理的強固概念，在於「心體」、「性體」、「境界」等自我本體上。

五、支道林的名言概念與郭象寄言跡冥之論

魏晉時期，僧人以佛理加入談座，而爲清談名流者甚眾。然以風度玄理見稱於世者，首推支道林。《世說新語》提及支公者有四十五則，〔註63〕其談論交遊的對象，幾乎網羅了當時的清談名家。《高僧傳》記述玄學論者對他的稱譽，如王濛推重他爲「緇缽之王（弼）、何（晏）」；謝安以爲他才高於嵇康、殷浩；孫綽〈道賢論〉將他與向秀相配，皆可見他在清談家中的卓越地位。

在清談玄論的往來答問中，支道林除了以佛理見稱外，也以論詮《莊子》受到推崇，《高僧傳・支遁傳》說他曾注《莊子・逍遙遊》以反駁劉系之的「適性逍遙」說。由於他是玄學清談名家，又是在壯年（二十五歲）之後才出家，所以他於內、外學之間的態度及表現，應是考察格義問題的重要材料。《高僧傳・支遁傳》說他「每至講肆，善標宗會，而章句或有所遺，時爲守文者所陋」，又晚年曾於山陰講《維摩經》，以許詢爲都講，二者論難激烈，「凡在聽者，咸謂審得遁旨，迴令自說，得三兩反便亂」。這段文字除了顯示支道林的玄理超妙之外，也說明他不守經書滯文，而常以所悟玄理論詮解佛經的態度。

（一）〈大小品對比要抄序〉的主要論旨

就般若學而言，支道林於《般若經》用功甚勤，曾就大小品之同異詳爲

〔註63〕見於〈言語〉者有第 45、63、76、87 則；見於〈政事〉者有第 18 則；見於〈文學〉者有第 32、35、36、37、38、39、40、41、42、43、45、51、55、則；見於〈雅量〉者有第 31 則；見於〈賞譽〉者有第 88、92、110、119、123、136 則；見於〈品藻〉者有第 54、60、64、67、70、76、85 則；見於〈容止〉者有第 29、31、37 則；見於〈傷逝〉者有第 11、13 則；見於〈巧藝〉者有第 10 則；見於〈排調〉者有第 28、43、52 則；見於〈輕詆〉者有第 21、24、25、30 則。

研尋，作有〈大小品對比要抄序〉，〔註64〕此序為目前可見支道林的完整作品，亦可見他與當時玄學意見的關係，其言曰：

其為經也，至無空豁，廓然無物者也。無物於物，故能齊於物；無智於智，故能運於智。

夫無也者，豈能無哉？無不能自無，理亦不能為理。理不能為理，則理非理也；無不能自無，則無非無矣。是故妙階則非階，無生則非生。妙由乎不妙，無生由乎生。是以十住之稱，興夫未足定號；般若之智，生乎教跡之名。是故言之則名生，設教則智存。智存於物，實無跡也；名生於彼，理無言也。何者？至理冥壑，歸乎無名，無名無始道之體也。無可不可者，聖之慎也。苟慎理以應動，則不得不寄言。宜明所以寄，宜暢所以言，理冥則言廢，忘覺則智全。若存無以求寂，希智以忘心，智不足以盡無，寂不足以冥神。何則？故有存於所存，有無於所無。存乎存者，非其存也；希乎無者，非其無也。何則？徒知無之為無，莫知所以無；知存之為存，莫知所以存。希無以忘無，故非無之所無。寄存以忘存，故非存之所存。莫若無其所以無，忘其所以存。忘其所以存，則無存於所存，遺其所以無，則忘無於所無。忘無故妙存，妙存故盡無，盡無則忘玄，忘玄故無心。然後二跡無寄，無有冥盡。是以諸佛因般若之無始，明萬物之自然；眾生之喪道，溺精神乎欲淵。悟群俗以妙道，漸積損至無，設玄德以廣教，守谷神以存虛，齊眾首於玄同，還群靈乎本無。

詳觀序文，支道林所闡述的「至無空豁，廓然無物」，主要的意見有下列幾點：

（1）支道林建立至無空豁的理論基礎是「無不能自無，則無非無」，表示「無」的意思不是基於「所知——能知」或者「所取——能取」的認識活動而來。所以「無」不是「無」這個對象，它是超越能、所對立的概念。

（2）因為「無」不是認識活動中的語言所能說明，所以所有的言說都只是權宜之說（十住之稱，興乎未足定號；般若之智，生乎教跡之名），這些言說也不是「無」的實相（智存於物，實無跡也；名生乎彼，理無言也）。

（3）一切的言說既是為了明道的「寄言」，所以對於實相的掌握，應該是把握言說背後的意義（「明所以寄，暢所以理」），在不執著於語言的情況下

〔註64〕見《出三藏記集》卷八，收於《大正藏》第55冊。

才能得到解悟（「理冥則言廢，忘覺則智全」）。

（4）言說既不能等同於般若的實相，所以不應該想由言說中得到般若的實相，而應該在根本上忘卻企求於實相的語言運作（「希無以忘無，故非無之所無。寄存以忘存，故非存之所存。莫若無其所以無，忘其所以存。忘其所以存，則無存於所存，遺其所以無，則忘無於所無」），最後達到「言」與「所以言」、「有」與「所以有（無）」二跡無寄、冥盡的本無境地。

上述的論點（1），合於《般若經》真理之道（yathābhūta-mārga）與語言之道（vākpatha）的對揚，初期大乘在修證方法上，直示生死與涅槃不二，說「一切法本無所生」，「一切法本來寂靜」；原始般若〔註65〕說一切執，一切分別想念都與般若不相應，即明白的表示語言之道不能接近真理之道。

然而，支道林雖分別語言之道與真理之道二途，但在論法上卻不徹底。《般若經》在說明語言之道非真理之道的同時，也加強破斥語言的虛妄性，而論其假空不真。由於語言名字與分別想念相對應，所以虛妄不可得，由此從「但名無實」下手，於一切無所取著，能直入一切法無生。上述支道林的論點中，（2）、（3）與「但假無實」的立意稍有差別，其意以「語言」為權宜不全、為聖人之「寄言」，在立論上近中國玄學的傳統而非佛學的義理。在魏晉言意理論中，提出言語為權宜、忘言以得意者如王弼《周易略例‧明象》所言：

> 言生於象，故可尋言以觀象；象生於意，故可尋象以觀意。意以象盡，象以言著，故言者所以明象，得象而忘言；象者所以存意，得意而忘象。猶蹄者所以在兔，得兔而忘蹄；筌者所以在魚，得魚而忘筌也。然則，言者象之蹄也；象者意之筌也。是故，存言者，非得象者也；存象者，非得意者也。象生於意而存象焉，則所存者乃非其象；言生於象而存言焉，則所存者乃非其言也。然則，忘象者，乃得意也；忘言者，乃得象者也。

王弼之後有郭象《莊子注》的「寄言出意」之論，其論點與王弼之說相近，

〔註65〕龍樹《大智度論》說：「般若波羅蜜部黨，經卷有多有少，有上中下」。「上本」是十萬頌本，「中本」與「下本」則是一般所說的《大品》與《小品》。下本《小品》如漢譯的《道行般若經》、《大明度經》、《小品般若波羅蜜經》均是。中本如《光讚般若波羅蜜經》、《放光般若波羅蜜經》、《摩訶般若波羅蜜經》。上本即《大般若波羅蜜經》的〈初分〉，共四百卷。下中上三部先後集出，先有「原始般若」如《道行般若經》的〈道行品〉，經「下本般若」、「中本般若」而後「上本般若」。參見印順：《空之探究》（台北：正聞出版社，1985年），頁138～142。

所異者在於王弼爲適應《周易》之體例，而有「言、象、意」三層之說，而
郭象則簡潔的以「言意」二層說之，他在《莊子注・山木》中說：

> 夫莊子推平天下，故每寄言以出意，乃毀仲尼，賤老聃，上揖擊乎
> 三皇，下痛病其一身也。〔註66〕

意思是說：「莊子所以詆毀儒道二家的聖人，如孔子、老子以至於三皇等，乃
在藉由這些語言來說明他所要表達的道理」。換言之，郭象認爲《莊子》並不
用說理的方式說出「道」，而只是把要表達的道，藏寄在語言的描述中。在寄
言出意下，《莊子》的文字似是詆毀孔、老，但目的可能不是輕賤孔、老。由
上之論，郭象提出「寄言出意」的目的，在提醒人們脫離語言「名實對應」
似的誤解，而希望人們能由語言中看到「語言」之外的「意義」。

（二）支道林與郭象之「寄言」在思考形式上的相近

比觀王弼、郭象、支道林三者的意見，王弼「得意忘象」與郭象「寄言
出意」，在形式上相近於支道林所說的「苟愼理以應動，則不得不寄言」（寄
言）以及「理冥則言廢，忘覺則智全」（出意）的意思。如要區分王、郭之
說與支遁之論，他們之間的差異應只在上文所示支道林之說的論點（4）。依
王、郭之見，不管是「寄言出意」或是「得意忘象」，他們仍有很強的企圖
想要發掘語言背後的意義，因此語言仍是識道的憑藉。但支道林之說卻不以
語言爲識道之橋樑，而直接以泯除語言的執著作爲入道之徑。儘管支道林不
強調語言是入道之憑藉，但他與郭象「跡、冥」二邊的思維形式在理論思維
上仍有明顯的相似。

郭象所論的「寄言出意」不僅僅只是一種語言的觀點，也是他的思考方
法之一，因此「寄言出意」也可以延伸到「跡」與「冥」的關係上。所謂「跡」
指的是已經成爲歷史的各種經驗、事蹟及文物制度等等，而「冥」是指所以
造成「跡」背後的精神思想。跡冥二者不是割裂的二物，它們一體無別。「冥」
無形，「跡」有形；因此要把握無形的「冥」，只有從有形的「跡」入手。郭
象不但以「體與用」、「有形與無形」等關係論「跡與冥」，也以此論「有與無」
及「言與意」的問題。在此思考下，「言」是「跡」；「意」是「冥」。「跡」爲
「有」；「冥」爲「無」。

如果把郭象的跡冥關係視爲佛理中的「色」與「所以色」的關係，與支

〔註66〕見郭慶藩：《莊子集釋》（台北：木鐸出版社，1983 年），頁 699。

道林〈即色論〉中的觀點也是相近的。他說「夫色之性也，不自有色，色不自有，雖色而空」，所謂「色性」是指「所以色」，「色與色性」爲「跡與所以跡（冥）」的關係。又由於色性與冥都是超絕於認識活動的，所以是空。在〈大小品對比要抄序〉中支道林雖不說「空」而說「無」，其立意仍是相同。他說「徒知無之爲無，莫知所以無；知存之爲存，莫知所以存」，所說的也無異於郭象「跡與所以跡（冥）」的思考形式。

　　在跡冥的思考形式下，支道林的論點雖與《般若經》眞理之道與語言之道的對揚相近，然其終非佛理。所以如此的關鍵在於依跡冥論的思考方式，無法建立二點般若學的重要結論：（1）一切法空的觀點（2）「色爲虛幻」，一切言說「但名無實」的論點。

　　就（1）而言，《般若經》的立意根本否定「所以無」、「所以存」這些近於本體的觀念。故在論法上，「一切法空」是不分於形上、形下、具體、抽象的一切事物名相。但如依支道林之說而有「所以存」、「所以無」的概念，則其論只能說「所以存」、「所以無」在名言之外，而不能說其爲「空」爲「幻」，這明顯與《般若經》「空」的概念不合。就（2）而言，依支道林所論，名字言說只在與「無」對揚時才顯示其限制，而在具象世界它仍與生活世界有名實對應的關係，所以是不空之存在，不必視爲假。而《般若經》說一切言說「但名無實」並不是相對「般若」而有的概念，而是基於緣起法則所呈現的無自性空的狀態。故一切名字言說，只要存在於人的意識或語言的活動中，即是幻是假是空。

　　支道林所論既非般若空義，其所謂「二跡無寄，無有冥盡」，也不能是眞正的般若智，而只能是對言跡拘執的泯除，爲詭辭爲用的主觀玄智對有、無二邊的遮撥。支道林理論所建立的玄智，也出現於郭象所論的跡、冥關係之中。郭象注《莊子・逍遙遊》「宋人資章甫而適諸越……窅然喪其天下焉」一段說：

> 四子者，蓋寄言以明堯之不一於堯耳。夫堯實冥矣，其跡則堯也。
> 自跡觀冥，內外異域，未足怪也。世徒見堯之爲堯，豈識其冥哉。
> 故將求四子於海外，而據堯於所見，因謂與物同波者，失其所以逍
> 遙也。〔註67〕

以爲「堯之不一於堯耳」意即「堯之冥不一於堯之跡」。堯之跡是堯之冥所生，然堯之跡只是堯之冥所顯現之一，故不能據於所見之堯跡，而自以爲得其冥。

〔註67〕見郭慶藩《莊子集釋》，頁34。

郭象的解釋以爲冥爲冥體之自己，非空掛之實體，必顯現爲跡，故冥之體必須轉於具體而不離跡。即冥體之「無」必會於「有」。會「有」爲「跡」、爲「冥之滯」，所以於跡中無所執（不滯）才能得爲冥。〔註68〕由此郭象由「即跡即冥」（冥滯爲跡，故跡爲冥），「非跡非冥」（冥非空掛滯有；跡非全跡，故非跡非冥）雙遣二邊而又不離二邊。〔註69〕郭象由跡冥所建立的中道思想，在根本上與支道林所論的玄智無異。支道林不能由一切法的空無自性建立起世界觀，所以他的「忘無故妙存，妙存故盡無，盡無則玄，忘玄故無心」只能回到主觀境界中，而成爲詭辭爲用的主觀玄智。

（三）即色遊玄與般若空義不契

《般若經》所言之般若智所以不爲主觀玄智，在於一切法空是空一切法的，所以般若亦是空。但郭象所說「即跡即冥」、「非跡非冥」，是在玄智觀照下空我空色，依此而論，玄智之我並不空。郭象跡冥思考的方式表現在支道林的理論中，即爲「即色遊玄」之論。對照支道林〈大小品對比要抄序〉以及《世說新語注·文學》所引《支集遁·妙觀章》，他所說的「色不自色；知不自知」是雙遣二邊，所說「色復異空」則是不離二邊。在雙遣不離之下即成就主體的自由，依此主體之自由而能遊於「空」與「非空」之間。

支道林「即空即非空」建立於跡冥的思考，由於空、有（非空）雙遣，所以謂之「玄」；在空、有雙遣之下，主體得其自由，而能遊於「空與非空」、「無與所以無」之間謂之「游玄」，遊玄也是不離二邊的表現。此論的重點在於「無累之遊」，至於在「遊玄」之下所觀照出的「色」是否是空？則不是此論所必須說明的問題。由此可知「即色遊玄」之論根本不同於《般若經》所揭示：「一切事物都是空」（sarvadharmāś śbnyāh 一切法空）的立場，而近於郭象的「獨化」思想。所謂「獨化」即以不執、無心玄應的精神境界去觀照現象之色（萬物），而還原萬物爲無主、獨化、自生的實相狀態。〔註70〕

〔註68〕牟宗三《才性與玄理》言：「但此冥體之自己並不能空掛，空掛即爲死體。滯於冥，則冥即非冥而轉爲跡。是則冥亦跡。故冥之體必須轉爲具體而不離跡，即冥體之無必會有，冥即在會中見。會而無執即爲冥，冥而照俗即爲跡。……冥而不冥，則全冥在跡，而不淪於無。跡而無跡，則全跡在冥，而不淪於有。即跡即冥，非跡非冥，斯乃玄智之圓唱」（台北：學生書局，1980年，頁192）。

〔註69〕此襲用牟宗三先生語，見《才性與玄理》，頁192。

〔註70〕有關郭象「獨化」之說參見戴璉璋：〈郭象的自生說與玄冥論〉，《中國文哲研

二者之間在文字上或許稍有區別，但在思考方式上，實為相同的模型。

六、小　結

　　道安前後之般若學可以六家做為代表，有關六家之理論及其代表人物，自梁陳以來即是眾說紛紜。歷來對「本無」、「即色」、「心無」三家理論及代表人物的不同異說，顯示幾種可能：

　　（一）僧叡在〈毗摩羅詰提經義疏序〉中曾感嘆，中土先出之經典，多「存神」之文，而少「識神性空」之說，〔註71〕這說明中土對般若的理解多偏於對治心識以達神明之進路。識含、緣會、幻化三宗之以識、神之別說「夢；覺」、「真；俗」，未能予人新的理解，由此或可推測六家雖齊名於東晉，僧肇卻只重視本無、心無，即色三宗之故。

　　（二）前人對六家中之識含宗、緣會宗、幻化宗的看法較為一致，而對本無宗、即色宗及心無宗則較為紛歧，其原因可能與後三宗之影響深遠，其附從傳播者眾，致使對代表人物有不同的認定有關。

　　（三）道安及支道林或曾讚揚「本無」及「即色」之論，以致傳說以其二人為開宗立論之始。

　　（四）「本無」、「心無」、「即色」三宗在傳播時，或因清談論辯的需要而致理論有所演變，因此各家所引稍有出入。

　　上述（二）、（三）、（四）點所論之情況可能在僧肇之時已無法論究，所以僧肇破此三宗未言何人所主，曇濟作〈七宗論〉時情形相同，因此未對代表論者予以明指。

　　六家自僧叡、僧肇以來，即被視為於義有格，致使六家之論成了般若學的負面教材。由於道安及支道林為當時佛教界之一時龍象，所以推崇者必不以他們應在六家之列；從僧叡的〈毗摩羅詰提經義疏序〉看來，他的立場亦是如此。但深究佛學理論，道安與支道林的理解又與《般若經》的義理有隔，因此後來的學者以為他們的立說或可代表魏晉般若學，而將之列入六家之中，以致混亂了後人的討論。因此要釐清六家為何的問題，不能拘於前人疏記，而應參考各家留存的文字片斷加以推論。本文分析道安及支道林所遺經

究集刊》第七期（台北：中研院文哲所，1995 年），頁 39～78。
〔註71〕僧叡〈毗摩羅詰提經義疏序〉：「此土先出諸經，於識神性空，明言處少，存神之文，其處甚多。《中》《百》二論，文未及此，又無通鑒，誰與正之？」

序，推斷支道林及道安應該不在六家之列，然於道安是否別立「性空」之宗，則無法確認。

六家之說何以於義有格？除了僧叡於〈毗摩羅詰提經義疏序〉所言：「此土先出諸經，於識神性空，明言處少，存神之文，其處甚多。《中》、《百》二論，文未及此，又無通鑒，誰與正之？」的情形外，有極大的原因是出於譯文，以及借由譯文而來的傳統思想之限制。經由本文的考察，有關傳統思想之限制方面，並不完全出於《老》、《莊》的語詞上，所以即使六家之論使用「空」、「色」、「眞如」、「法性」這些語詞，在整體的理論上仍與《般若經》立意有隔。

六家是否以老莊的思想理解佛學，此點目前無法確論，因爲《老》、《莊》思想在當時是否有一權威之說仍值得懷疑，所以具體的論究哪些中國傳統的觀念妨礙了佛學的理解，或許應該由傳統的思考方式上來考慮。本文考察六家之說及僧肇、周顒等人的評論，初步判定問題的關鍵在下列二個面向上：

1. 中國講求自我心體的境界說，不契於佛學的無我、無自性說。
2. 中國以言得意的進道途徑，不契於般若學「但名無實」的語言無實觀。

六家之外，支道林的論述是探討中印思想格義的重要材料，因爲支道林在二十五歲的壯年之後才出家，在此前後，他都是一個名震於時的清談名家。所以他在內、外學之間的取捨，就別有豐饒的意義。從他講論佛經的態度看來，他並不以佛經的解讀爲依歸，常以玄悟之理說之，這顯示他與當時文人的社會風尚密不可分。支道林的穎悟在於提出語言之道及眞理之道爲不同的二徑，這一點相較於道安而言，可說更能與《般若經》假名的論述接近。

從思考形式上看來，支道林處理言意問題與心體境界問題的方式與郭象「跡冥論」有形式上的相似。郭象由「即跡即冥」論不離二邊，由「非跡非冥」論雙遣二邊，再藉由不離與雙遣達到無心不執的玄應之境。這與支道林所說「忘無故妙存，妙存故盡無」（「即跡即冥」不離二邊）、「忘其所以存，則無存於所存；遣其所以無，則忘無於所無」（「非跡非冥」雙遣二邊）以及「二跡無寄，無有冥盡」（無心不執）的思想是相類的。它的基本形式及延伸理論如下：

（1）先區分「言與所以言」、「無與所以無」、「色與所以色（色性）」之別，然後說明「色、言與無」是「所以色、所以言、所以無」的權宜之名，此種權宜之名令人墮於「言與所以言」、「無與所以無」的二邊。

（2）落於語言的二邊則不能離於語言之區別，所以根本之道在於放棄（忘卻）語言的分別及拘執的活動。在忘的狀況下，「言」脫離其在意義上的有限性，呈現爲隱喻多義的表示，故而接近「所以言」的一種樣態，此時言即所以言，二者不離爲眞。又在忘的狀況下，個別的「言」不是「所以言」的全部，所以「言」非「所以言」，二者雙遣爲假。

（3）由（1）、（2）而延伸的理論如「即色遊玄」。主體面對現象之名言，能不執於眞、假二邊即是「忘玄」之境界，忘才能遊，故遊玄即忘玄，在遊玄之下，我既爲名色又不爲名色所拘，名色不礙於我之逍遙自由，此爲「即色遊玄」意。

支道林的理論有其精巧之處，然其終究與般若有隔。依支道林之論只能說「忘玄之智」在於語言之外，但不能得出「忘玄之智」爲「空」以及「色空」的結論，這就與《般若經》「一切法空」的結論相違。在緣起的前提下，般若也是處於空的狀態，色的情況亦然。所以支道林的理論雖能離於語言，最終只是肯定主觀境界的有我之論，並不能建立色色相緣的性空理論。換言之，《般若經》所言之般若智所以不爲主觀玄智，在於一切法空是空一切法的，所以般若亦是空。然支道林「即色遊玄」主張能遊於「空」與「非空」之間，以免除「所知——能知」與「所取——能取」的分別執念，這明顯立有一能遊之主體，故其說雖觸及「空」的世俗義（「空掉」）而由之建立消滅一切事物之執著、妄念的般若智照，卻未觸及「空」之第一要義（「空性」），即「本來就是空」的義蘊。〔註72〕

附　錄

一、梁釋寶唱《名僧傳抄》〈曇濟傳〉於論述曇濟生平後，謂曇濟著〈七宗論〉：

第一、本無立宗曰：如來興世，以本無佛（弘）教，故方等深經，皆備明五陰本無，本無之論，由來尙矣！何者？夫冥造之前，廓然而已，至於元氣陶化，則群像稟形；形雖資化，權化之本，則出於自然。自然自爾，豈有造之者哉！由此而言，無在元化之先，空爲眾形之始，故稱本無，非謂虛豁之中，能生萬有也。夫人之所滯，滯在未（末）有，苟宅心本無，則斯累豁

〔註72〕參見玉城康四郎主編：《佛教思想（一）在印度的展開》第三章「無我思的系譜」（李世傑中譯本，台北：幼獅文化事業公司，1985年），頁106。

矣！夫崇本可以息末者，蓋此之謂也。云云。〔註73〕

二、陳朝小招提寺慧達法師（524～611）作《肇論序》言：

至如彌天大德（道安），童壽桑門（羅什），並創始命宗，圖辯格致，播揚宣述，所事玄虛，唯斯擬聖，默之所祖。自降乎已還，歷代古今，凡著名僧傳及傳所不載者，釋僧叡等三千餘僧，清信檀越謝靈運等八百許人，至能辯正方言，節文階級，善覈名教，精搜義理。揖此群賢，語之所統，有美若人，超語兼默。標本則句句深達佛心，明末則言言備通眾教。諒是大乘懿典，方等博書。自古自今，著文著筆，詳汰名賢所作諸論，或六七宗，爰延十二，並判其臧否，辯其差當，唯此憲章無弊斯咎。〔註74〕

三、陳朝慧達《肇論疏》〔註75〕

第一解心無者，竺法溫法師〈心無論〉云：夫有，有形者也；無，無像者也。有像不可言無；無形不可言有。而經稱色無者，但內正（止）其心，不空外色；但內停其心，令不想外色，即色想廢矣。

第二解即色者，支道琳法師〈即色論〉云：吾以爲即色是空，非色滅空，此斯言至矣。何者？夫色之性色，雖色而空；如知不自知，雖知恆寂也。彼明一切諸法無有自性，所以故空，不無空此，不自之色可以爲有，只巳色不自，所以空爲眞耳。

第三解本無者，彌天釋道安法師〈本無論〉云：明本無者，稱如來興世，以本無弘教，故方等深經，皆云五陰本無。本無之論，由來尙矣。須得彼義爲是本無：明如來興世，只以本無化物；若能苟解無本，即思異息矣。但不能悟諸法本來是無，所以名本無爲眞，末有爲俗耳。

盧山遠法師〈本無義〉云：因緣之所有者，本無之所無；本無之所無者，謂之本無。本無與法性，同實而異名也。性異於無者，察於性也；無異於性者，察於無也。察性者不知，知無除無者不知性，知性知性無性者，其唯無

〔註73〕 寶唱：《名僧傳抄》；收於《續藏經》第 134 冊，頁 9。

〔註74〕 慧達：〈肇論序〉；收於《大正藏》第 45 冊，頁 150 中。

〔註75〕 收於《續藏經》第 150 冊，頁 413～444，原題「晉惠達撰」。湯用彤先生《漢魏兩晉南北朝佛教史》以爲是陳朝慧達之誤，但不肯定是否爲〈肇論序〉之作者小招提寺慧達法師（頁 232）。呂澂《中國佛學源流略講》以爲此慧達不可能爲小招提寺之慧達，因爲慧達在〈肇論序〉中明白表示：「聊寄一序，託悟在中」，並沒有說自己作過《疏》，而且元康只見〈序〉而未見《疏》；又《疏》文自稱「招提意」等，不似作者本人之口吻（見頁 51）。

除也。破三家說如文解也。〔註76〕

四、隋代吉藏（549～623）《中觀論疏・因緣品》〔註77〕

什師未至，長安本有三家義：一者、釋道安明本無義，謂：「無在萬化之前；空爲衆形之始。夫人之所滯，滯在末（未）有，若詫心本無，則異想便息。」睿法師云：「格義迂而乖本，六家偏而未即。」（睿）師云：「安和上鑿荒途以開轍，標玄旨於性空。以爐冶之功驗之，唯性空之宗，最得其實」〔註78〕詳此意，安公明本無者，一切諸法，本性空寂，故云本無。此與方等經論、什、肇、山門義無異也。

次琛法師云：本無者，未有色法先有於無，故從無出有；即無在有先，有在無後，故稱本無。此釋爲肇公〈不眞空論〉之所破，亦經論之所未明也。若無在有前，則非有本性是無。即前無後有，從有還無。經云：若法前有後無，即諸佛菩薩便有過罪。若前無後有，亦有過罪，故不同此義也。

第二即色義，但即色有二家。一者關內即色義，明即色是空者，此明色無自性，故言即色是空，不言即色是本性空也。此義爲肇公所呵。肇公云：此乃悟色而不自色，未領色非色也。次支道林著〈即色遊玄論〉，明即色是空，故言〈即色遊玄論〉，此猶是不壞假名，而說實相，與安師本性空故無異也。

第三溫法師用心無義。心無者，無心於萬物，萬物未嘗無。此釋意云：經中說諸法空者，欲令心體虛妄不執，故言無耳。不空外物，即萬物之境不空。肇師詳云：此得在於神靜，而失在於物虛。破意云：乃知心空而猶存物有。此計有得有失也。此四師即晉世所立也。

爰至宗大莊嚴寺曇濟法師著〈七宗論〉，還述前四以爲四宗。第五于法開立識含義：三界爲長夜之宅，心識爲大夢之主，今之所見群有，皆於夢中所見。其於大夢既覺長夜，獲曉即倒惑識滅，三界都空。是時無所從生，而靡所不生。……第六壹法師云：世諦之法皆如幻化，是故經云：從本已來未始有也。……第七于道邃明緣會故有，名爲世諦；緣散故即無，稱第一義諦。

次齊隱士周顒著〈三宗論〉：一不空假名，二空假名，三假名空。不空假名者，經云色空者，此是空無性實，故言空耳，不空於假色也。以空無性實故名爲空，即眞諦；不空於假，故名世諦。……此與前即色義不異也。空假

〔註76〕《續藏經》第150冊，頁429。
〔註77〕《大正藏》第42冊，頁29。
〔註78〕據僧叡〈大品經序〉及〈毗摩羅詰提經義疏序〉中文字改易。

名者，一切諸法眾緣所成，是故有體，名爲世諦。折緣求之都不可得，名爲
眞諦。……第三假名空者即周氏所用。大意云：假名宛然即是空也。尋周氏
假名空原出僧肇〈不眞空論〉。……今總詳之，然若封執上來有所得，皆須破
之。若心無所寄無所得，適緣取悟皆得用之，亦但府經論者。釋道安本無，
支公即色，周氏假名空，肇公不眞空，其原猶一，但方言爲異。……

五、唐代元康的《肇論疏》〔註79〕

梁朝釋寶唱作《續法論》一百六十卷云：宋莊嚴寺釋曇濟作〈六家七宗
論〉論有六家，分成七宗：第一本無宗，第二本無異宗，第三即色宗，第四
識含宗，第五幻化宗，第六心無宗，第七緣會宗。本有六家，第一家分爲二
宗，故成七宗也。

言十二者，《續法論》文云：下定林寺釋僧鏡作〈實相六家論〉，先設客
問二諦一體，然後引六家義答之。第一家以理實無有爲空，凡夫謂有爲有；
空則眞諦，有則俗諦。第二家以色性是空爲空，色體是有爲有。第三家以離
緣無心爲空，合緣有心爲有。第四家以心從緣生爲空，離緣別有心體爲有。
第五家以邪見所計心空爲空，不空因緣所生之心爲有。第六家以色色所依之
物實空爲空，世流布中假名爲有。前有六家，後有六家，合爲十二家也，故
曰爰延十二也。

「並判其臧否，辨其差當」。臧否差當即是非也。前六家論中，判第四家
爲臧，餘五家爲否。後六家論中，辨前五家爲差，後一家爲當也。「唯此憲章
無弊斯咎」者。憲，法也。十二家皆有是非之弊，今肇法師所作無有此弊，
但是而無非也。

「心無」者，破晉朝支愍度心無義也。……今肇法師亦破此義。先敘其
宗，然後破也。「無心萬物，萬物未嘗無」，謂經中言空者，但於物上不起執
心，故言其空。然物是有，不曾無也。「此得在於神靜，失在於物虛」者，正
破也。能於法上無執，故名爲得；不知物性是空，故名爲失也。

第二破晉朝支道林即色遊玄義也。……「夫言色者，當色色即色，豈待
色色而後爲色哉？」者，此猶是林法師意也。若當色自是色，可名有色。若
待緣色成果色者，是則色非定色也。亦可云：若待細色成粗色，是則色非定
色也。「此直悟色不自色，未領色之非色」者，正破也，有本作悟，有本作語，

〔註79〕元康：《肇論疏》；見《大正藏》第45冊，頁161～172。

皆得也。此林法師但知言：色非自色，因緣而成。而不知：色本是空，猶存假有也。

第三破晉朝竺法汰本無義也。「情尙於無，多觸言而賓無」者，情多貴尙此無也。觸言皆向無也。賓者客也，客皆向主。今本無宗，言皆向無也。《爾雅》云：「賓，服也」言服無，故云賓無耳也。「故非有，有即無；非無，無亦無」者，謂經中言非有者，無有此有也。言非無者，無有彼無也。……「直以非有非眞有，非無非眞無」者。眞，實也。非實定是有，故言非有；非實定是無，故言非無耳。「何必非有，無此有；非無，無彼無」者，不言非有，無卻此有；非無，無卻彼無也。「此直好無之談」者，直是好尙於無，故觸言向無耳。豈所「謂順通事實，即物之情哉」者？不順萬事之實性，不得即物之實性也。

六、日人安澄（763～814）《中論疏記》〔註80〕

《述義》云：釋道安〈本無論〉云：如來興世，以本無弘教，故方等眾經，皆明五陰本無，本無之論，由來尙矣！謂無在元化之前，空爲眾形之始，夫人之所滯，滯在未（末）有，若託心本無，即異想便息。……《別記》云：「眞諦者爲俗諦之本，故云：無在元化之前也」。

《別記》云：格義者，約正言也。乖本者，已成邊義也。六家者，空假名、不空假名等也。偏而不即者，未依正義。《述義》云：格義迂等者，無得之義，還成有得之義。言六家者，梁釋寶唱作〈續法論〉云：宋釋曇濟作〈六家七宗論〉，論有六家，分成七宗。一本無宗，二本無異宗，三即色宗，四心無宗，五識含宗，六幻化宗，七緣會宗。今此言六家者，於七宗中除本無異宗也。有人傳云：此言不明，今應云於七宗中，除本無宗名爲六家也。……《破空品疏》末云：叡師歎釋道安鑿荒塗以開轍，標玄旨於性空，唯性空之宗最得其實。

《二諦搜玄論》十三宗中，本無異宗，其製論云：「夫無者何也？壑然無形，而萬物由之而生者也，有雖可生，而無能生萬物。故佛答梵志，四大從空生也」。《山門玄義》第五卷《二諦章下》云：「復有竺法深，即云：諸法本無，壑然無形，爲第一義諦；所生萬物，名爲世諦。故佛答梵志，四大從空而生。……元康師云：下第三破晉朝竺法汰本無義也。……慧達疏下卷云：

〔註80〕安澄：《中論疏記》卷三，見《大正藏》第65冊，頁92下至94。

破釋道安本無義。《述義》云：皆此誤矣。……《述義》云：准此經論，所有諸法非有非無，從因緣故，假名有無，若如深法師作，定執言無在有前者。此無即是非爲有，本性是無，即前無後有。若爾者，諸佛菩薩有先無後有之過罪也。

初關內即色義，後道林即色義……《述義》云：此下破關內即色義。此師意云：細色和合，而成粗色，若爲空時，但空粗色，不空細色，望細色而粗色，不自色故。又望黑色而是白色，白色不白色，故言即色空，都非無色，若有色定相者，不待因緣，應有色法。又粗色有定相者，應不因細色而成，此明假色不空義也。然康達二師並云破支道林即色義，此言誤矣。

言此義爲肇公所呵等者，後破迷也。如〈不眞空論〉云：此直不悟色不白（自）色，未領色之非色也。《述義》云：但知色非白（自）色，因緣而成，不知色本是空，猶存假有也。所言領者，猶是悟也。

疏云：次支道林等者，此後約道林師即色義而爲言之，如《山門玄義》第五卷云：第八支道林著〈即色遊玄論〉云：夫色之性，色不自色，不自，雖色而空；知不自知，雖知而寂。彼意明：色心法空名眞；一切不無，空色心是俗也。《述義》云：其製〈即色論〉云：吾以爲即色是空，非色滅空。斯言矣，何者？夫色之性不自有色，色不自有，雖色而空；知不自知，雖知恆寂，然尋其意，同不眞空，正以因緣之色從緣而有，非自有故，即名爲空，不待推尋破壞方空。既言：夫色之性不自有色，色不自有雖色而空，然不偏言無自性邊，故知即同於不眞空也。

〈不眞空論〉云：心無者，無心於萬物，萬物未嘗無。《述義》云：破竺法溫心無義。《二諦搜玄論》云：晉竺法溫爲釋法琛之弟子也。其製〈心無論〉云：夫有，有形者也；無，無像者也。然則有象不可謂無；無形不可謂無。是故有爲實有，色爲眞色。經所謂色爲空者，但內止其心，不滯外色。外色不存餘情之內，非無如何，豈謂廓然無形，而爲無色乎。高僧中沙門道恆執心無義，只是資學法溫之義，非自意之所立。後支愍度追學前義，故元康師云：破支愍度心無義，尋末忘本。

七、元代文才（1241～1302）《肇論新疏》〔註81〕

「心無者，無心於萬物，萬物未嘗無」。據《梁傳》，晉僧道恆述心無論，

〔註81〕 文才：《肇論新疏》，見《大正藏》第 45 冊，頁 209。

汰公、遠公俱破此說。「此得在於神靜，失在於物虛」，由心無法故得於神靜；不了物空，故失虛也。亦心外有境。

「即色者，明色不自色，故雖色而非色也」東晉支道林作〈即色遊玄論〉……彼謂青黃等相，非色自能，人名爲青黃等。心若不計，青黃等皆空。以釋經中色即是空。「夫言色者，當色即色，豈侍（待）色色而後爲色哉？」……謂凡是質礙之色，緣會而生者，心雖不計，亦色法也。受想等法，亦應例同。意云：豈待人心計彼謂青黃等，然後作青黃等色耶，以青黃亦緣生故。「此直語色不自色，未領色之非色也」……未達緣起性空，然緣起之法，亦心之相分，能見之心，隨相而轉，取相立名，名青黃等。名屬遍計，相即依他。支公已了名假，未了相空，名相俱空，圓成顯現，由未了此，所以被破。

「本無者，情尚於無，多觸言以賓無。故非有，有即無；非無，無即無」，亦東晉竺法汰作〈本無論〉。初二句明其尚無，中心崇尚於無，故凡所發言，皆賓伏於無也。次四句出彼解相，以經論有雙非之句。汰公解云：非有者，非斥了有；非無者，和無亦無。卻則淪於太無爾。「尋夫立文之本旨者，直以非有非眞有，非無非眞無爾」，論主與示雙非正理，然後破之。經論成立「非有非無」之本意者，正以諸法賴緣而有，非眞實有，故云非有。以諸法緣起故有，非一向無，故云非無。

今詳破此三家，前二家，許其所得，破其所失。汰師尚無，一向破斥者，亦以著空之見難治故也。

第五章 結 論

一、魏晉佛學格義的方法與思考形式

在〈緒論〉中，本文已將所論的格義問題設定在：基於了解之需要所採行的權宜之法；由此再進一步追問最初的權宜之法所可能轉變而成的理解模式及其扞格。依上述的理念考察道安前後的佛學發展，可有下列三點結論：

（一）中、印思想及諸經比義的理解方式

由第一章的分析中可知，現存《安般守意經》經、注不分的現象，提供了許多「格義」的線索，其中包括「語詞之語意」的問題，以及「理論的理解問題」二者。在語言的理解問題上，可以發現單一「語詞」最容易摻入個人在解釋上的臆測，但佛學的理解並不只是語詞，所以才有康僧會與道安之序在意見上的不同。從《安般守意經》與《陰持入經》的經、注及序文看來，解說者並不能清楚的判別佛學與中國思想的差異，所以有些語詞概念常被做為不適當的比附，如佛教「法」（dharma）與中國「元氣」的觀念即是一例。基於「物質性」而將「元氣」比為「四大」〔註1〕的問題尚不大；但如將「元氣」與「五陰」相牽合，則將混淆了二個語詞的意義。中國思想中或許曾將「元氣」視為構成身心的基本成份，但從未將之視為是邪意的來源，這是因為「元氣」的概念在中國的使用中，多與形上的道有某種若即若離的關聯所

〔註 1〕 如支謙譯《佛開解梵志阿颰經》言：「天地人物，一仰四氣：一地、二水、三火、四風」，又康僧會《六度集經・察微王經》曰：「深睹人原始，自本無生，元氣強者為地，軟者為水，煖者為火，動者為風。四者和焉，識神生焉」。皆將法數分類中，四種構成物質的普遍元素比為「元氣」。

致。〔註2〕但在《陰持入經註》中，被比爲「元氣」的「法」（特別是「五陰」），並不具有形上之道的性質，而被視爲是一種精神性的「意」，是煩惱及邪念的來源；〔註3〕這種情形顯示「元氣」與「法」（五陰）之間的比附並不恰當。這種不恰當的比附，從缺點而言會破壞了理解的正確性；但另一方面也可能迫使讀者放棄該詞在中國的語意，而回到佛學的文本中去探求其意義。就後者而言，聰明的讀者看到「元氣」一詞並不會以中國的概念去理解，而會尋求上下文推究其意旨。如此，不同語詞的比附，有時並非不區分語意同異的借用，而具有佛學理解及詮釋的意義。

　　魏晉佛學論者在意識上逐漸能知中、印思想有其差別，也能認知以中國語詞理解佛學概念的可能誤失，這種覺察的意識促成了道安對舊有理解方式的反省。在道安之前，他們可能企圖由不同經典的比對及補充中去理解佛經，此可由本文第一、二章的分析中看出。謝敷的〈安般守意經序〉略述了這種解經方式的大概，而《陰持入經註》之大量引用其他經典的態度，可說是這種理解方式的具體呈現。類此現象，可說是佛教學者企圖將佛學從語詞語意上的通俗理解，導向「整體理論的理解」而作的努力。

（二）中國思想方法的影響

　　從佛教在中國的發展看來，中國的佛學論者對理論的興趣並不少於宗教的情懷，所以後來才會有各家判教理論之發展。但比合經義的態度並不能得到正確的理解，其主要的原因在於早期傳法者不強調大、小乘經典及部派理論在發展上的差異，以及佛經的翻譯不全所致。僧叡在〈毗摩羅詰提經義疏序〉所說：「此土所出諸經，於識神性空，明言處少，存神之文，其處甚多。《中》、《百》二論，文未及此，又無通鑒，誰與正之？」〔註4〕即扼要的指出

〔註2〕如阮籍〈達莊論〉說：「人生天地之中，體自然之形。身者，陰陽之精氣也」，又謂境界高超的至人乃爲「能與陰陽化而不易，從天地變而不移者」，可知陰陽之氣除了具有構作人身的物質之性外，也具有形上之道的意義。見《阮嗣宗集》（台北：華正出版社，1979 年），頁 32。

〔註3〕《陰持入經註》言：「五陰種，身也。身有六情，情有五陰。有習眼爲好色，轉中色，轉惡色：轉三色。色有五陰，并習爲合十八事，六情各然，凡爲百八結。滅此生彼，猶穀種朽于下，栽受身生于上。又猶元氣，春生夏長秋萎冬枯。百穀草木喪於土上，元氣潛隱，稟身于下。春氣之節，至卦之和，元氣惆躬于下，稟身于上。有識之靈及草木之栽，與元氣相含，升降廢興，終而復始，輪轉三界無有窮極，故曰種也」。見《大正藏》第 33 冊，頁 10 上。

〔註4〕見《出三藏記集》卷八（點校本），頁 312。

當時的實況。

　　由於客觀因素的限制使得佛學的理論脈絡不明，在此情形下，中國佛學論者在解經之時，勢必難免於傳統思想因素的干擾。本文所謂的傳統思想的因素不是指各家學說之各別概念，而是指思考的方法或模式。如由二、三章的分析可知：康僧會及陳氏所表現的是一種主體淨化的思想，他們把主體淨化的過程視爲是修道的過程，目的在使識神擺脫五陰穢意的干擾，而成爲明淨能照的神識，這與中國傳統儒家孟子的養氣論，或道家返本無爲的思想，都有方法上的相似。

　　道安早期的思想與康僧會及陳氏相近，只是他比康、陳二者強調解脫後主體「神妙」的一面。道安在鑽研《般若經》之後，轉而重視「緣起」及「無」的觀念，但在理解上仍不完全。在第四章的分析中，可知道安雖能擺脫主體淨化的修道思考，但在理解空義時，仍不時流露出魏晉王弼言意理論的影響。此種情形亦見於支道林，只不過支道林在思想方法上與郭象的跡冥論較爲接近。

　　道安與支道林都不免受到魏晉玄學的影響，但這種影響可能不是大多數學者所說的「本體論」式的思想。從道安與支道林所遺留的作品看來，他們缺乏對「本體」的思考，而表現著強烈的「主觀境界」的思想傾向。如道安認爲「言有宗」、「義有主」，由文字之「權便」可得經旨「第一義」；〔註5〕而王弼認爲「現象之有」或「名」，都是「道」呈顯，因此循「有」循「名」，便能解悟「有」與「名」背後之「道」的意義。道安與王弼的論法在形式上雖有其相近，但道安之說始終未涉及「本體」義，故只能說是主觀境界下所呈顯的「智」，與王弼所著意的「道」或「本體」無關。

　　在「主觀境界」義之下，道安與支道林都主張無執之心，但由於王弼及郭象二種不同的思考形式的影響，道安的「無執著心」、「無分別智」是建立在「無」的「無限」義及「平等」義上；在此觀念下，所有的「物」都平等無別的成爲「眞如」的呈現。支道林在語言的超越上要高於道安，所以他雖說「寄言」，但並不強調「言」與「道」是王弼式的「多」（無細而不歷，無微而不極：現象之有）與「一」（言之宗，義之主：無限整全之本體）的關聯，

〔註5〕道安〈道行經序〉言：「且其經也，進咨第一義以爲語端，退述權便以爲談首。行無細而不歷，數無微而不極，言似煩而各有宗，義似重而各有主。」見《出三藏記集》卷七（點校本），頁263。

而直接從「無」與「所以無」的二端言「二跡無寄，有無冥盡」，這與郭象言「即跡即冥」、「非跡非冥」不離不遺的中道觀有形式上的相近。

（三）格義無法達成理解的關鍵

不管是道安、支道林或者六家七宗，他們最後都不能了解小乘禪法中的「涅槃」以及《般若經》中的空性之義。主要的原因在於中國強固的主體觀念與佛教傳統中的無我觀念是相背離的。由於中國缺乏佛教論理所形成的無我觀，所以他們雖然接受了緣起的思想，但始終將自我本體排除在緣起之外。這種態度使他們視小乘「涅槃寂靜」爲自我本體的清淨能照，非但不能合於小乘所主張的「勝義空」。也使他們視般若空義爲無執之玄智，而不契於《般若經》所主張的「一切法空」。

其次，傳統中國學者對經典、語言的態度是十分慎重的，認爲經典之文字是道或聖人的體現，因此即使道家有「得意忘言」之說，也不致忽略語言在得道上的可能作用。中國傳統對語言與道之間的思考，雖能接近般若學「不壞假名而說實相」的意見，卻隔閡了中國佛學論者對般若學中「一切言說，但名無實」的理解。所以從六家七宗的論述看來，他們對「假名空」一義是無所觸及的。

從中國佛教發展的歷史看來，「假名空」的概念在僧肇之後雖然得到較爲正確的理解，但中國學人在自我本體及言意的概念上，卻有著強大的固執性。在這二種不易改變的文化因素下，中國佛教之趨近眞如佛性之說，從而發展出具有中國特色的大乘佛教；以及走向極端以爲名相蔽障禪法，〔註6〕從而發展出擺脫文字名相的禪宗教理，二者似有轉化及擺脫的跡源可尋。

二、魏晉南北朝時期「格義」一詞的意義

《高僧傳·竺法雅傳》提到了竺法雅的格義之法，〔註7〕一般咸認它是以

〔註 6〕 如《續高僧傳·慧可傳》言達摩禪師以四卷《楞伽經》授慧可（487～593），後慧可說法，以爲經文經過義學的輾轉說解，往往支離破碎，而有：「此經四世之後，變成名相，一何可悲」之嘆（見《大正藏》第50冊，頁552中）。

〔註 7〕 慧皎《高僧傳·竺法雅傳》云：「時依雅門徒，並世典有功，未善佛理。雅乃與康法朗等，以經中事數，擬配外書，爲生解之例，謂之格義。及毗浮、相曇等亦辯格義，以訓門徒。雅風采瀟落，善於樞機，外典佛經，遞相講說。與道安、法汰，每披釋湊疑，共盡經要。後立寺於高邑，僧眾百餘，訓誘無懈。雅弟子曇習，祖述先師，善於言論。爲僞趙太子石宣所敬云」（點校本，頁152～153）。

佛教的法數、名相與外書擬配，在對比了解之後，逐條著例以講授於門徒的方法。但在《高僧傳・竺法雅傳》所論的「格義」之外，後人對「格義」的討論常陷入「擬配外書」或者「滯文格義」的混亂之中。〔註8〕如不細究文獻文本，一般使用「格義」一詞，大多採取陳寅恪及湯用彤兩位先生的意見，以「格義」爲「擬配外書」之法，而引伸有「以本土思想的基礎理解外來思想」的意思。本文對「格義」的使用，亦是採取此一意見。但對「格義」語詞的通俗使用，並不能說明魏晉南北朝的使用即近於此義，所以在結束本文的論述之前，仍有必要對「格義」在歷史上的使用做清楚的釐分。

（一）文獻所見的「格義」

除《高僧傳・竺法雅傳》外，有關「格義」之語詞先後出現於以下的材料：

（1）僧叡〈喻疑論〉：

昔漢室中興，孝明之世，無盡之照，始得輝光此壞，於二五之照，當是像法之初，自爾以來，西域名人，安侯之徒，相繼而至，大化文言，漸得淵照邊俗，陶其鄙倍。漢末魏初，廣陵、彭城二相出家，並能任持大照，尋味之賢，始有講次，而恢之以格義，迂之以配說：下至法祖、孟詳、法行、康會之徒，撰集諸經，宣暢幽旨，粗得充允，視聽至今。附文求旨，義不遠宗，言不乖實，起之於亡師……鳩摩羅法師至自龜茲，持律三藏自罽賓，禪師徒眾，尋亦並集關中。洋洋數十年中，當是大法後興之盛也。〔註9〕

（2）僧叡〈毗摩羅詰提經義疏序〉：

自慧風東扇，法脈流詠已來，雖曰講肄，格義迂而乖本，六家遍而不即。性空之宗，於今驗之最得其實。然鑪治之功，微恨不盡，當是無法可尋，非尋之不得也。何以知之？此土先出諸經，於識神性空，明言處少，存神之文，其處甚多。《中》、《百》二論，文未及此，

〔註8〕如湯用彤《漢魏兩晉南北朝佛教史》以爲僧祐〈羅什傳〉節引僧叡〈喻疑論〉之文，卻誤將「格義配說」之意改爲「滯文格義」，是梁時學僧已不知格義爲何義所致（頁173）。而林傳芳〈格義佛教思想之史的展開〉則以爲「格義」一詞在使用上本就有「格義配說」與「滯文格義」之別，湯說「未盡正確」。見《華岡佛學學報》一卷二期（台北：華岡佛學研究所，1972年），頁60。

〔註9〕僧祐：《出三藏記集》卷五（北京：中華書局點校本），頁234。

又無通鑒，誰與正之？先匠所以輟章於遲慨，思決言於彌勒者，良
在此也。自提婆已前，天竺義學之僧並無來者，於今始聞宏宗高唱。
〔註10〕

（3）僧祐《出三藏記集・鳩摩羅什傳》：〔註11〕
自大法東被，始於漢明，歷涉魏、晉，經論漸多。而支、竺所出，
多滯文格義。〔註12〕

（4）《高僧傳・僧先傳》：
值石氏之亂，隱於飛龍山，遊想巖壑，得志禪慧。道安後復從之，
相會欣喜，謂昔誓始從，因共披文屬思，新悟尤多。安曰：「先舊格
義，於理多違。」先曰：「且當分析逍遙，何容是非先達。」安曰：
「弘贊理教，宜令允愜，法鼓競鳴，何先何後。」先乃與汰等南遊
晉平，講道弘化。〔註13〕

上列四則資料中，《出三藏記集・鳩摩羅什傳》及《高僧傳・鳩摩羅什傳》所
言的「滯文格義」，「格」應爲扞格之義，「格義」意指與原義乖違的意思，與
本文所討論「格義配說」的格義不同。〔註14〕其次《高僧傳・僧先傳》中道
安所言的「先舊格義」，其中的「格義」難以判別爲「格義配說」或是「乖違
原義」之義。如以《高僧傳・竺法雅傳》爲依據，竺法雅格義學派之發生與
道安同時，應不致以「先舊」稱之。故此之「格義」應非竺法雅之格義。至
於其意義或許可推考道安的弟子僧叡之意見。

（二）僧叡在〈喻疑論〉及〈毗摩羅詰提經義疏序〉中的意見
　　僧叡在〈喻疑論〉及〈毗摩羅詰提經義疏序〉中都提到「格義」一詞，值
得注意的是，這二則資料均是僧叡對佛教流布歷史的敘述，二文所極力陳說者，
皆在於小乘之法爲偏執幽途一事。以〈喻疑論〉爲例，前引之文似有四個時間
次序，分別是孝明之世至漢末（安侯之徒相繼而至）、漢末魏初至西晉（下至法

〔註10〕 僧祐：《出三藏記集》卷八（點校本），頁312。
〔註11〕 《高僧傳・鳩摩羅什傳》之文襲此
〔註12〕 僧祐：《出三藏記集》卷十四（點校本），頁533。
〔註13〕 慧皎：《高僧傳・慧遠傳》（北京：中華書局校注本），頁194。
〔註14〕 此點，林傳芳先生辨之甚明，參見〈格義佛教思想之史的展開〉，《華岡佛學
學報》一卷二期，頁59～60。

祖、孟詳、法行、康會之徒）、東晉道安之時、東晉鳩摩羅什以後等四個時期。依此四期之序，僧叡似乎將佛教教理的理解分為四個階段：一是佛法初傳時期，其次是格義配說時期，再來是經過道安一期之後所進入的正確教理時期。而什麼才是正確的理解呢？對照〈毗摩羅詰提經義疏序〉所言的「性空之宗」最得其實，〔註15〕可知僧叡認為正確的佛教教理是大乘空義。

　　僧叡是否以大乘空義為正確的佛教教理？〈喻疑論〉中提到朱士行出流沙尋得《大品》時，曾受到于闐諸小乘學者的阻撓，而對于闐國王言：「漢地沙門欲以婆羅門書惑亂正典，王為地主，若不禁之，將斷大法，聾盲漢地，王之咎也。」〔註16〕此即是以大乘般若經為正法的意思。又《出三藏記集・鳩摩羅什傳》言羅什原先所學為小乘，直到他從佛陀耶律舍學十誦律，又從須律耶蘇摩問學大乘後，才驚嘆：「吾昔學小乘，譬人不識金，以鍮石為妙矣」。此後羅什廣求《中》、《百》二論，及他披讀《放光經》時，「魔來蔽文，唯見空牒」；又於雀梨大寺讀大乘經時，忽聞空中語曰：「汝是智人，何以讀此？」羅什對曰：「汝是小魔，宜時速去！我心如地，不可轉也」。此後羅什停住二年，「廣誦大乘經論，洞其奧祕」。〔註17〕由這些材料的敘述可知：僧叡時人多以大乘般若為佛教正理，因此才有披讀大乘、魔來干擾的傳說。

　　如果接受僧叡以般若空義為正理的說法，可以推測他所說的格義配說期，可能是指在般若經典受到重視前的佛教概況。試看這個時期被僧叡舉為代表的法祖（帛遠）、孟詳（康孟詳）、法行（竺法行）、康會（康僧會）等人的活動。康孟詳相傳在漢獻帝時曾譯《中本起經》。〔註18〕康僧會在東吳時譯有《吳品經》，〔註19〕又集錄諸經中有關布施、持戒等六度行之《本生經》而

〔註15〕僧叡〈大品經序〉云：「亡師安和尚，鑿荒塗以開轍，標玄指於性空，落乖蹤而直達，殆不以謬文為閡也」。見《出三藏記集》卷八（點校本），頁292。
〔註16〕又見於僧祐：《出三藏記集・朱士行傳》卷五（頁515）、慧皎《高僧傳・朱士行傳》卷四（點校本，頁145）。
〔註17〕僧祐：《出三藏記集》卷十四（點校本），頁531。
〔註18〕僧祐：《出三藏記集》卷十三〈安玄傳〉（點校本，頁512）及慧皎：《高僧傳》卷一〈安玄傳〉（點校本，頁11）俱言康孟詳譯有《中本起經》並與竺大力共譯《修行本起經》。然小野玄妙以為可信者僅《中起本經》，參見《佛教經典總論》，頁28。
〔註19〕《吳品》於僧祐《出三藏記集》卷二著錄已闕，未詳其經的性質為何，然《出三藏記集・康僧會傳》言康僧會譯《道品》，而《高僧傳・康僧會傳》言譯有《小品》，故一般以為《吳品》為《般若道行品經》之異譯。但湯用彤疑《出三藏記集》所著錄的康僧會《吳品》即支謙所譯《大明度經》。湯說見《漢魏

有《六度集經》；此外他並注有《了本生死經》、《安般守意經》、《法鏡經》、《道鏡經》等。〔註20〕帛遠（字法行），譯有《惟逮菩薩經》，又注有《首楞嚴經》。〔註21〕竺法行被當時人比爲樂令，〔註22〕與竺法乘同學，可能同爲竺法護弟子，《高僧傳》說他以「山棲履操知名當世」，可見其聞名與義解無關。由這些記載看來，帛遠、康孟詳、竺法行、康僧會等諸人的活動，大致與般若經系的傳譯無關。

　　般若經的傳入，在鳩摩羅什以前，當以《小品般若經》最先譯出，《小品》的首出譯本是支婁迦讖在後漢靈帝時在洛陽譯出的《般若道行品經》（《道行般若經》）；此經在吳時被支謙再譯爲《大明度無極經》。《大品般若經》的同本異譯則有《放光》及《光讚》二部。《放光經》的譯出得之於曹魏朱士行西渡流沙，於于闐所獲的梵文本九十章，此經於元康元年（291 年）由無羅叉及竺叔蘭譯出。永安元年（304 年），此經再由竺叔蘭與竺法寂考校書寫爲定本。《光讚經》則於太康七年（286 年）由竺法護譯出，其底本爲祇多羅自于闐攜來的胡本。《光讚》出後，因遭晉世亂，並未大行，直到泰元元年（376 年），才得到道安的表彰。〔註23〕其後太元七年（382 年）車師前部王彌第入朝於秦，其國師鳩摩羅跋提獻《大品》一部，由竺佛念（佛護）共曇摩蜱譯出爲五卷本的《摩訶鉢羅若波羅蜜經抄》，道安爲之作序。由《般若經》的譯出情形，可以推知般若學的盛行至少應在永安（304 年）年間，《放光經》寫定之後。

　　將這些歷史片斷對照《高僧傳》〈僧先傳〉及〈道安傳〉，可知道安在飛龍山評論「先舊格義」約在永和七年（351 年）。升平元年（357 年）道安讓

　　　　兩晉南北朝佛教史》，頁 137～153。

〔註20〕僧祐《出三藏記集》卷十三〈康僧會傳〉（點校本，頁 515）及慧皎《高僧傳》卷一〈安玄傳〉（點校本，頁 18）言康僧會譯有《維摩》、《大般泥洹》、《法句》、《瑞應本起》、《阿難念彌經》、《鏡面王》、《察微王》、《梵皇經》、《小品》、《六度集》、《雜譬喻》等數十經。並注有《了本生死》、《安般守意》、《法鏡》、《道鏡》等經。然小野玄妙以爲可信者僅《六度集經》及《吳品經》，見《佛教經典總論》，頁 37。

〔註21〕見僧祐《出三藏記集》卷十五〈法祖傳〉（點校本・頁 560）及慧皎《高僧傳》卷一〈帛遠傳〉（校注本，頁 27）俱言譯有《惟逮菩薩經》、《弟子本》、《五部僧》等三部經，又注《首楞嚴經》。然小野玄妙以爲可信者僅《惟逮菩薩經》，參見《佛教經典總論》，頁 47。

〔註22〕見慧皎：《高僧傳》卷四〈竺法乘傳〉（校注本，頁 155），及卷九〈耆域傳〉（校注本，頁 365）。

〔註23〕見僧祐：《出三藏記集・合放光光讚略解序》（點校本），頁 265。

慧遠就席講《般若經》，有聽者難般若實相義，慧遠援《莊子》以為連類，此後道安特允慧遠不廢俗書。興寧三年（365 年）道安至襄陽，此後的十五年，每年講一次《放光經》，到長安後也未曾稍歇。〔註24〕由道安在批評「先舊格義」後對《般若經》的重視情形看來，所謂「格義」時期之劃分也與《般若經》之受到重視不無關係。

　　經由上述的論據，或許可以推測在僧叡的時間分期上，般若空義的流行當是一個關鍵的問題。格義配說時期應指道安之前，般若正法受到重視前的佛學傳佈時期。此點結論證之〈毗摩羅詰提經義疏序〉亦可順解，序文言：「自慧風東扇，法脈流詠已來，雖曰講肄，格義迂而乖本，六家偏而不即。性空之宗，於今驗之最得其實」這段話中的「格義」，多數的學者常見的理解有二：一是視為描述語，泛指以外典比附內典的理解方式。〔註25〕其次是將之與「六家」並列，認為魏晉時期的般若學研究有「格義」及「六家」二派；格義學派專在文字、事相上著眼；而六家學派則採取自由討論的方式。〔註26〕

　　上述二種理解的方式均有可討論之處。前一說不將「格義」視為學派，而視為理解教理的普遍現象；如此，在句法上似應不宜與「六家」對舉，因為六家之說是對般若學的研究而說的，並不能如「格義」一般，成為教理流傳下的普遍現象。況且，六家之說依前人研究，實亦不脫以老莊玄旨相為比附之「格義」，所以此說並不能說明格義與六家之別為何，其正確性不無可疑。其次，如放棄前說，而將「六家」與「格義」視為理解般若學的二種方式，那麼將先肯定竺法雅學派的研習重點在於般若學，此點就現有的材料而言，似不易證明。〔註27〕而且，如肯定格義為內、外學在「事數」上的比配，「事數」在般若學上亦非重點所在，著重「事數」反而是小乘佛學的普遍現象，不應為研習般若空義的重要途徑。基於以上的理由，理解僧叡在〈毗摩羅詰提經義疏序〉上所說的「格義」的意思，唯有回到本文先前所預設的基礎，即「與般若空義的流傳時期相為區別」的這個意義。

〔註24〕事見《出三藏記集》卷八〈摩訶缽羅若波羅蜜經抄序〉（點校本，頁 289）及卷九〈漸備經十住梵名並書敘〉（點校本，頁 332）。

〔註25〕如前引湯用彤之說。

〔註26〕如呂澂《中國佛學源流略講・般若理論的研究》即主張此說（頁 49）。

〔註27〕湯用彤《漢魏兩晉南北朝佛教史》以為：竺法雅「立格義，當亦般若學者」（頁 155、234～238），然在論據上似未能說明「格義」與「般若學」之間的關聯。

（三）格義時期指爲般若學流行前的時期

如果將僧叡所言的：「格義迂而乖本，六家偏而不即。性空之宗，於今驗之最得其實」。視爲「格義」、「六家」、「性空」三個佛法在中土流布的轉變階段，即可順接僧叡接下來所談論的。他說：

> 鑪治之功，微恨不盡，當是無法可尋，非尋之不得也。何以知之？此土先出諸經，於識神性空，明言處少，存神之文，其處甚多。《中》《百》二論，文未及此，又無通鑒，誰與正之？先匠所以輟章於遐慨，思決言於彌勒者，良在此也。自提婆已前，天竺義學之僧並無來者，於今始聞宏宗高唱。

僧叡的這段話分明指出了問題的所在。即提示在般若經流行以前，流傳的經典多爲「存神」之文，而少「識神性空」之文。佛典既多於「存神」，對佛理的研究亦侷限於此，這當是格義配說期的一般現象。故此期的問題不在內、外典在事數的比配上，而在於《般若經》未充分譯出，也未受到重視所致。而且，考察僧叡現有著作，似未曾提到事數比配之類的問題，就《毗摩羅詰提經》的譯本而言，他曾提到：

> （鳩摩羅什法師）正玄文，擿幽指，始悟前譯之傷本，謬文之乖趣耳。至如以「不來相」爲「辱來」，「不見相」爲「相見」，「未緣法」爲「始神」，「緣合法」爲「止心」。諸如此比，無品不有，無章不爾。

所舉之例如「不見相爲相見」、「不來相爲辱來」，多爲錯譯，而非格義所生之誤解，〔註28〕僧叡對譯本的意見與僧祐在《出三藏記集・胡漢譯經文字音義異同記》大致相同，以爲譯本的理乖不在格義，而在於「譯音胥訛，未能明練」。〔註29〕由此亦可知，僧叡並未把格義與翻譯的問題混爲一談，他所說的

〔註28〕僧叡所舉翻譯誤失之例，又可見於《出三藏記集》卷八〈大品經序〉，其言曰：「其事數之名與舊不同者，皆是法師（鳩摩羅什）以義正之者也。如『陰入持』等，名與義乖，故隨義改之。『陰』爲『眾』，『入』爲『處』，『持』爲『性』，『解脫』爲『背捨』，『除入』爲『勝處』，『意止』爲『念處』，『意斷』爲『正勤』，『覺意』爲『菩提』，『直行』爲『聖道』。諸如此比，改之甚眾。胡音失者，正之以天竺，秦言謬，定之以字義、不可變者，即而書之」。見（點校本）頁293。

〔註29〕僧祐《出三藏記集》卷一〈胡漢譯經文字音義異同記〉云：「是以宣領梵文，寄在明譯。譯者釋也，交釋兩國，言謬則理乖矣。自前漢之末，經法始通，譯音胥訛，未能明練。故『浮屠』、『桑門』遺謬漢史。音字猶然，況於義乎？⋯⋯是以義之得失，由乎譯人。辭之質文，繫於執筆。或善胡義而不了漢旨，或明漢文而不曉胡意。雖有偏解，終隔圓通。若胡漢兩明，意義四暢，然後宣

格義非指爲滯文格義，也與竺法雅所倡之格義之法無關，應指爲流行於般若正法行世以前，小乘禪學盛行的佛學階段。

據上而論，「格義」一詞在魏晉時期並非具有特定意義的語詞，就目前的文獻看來，它可能只是字面上「於義有格」的意思（支竺所出，多滯文格義）；也可能是個具體的指稱詞，指爲竺法雅的格義之法（以經中事數，擬配外書，爲生解之例）或佛學發展的一個階段（「格義」迂而乖本；「六家」遍而不即；「性空之宗」最得其實）及此一時期的研究特色（先舊「格義」；恢之以格義，迂之以配說；撰集諸經，宣暢幽旨）。在僧叡的使用下，「格義」之「格」雖爲「度量」、「比配」的意思，但「義」的意義除了指爲竺法雅格義之法中的「名稱」、「項目」或「概念」外，〔註30〕可擴大指爲「經旨」或「佛說」之意。換言之，僧叡所言的「格義」可爲某一時期佛學發展的代名詞，如指爲具體之法，亦可指示爲此時期佛學研究的特色在於「比配格量，以求至義」。

僧叡所以稱般若學流行之前爲格義時期，可能與當時對佛學理論，及其流演支派的了解不全有關；因爲不能辨別大、小二乘之別，所以在理解佛說義理時，只得藉由以諸經經義相互比配的方式以求了解，此點本文於論述《安般守意經》時稍有涉及。此外，集經可能也是諸經比配的另一形式，此在道安之時仍有施行，〔註31〕道安的進步在於能考慮到佛經的性質，而不是任意的將不同的經典互相比義；〔註32〕從佛學研究的發展看來，集經與合本會譯

述經奧，於是乎正前古譯人，莫能曲練，所以舊經文意，致有阻礙，豈經礙哉，譯之失耳」。見（點校本）頁 13～14。

〔註30〕湯用彤《理學・佛學・玄學》論竺法雅「格義」即以「義」爲「名稱」、「項目」或「概念」之意，其言曰：「它不是簡單地、寬泛的、一般的中國與印度思想的比較，而是一種很瑣碎的處理，用不同地區的每一個觀念或名詞作分別的對比或等同。『格』在這裏聯繫上下文來看，有『比配』或『度量』的意思，『義』的含義是『名稱』、『項目』或『概念』；『格義』則是比配觀念（或項目）的一種方法或方案，或者是不同觀念間的對等」（北京：北京大學出版社，1991 年，頁 284）。

〔註31〕如《出三藏記集》卷十載有道安〈十法句義經序〉，說明此經的爲集經的性質，同於「嚴佛調撰《十慧章句》，康僧會集《六度》要目。道安更說明此種作法的好處是：「經之大例，皆異說同行。異說者，明夫一行之歸致；同行者，其要不可相無，則行必俱行。全其歸致，同處而不新；不新故頓至而不惑，俱行故叢而不迷也。所謂知異知同，是乃大通；既同既異，是謂大備也。以此察之，義爲廋哉！義爲廋哉！」見（點校本）頁 369～370。

〔註32〕如現存《大明度經》的第一卷有註，註文有取《安般守意經》的註解者。又

研究的產生時間大致相當，〔註 33〕似可視爲格義時期諸經比義之佛學研究的
表現之一。

《陰持入經註》亦多取《大明度經》等大乘經典之解說，此皆爲大、小乘義
解的混淆。

〔註33〕湯用彤《漢魏兩晉南北朝佛教史》以爲「會譯」始於支謙，可見於《出三藏
記集》卷七的〈合微密持經記〉（頁 131）。

參考書籍及論文

一、中文部份

（一）古　籍

1. 《中華大藏經》，桃園：中華大藏經會，1962 年。

2. 《續藏經》，台北：中華佛教會，1968 年。

3. 《大正新修大藏經》，台北：新文豐出版社，1983 年。

4. 《嘉興大藏經》，台北：新文豐出版社，1987 年。

5. 《佛光大藏經》（阿含藏），高雄：佛光出版社，1988 年。

6. 淨海譯：《眞理的語言（《法句經》）》，台北：慧日講堂，1974 年。

7. 湯用彤校注：《高僧傳》點校本，北京：中華書局，1992 年。

8. 蘇晉仁等點校：《出三藏記集》，北京：中華書局，1995 年。

9. 呂有祥釋譯：《出三藏記集》白話本，台北：佛光文化，1996 年。

10. 杜繼文釋譯：《安般守意經》白話本，台北：佛光文化，1997 年。

11. 范曄，李賢等注：《後漢書》，台北：洪氏出版社翻印點本校。

12. 陳壽，裴松之注：《三國志》，台北：洪氏出版社翻印點本校。

13. 房玄齡：《晉書》，台北：洪氏出版社翻印點本校。

14. 饒宗頤：《老子想爾注校牋》，香港：作者自刊，1956 年。

15. 樓宇烈：《老子周易王弼注校釋》，台北：華正書局，1972 年。

16. 鄭成海：《老子河上公注斠理》，台北：台灣中華書局，1976 年。

17. 郭象：《莊子郭象註》，台北：台灣藝文印書館影印，1975 年。

18. 郭慶藩編：《莊子集釋》，台北：木鐸出版社，1983，年。

19. 陳奇猷：《呂氏春秋校釋》，台北：華正書局，1988 年。

20. 余嘉錫:《世說新語箋疏》,台北:華正書局,1989 年。

(二)當代專著

1. 張曼濤編:《大乘佛教之發展》,現代佛教學術叢刊 94,台北:大乘文化出版社,1979 年。

2. 張曼濤編:《中外佛教交通史料匯編》,現代佛學大系 18,台北:彌勒出版社,1983 年。

3. 張曼濤編:《中印文化關係史論》,現代佛學大系 18,台北:彌勒出版社,1983 年。

4. 張曼濤編:《中國佛教的特質與宗派》,現代佛教學術叢刊 31,台北:大乘文化出版社,1978 年。

5. 張曼濤編:《中觀思想論集》,現代佛教學術叢刊 46,台北:大乘文化出版社,1978 年。

6. 張曼濤編:《四十二章經與牟子理惑論考辨》,現代佛教學術叢刊 11,台北:大乘文化出版社,1978 年。

7. 張曼濤編:《西域佛教研究》,現代佛教學術叢刊 80,台北:大乘文化出版社,1979 年。

8. 張曼濤編:《佛典翻譯史論》,現代佛教學術叢刊 38,台北:大乘文化出版社,1978 年。

9. 張曼濤編:《佛教人物史話》,現代佛教學術叢刊 49,台北:大乘文化出版社,1978 年。

10. 張曼濤編:《佛教根本問題研究一》,現代佛教學術叢刊 53,台北:大乘文化出版社,1978 年。

11. 張曼濤編:《佛教根本問題研究二》,現代佛教學術叢刊 54,台北:大乘文化出版社,1978 年。

12. 張曼濤編:《俱舍論研究》,現代佛教學術叢刊 22,台北:大乘文化出版社,1978 年。

13. 張曼濤編:《原始佛教研究》,現代佛教學術叢刊 98,台北:大乘文化出版社,1979 年。

14. 張曼濤編:《般若思想研究》,現代佛教學術叢刊 45,台北:大乘文化出版社,1978 年。

15. 張曼濤編:《道安法師七十歲紀念論文集》,台北:大乘文化出版社,1976 年。

16. 方立天:《佛教哲學》,台北:洪葉出版社,1994 年。

17. 方穎嫻:《先秦道家與玄學佛學》,台北:台灣學生書局,1986 年。

18. 王文顏:《佛典漢譯之研究》,台北:天華出版社,1984 年。

19. 王文顏：《佛典重譯經研究與考錄》，台北：文史哲出版社，1993 年。

20. 王文顏：《佛典疑偽經研究與考錄》，台北：文津出版社，1997 年。

21. 冉雲華：《從印度佛教到中國佛教》，台北：東大圖書公司，1995 年。

22. 任繼愈主編：《中國佛教史》，北京：中國社會科學出版社 1981 年。

23. 任繼愈：《漢唐佛教思想論集》，北京：北京人民出版社，1994 年。

24. 印順：《論一切有部為主的論書與論師之研究》，台北：正聞出版社，1968 年。

25. 印順：《如來藏之研究》，台北：正聞出版社，1981 年。

26. 印順：《初期大乘佛教的起源與開展》，台北：正聞出版社，1981 年。

27. 印順：《空之探究》，台北：正聞出版社，1985 年。

28. 印順：《印度佛教思想史》，台北：正聞出版社，1988 年。

29. 印順：《佛教史地考論》，台北：正聞出版社，1992 年。

30. 印順：《性空學探究》，台北：正聞出版社，1992 年。

31. 印順：《般若經講記》，台北：正聞出版社，1992 年。

32. 牟宗三：《才性與玄理》，台北：台灣學生書局，1980 年。

33. 牟宗三：《中國哲學十九講》，台北：台灣學生書局，1983 年。

34. 何啟民：《魏晉思想與談風》，台北：台灣學生書局，1990 年。

35. 吳汝鈞：《中國佛學的現代詮釋》，台北：文津出版社，1995 年。

36. 吳汝鈞：《印度佛學研究》，台灣學生書局，1995 年。

37. 吳汝鈞：《佛學研究方法論》，台灣學生書局，1996 年。

38. 呂澂：《中國佛學源流略講》，台北：里仁書局，1985 年。

39. 李潤生：《僧肇》，台北：東大圖書公司，1989，年。

40. 周一良：《魏晉南北朝史札記》，北京：中華書局，1985 年。

41. 林麗眞：《王弼及其易學》，台灣大學文史叢刊，1977 年。

42. 林麗眞：《魏晉清談主題之研究》，臺大中文所博士論文，1978 年。

43. 林麗眞：《王弼》，台北：東大圖書公司，1988 年。

44. 姚衛群：《佛教般若思想發展源流》，北京：北京大學出版社，1996 年。

45. 容肇祖：《魏晉的自然主義》，台北：里仁書局，1984 年。

46. 涂艷秋：《僧肇思想研究》，台北：東初出版社，1995 年。

47. 張亨：《思文之際──儒道思想的現代詮釋》，台北：允晨文化出版社，1997 年。

48. 張曼濤：《涅槃思想研究》，台北：大乘文化出版社，1981 年。

49. 張舜徽：《周秦道論發微》，台北：木鐸出版社，1988 年。

50. 曹仕邦：《中國佛教譯經史論集》，台北：東初出版社，1990 年。

51. 曹仕邦：《中國沙門外學的研究》，台北：東初出版社，1994 年。

52. 梁啓超：《中國佛教研究史》，台北：新文豐出版社，1975 年。

53. 許抗生等：《魏晉玄學史》，陝西：陝西師大出版社，1989 年。

54. 許章眞譯：《西域與佛教文史論》，台北：台灣學生書局，1989 年。

55. 陳沛然：《佛家哲理通析》，台北：東大圖書公司，1993 年。

56. 陳寅恪：《陳寅恪先生文集》，台北：里仁書局，1981，年。

57. 陳新會：《中國佛教史籍概論》，台北：文史哲出版社，1981 年。

58. 勞思光：《新編中國哲學史》，台北：三民書局，1986 年。

59. 湯一介：《中國傳統文化中的儒道釋》，北京：中國和平出版社，1988 年。

60. 湯用彤：《漢魏兩晉南北朝佛教史》，台北：台灣中華書局，1961 年。

61. 湯用彤：《魏晉玄學論稿》，台北：里仁書局，1984 年。

62. 湯用彤：《理學・佛學・玄學》，北京大學出版社，1991 年。

63. 賀昌群：《魏晉清談思想初論》，台北：里仁書局，1984 年。

64. 楊惠南：《佛教思想新論》，台北：東大圖書公司，1982 年。

65. 楊惠南：《龍樹與中觀哲學》，台北：東大圖書公司，1988，年。

66. 楊惠南：《佛教思想發展史論》，台北：東大圖書公司，1993 年。

67. 楊惠南：《印度哲學史》，台北：東大圖書公司，1995 年。

68. 楊儒賓、黃俊傑編：《中國古代思維方式探索》，台北：正中書局，1996 年。

69. 萬金川：《龍樹的語言概念》，台灣：正觀出版社，1995 年。

70. 葉阿月譯注：《超越智慧的完成》，台北：新文豐出版公司，1980 年。

71. 劉大杰：《魏晉思想論》，台北：里仁書局，1984 年。

72. 劉宓慶：《當代翻譯理論》，台北：書林出版公司，1993 年。

73. 劉貴傑：《東晉道安思想研究》，台北：文津出版社，1992 年。

74. 蔡振豐：《王弼的言意理論與玄學方法》，臺大中文所碩士論文，1993 年。

75. 釋惠敏：《中觀瑜珈》，台北：中華佛學研究所，1986 年。

二、外文專著

1. 東方學會編：《東方學論集：東方學會創立四十週年記念》，東京：東方學會，1987 年。

2. 上田義文：《大乘佛教思想聶根本構造》，京都：百華苑，1972 年。

3. 小野玄妙著，楊白衣譯：《佛教經典總論》，台北：新文豐出版公司，1983

年。

4. 山崎寵：《中國佛教‧文化史の研究》，東京：法藏館，1982 年。

5. 中村元：《東洋人の思維方法》，東京：春秋社，1966 年。

6. 中村元著，林太、馬小鶴譯：《東方民族的思維方法》，台北：淑馨出版社，1990 年。

7. 中村元著，徐復觀譯：《中國人的思維方法》，台北：台灣學生書局，1991 年。

8. 中村元等著，余萬居譯：《中國佛教發展史》，台北：天華出版公司，1984 年。

9. 木村英一編：《慧遠研究遺文篇》，東京：創文社，1960 年。

10. 木村泰賢：《原始佛教思想論》，東京：明治書院，1936，年。

11. 木村泰賢著，歐陽瀚存譯：《原始佛教思想論》，台北：商務印書館，1968 年

12. 木村泰賢著，演培法師譯：《大乘佛教思想論》，台北：天華出版公司，1984 年。

13. 木村賢泰著，演培法師譯：《小乘佛教思想論》，台北：天華出版社，1990 年。

14. 木村清孝：《中國佛教思想史》，東京：世界聖典刊行協會，1991 年。

15. 水野弘元：《原始佛教》，京都：平樂寺書店，1956 年。

16. 水野弘元著，郭忠生譯：《原始佛教》，台北：菩提樹雜誌社，1982 年。

17. 水野弘元著，劉欣如譯：《佛典成立史》，台北：三民書局，1996 年。

18. 玉城康四郎：《中國佛教思想の形成》第一卷，東京：筑摩書屋，1971 年。

19. 伊藤隆壽：《中國佛教の批判的研究》，東京：大藏出版株氏會社，1992 年。

20. 宇井伯壽：《支那佛教史》，東京：岩波書店，1936 年。

21. 宇井伯壽著，李世傑譯：《中國佛教史》，協志工業叢書出版公司，1970 年。

22. 宇井伯壽著，李世傑譯：《佛教思想研究》，東京：岩波書店，1940 年。

23. 池田大作：《私の佛教觀》，東京：第三文明社，1984 年。

24. 池田大作著，潘桂明、業露華譯：《我的佛教觀》，四川：人民出版社，1990 年。

25. 池田大作著，王遵仲譯：《佛教一千年》，香港：牛津大學出版社，1992 年。

26. 舟橋一哉：《業の研究》，京都：法藏館，1954 年。

27. 舟橋一哉：《業思想序説》，京都：法藏館，1956 年。

28. 舟橋一哉著，余萬居譯：《業的研究》，台北：法爾出版社，1993 年。

29. 武邑尚邦等著，余萬居譯：《無我的研究》，台北：法爾出版社，1989 年。

30. 牧田諦亮：《中國佛教史研究》，東京：大東出版社，1981 年。

31. 常盤大定：《支那佛教の研究》，東京：春秋社，1938 年。

32. 常盤大定：《後漢より宋齊に至る訳経總錄》，東京：圖書刊行會，1973 年。

33. 常盤大定：《支那佛教の研究》第一，東京：名著普及會，1979 年。

34. 塚本善隆：《中國中世紀佛教史論考》，大東出版社，1975 年。

35. 常盤大定：《中國佛教通史》第一卷，東京：春秋社，1979 年。

36. 道端良秀：《中國佛教思想史の研究》，京都：平樂寺書店，1979 年。

37. 道端良秀：《佛教と儒教倫理》，京都：平樂寺書店，1985 年。

38. 境野黃洋：《支那佛教精史》，東京：境野黃洋博士遺稿刊行，1935 年。

39. 福永光司等編：《氣の思想》，東京：大學出版會，1980 年。

40. 小野澤精一、福永光司、山井涌編著，李慶譯：《氣的思想》，上海：上海人民出版社，1990 年。

41. 橫超慧日：《中國佛教の研究》，東京：法藏館，1958 年。

42. 橫超慧日：《法華思想の研究》，京都：平樂寺書店，1986 年。

43. 龍谷大學佛教學會：《無我の研究》，京都：百華苑，1977 年。

44. 鎌田茂雄：《中國佛教史》，東京：岩波書店，1980 年。

45. 鎌田茂雄：《中國佛教通史》，東京：東京大學出版，1983 年。

46. 鎌田茂雄著，關世謙譯：《中國佛教通史》，台灣：高雄佛光出版社，1985 年。

47. 鎌田茂雄著，鄭彭年譯：《簡明中國佛教史》，台北：谷風出版社，1987 年。

48. 梶山雄一：《空の論理：中觀》，東京：角川書局，1969 年。

49. 梶山雄一著，吳汝鈞譯：《佛教中觀哲學》，台灣：佛光出版社，1990 年。

50. 梶山雄一等著，許洋主譯：《般若思想》，台北：法爾出版社，1989 年。

51. 袴谷憲昭：《本覺思想批判》，東京：大藏出版株式會社，1989 年。

52. 玉城康四郎：〈中國佛教における主體の發端〉，《干潟龍祥博士古稀記念論文集》，福岡：干潟博士古稀記念會，1964 年。

53. 木村清孝：〈本無義考―その思想の背景をめぐつて〉，奧田慈應先生喜壽紀念論集刊行會編《佛教思想論集》，京都：平樂寺書店，1976 年。

54. Stcherbatsky, Th.: *The Central Conception of Buddhism and the Meaning of the*

Word "Dharma", London: Royal Asiatic Society, 1923.（中譯本《小乘佛學》，立人譯，北京：中國社會科學出版社 1994 年）。

55. Stcherbatsky, Th.: *The Conception of Buddhism Nirvana*, Published Office of the USSR Leningrad, 1927. Reprinted in Shanghai, China, 1940.（中譯本《大乘佛學》，立人譯，北京：中國社會科學出版社 1994 年。）

56. Catford, J.C.: *A Linguistic Theory of Translation*, London: Oxford University Press, 1965.

57. Conze, E. trans.: *The perfection of wisdom in Eight Thousand Slokas*, Calcutta: The Asiatic Society, Second Impression, 1970.

58. Nārada Thera: *The Dhammapada or The Way of Truth*, Translated into English form Pāli by Nārada Thera, Published by Hui Jih Auditorium, Taipei, 1974.

三、期刊論文

（一）中文部份

1. 王曉毅：〈漢魏佛教與何晏早期玄學〉，北京：《世界宗教研究》3 期，1993 年。

2. 冉雲華：〈中國早期禪法的流傳及特點〉，台北：《華岡佛學學報》7 期，1983 年。

3. 田博元：〈釋道安之般若思想〉，台北：《華梵佛學年刊》1 期，1982 年。

4. 余敦康：〈六家七宗〉，北京：《世界宗教研究》2 期，1984 年。

5. 宋肅瀛：〈魏晉時期西域高僧對漢譯佛典的頁獻〉，烏魯木齊：《西域研究》2 期，1994 年。

6. 李幸玲：〈格義新探〉，台北：《中國學術年刊》18 期，1997 年。

7. 周伯戡：〈早期中國佛教的小乘觀〉，台北：《臺大歷史系學報》16 卷，1991 年。

8. 林傳芳：〈書評：塚本善隆著《中國佛教通史》第一卷〉，台北：《華岡佛學學報》1 期，1968 年。

9. 林傳芳：〈格義佛教思想之史的展開〉，台北：《華岡佛學學報》2 期，1972 年。

10. 悟可：〈「般若」譯經中玄學概念的比附〉，台北：《中國佛教》1 期，1989 年。

11. 荒牧典俊：〈中國對佛教的接受〉，北京：《世界宗教研究》3 期，1988 年。

12. 梁曉虹：〈漢魏六朝佛經意譯詞初探〉，武昌：《語言研究》總 12 期，1987 年。

13. 梁曉虹：〈漢語與佛教〉，台北：《中國語文通訊》19 期，1992 年。

14. 梁曉虹：〈論佛教與漢語辭匯〉，台北：《書目季刊》26 卷 3 期，1992 年。

15. 梅迺文：〈竺法護的翻譯初探〉，台北：《中華佛學學報》9 期，1996，年。

16. 陳士強：〈佛教「格義」法的起因〉，上海：《復旦學報》3 期，1982 年。

17. 陸世全：〈試論「格義」在佛教與中國文化融合過程中的作用〉，安徽：《安徽大學學報》2 期，1993 年。

18. 楊曾文：〈佛教《般若經》思想與玄學的比較〉，北京：《世界宗教研究》4 期，1983 年。

19. 萬金川：〈般若經的語言概念〉，台北：《鵝湖》98 期，1983 年。

20. 劉果宗：〈中國早期般若學的研究者〉，台北：《獅子吼》30-4 卷，1991 年。

21. 蔣紹愚譯：〈最早的佛經譯文中的東漢口語成份〉，北京：《語言學論叢》14 期，1987 年。

22. 蔡惠明：〈道安大師的禪法與般若思想〉，香港：《香港佛教》305 期，1985.年。

23. 戴璉璋：〈郭象的自生說與玄冥論〉，台北：《中國文哲研究集刊》7 期，1995 年。

24. 戴璉璋：〈玄智與般若〉，台北：中研院第三屆國際漢學會議，2000 年。

25. 羅顥：〈道安、慧遠兩位大師弘揚「般若學法門」〉，香港：《香港佛教》359 期，1990 年。

26. 關世謙：〈早期般若經論的譯行史略〉，香港：《內明》154 期，1985 年。

（二）外文部份

1. 大谷哲夫：〈中國初期禪觀の呼吸法と養生の養氣について〉，東京：《印度學佛教學研究》17-1 卷，1968 年。

2. 大谷哲夫：〈魏晉代における習禪者の形態について〉，東京：《印度學佛教學研究》，21-2 卷，1973 年。

3. 丘山新：〈漢訳佛典の文体論と翻訳論〉，東京：《東洋學術研究》22-2 卷，1983，年。

4. 伊藤隆壽：〈格義佛教考－初期中國佛教の形成〉，東京：《東洋學報》71 卷，1990 年。

5. 吉津宜英：〈緣起と性起—訳経から教學形成への一視點〉，東京：《東洋學術研究》，22-2 卷，1983 年。

6. 岡部和雄：〈訳経と寫経〉，東京：《東洋學術研究》22-2 卷，1983 年。

7. 林傳芳：〈格義佛教に關する二、三の問題〉，東京：《印度學佛教學研究》17-1 卷，1968 年。

8. 松村巧：〈釋道安における佛教思想の形成と展開〉，東京：《東洋文化》

62 期，1988 年。

9. 長尾雅人：〈漢訳佛典とその梵學〉，東京：《東方學會 44 週年紀念東方學論集》，1987 年。

10. 森野繁夫：〈六朝訳経の語法と語彙〉，東京：《東洋學術研究》22-2 卷，1983 年。

11. 橫超慧日：〈佛教経典の漢訳に関する諸問題〉，東京：《東洋學術研究》22-2 卷，1983 年。

12. 橫超慧日：〈竺道生撰法華経疏の研究〉，京都：《大谷大學研究年報》5 集，1952 年。

13. 橫超慧日：〈釋道安の翻訳論〉，東京：《印度學佛教學研究》5-2 卷，1957 年。

14. 鍵主良敬：〈本無おとび眞如譯について〉，京都：《大谷學報》47 卷 4 期，1968 年。

15. 藤野立然：〈外學より見た釋道安〉，京都：《龍谷大學論集》345 期，1952 年。

四、工具書

1. 荻原雲來：《漢譯對照梵和大辭典》，東京：講談社，1986 年。

《大乘起信論》如來藏緣起思想之探討

尤惠貞　著

作者簡介

尤惠貞，(1953～)生於依山傍海的花蓮，特別喜歡悠遊於大自然中。從當上臺大的新鮮人到獲得東海的哲學博士，持續地浸淫於哲學義理與宗教實踐的人文關懷之中。深深地感動於星雲大師百萬人興學之宏願，所以選擇以南華大學為家。堅信十年樹木、百年樹人之志業，視教學即修證的道場。著作有《大乘起信論如來藏緣起思想之探討》、《天臺宗性具圓教之研究》與《天臺哲學與佛教實踐》等專書，以及〈天臺學之傳衍與開展——從智顗之圓頓教觀到湛然之性具圓教〉、〈天臺圓教的義理詮釋與觀點建立之省思〉、〈天臺哲學底「形上學」詮釋與省思——以智顗與牟宗三之「佛教」詮釋為主的考察〉、〈從天臺智者大師的圓頓止觀看病裡乾坤〉、〈天臺智顗「觀病患境」之現代詮釋——從身心之整體調適談起〉、〈天臺智顗的佛教哲學與生命實踐——實相哲學與圓頓止觀的交響〉、〈天臺止觀與生死學之關涉——從日常生活之身心調適談起〉等學術論文多篇。

提　　要

一、本論文之主旨：本論文之研究，主要在於探討《大乘起信論》所蘊含之如來藏緣起思想，所以論文的題目稱為「《大乘起信論》如來藏緣起思想之探討」，亦即藉著《大乘起信論》所呈現之教義，以了解如來藏緣起系統如何闡明一切法之存在根源的問題。

二、本論文之內容：本論文除第一章緒論與第五章結論外，共分為三章六節，主要內容為：

1. 首先第二章是探討《大乘起信論》如來義緣起思想之歷史淵源與理論背景，從真常唯心系諸經論之肯定如來藏自性清淨心為眾生成佛之超越根據，以及一切法之依止，我們可以追溯出《大乘起信論》如來藏緣起之思想淵源。而從地論師與攝論師之不同見解，以及唯識宗「轉識、成智」所面臨的問題，在理論上，很自然地必趨向如來藏真心系統，因為順著「萬法唯識」、「三界唯心」的思想發展，唯有肯定眾生本具如來藏自性清淨心，眾生之成佛才有必然性，也唯有如此才可說一切眾生皆可成佛。

2. 在第三章中主要是就《大乘起信論》本身之義理，探討其所構成之如來藏緣起思想，第一節主要在說明《大乘起信論》如何說明一切法之生滅變化，而第二節則側重於如何由生死流轉還滅為涅槃佛境。

3. 第四章則是對《大乘起信論》所蘊含之如來藏緣起系統作一檢討，以確定此一思想系統是否符合佛教之教義，且此一緣起系統在整個佛教教義的發展過程，究竟佔有什麼樣的地位與意義。

目
次

第一章　緒　論

　　本論文之目的，主要在於探討《大乘起信論》所蘊涵之如來藏緣起思想，並藉此以了解如來藏緣起系統如何闡明一切法存在的根源問題。

　　一般談到佛教的緣起思想，可大致分為「業感緣起」、「阿賴耶緣起」、「如來藏緣起」、「法界緣起」以及「六大緣起」；而之所以有這許多差別的緣起系統，主要的原因，在於不同的學派對於宇宙萬法的生滅情形，有其不同的理論觀點，所以形成不同的思想體系。《大乘起信論》向來被視為說如來藏緣起的代表論典，因為它標舉「眾生心」為一切世間出世間法的依止；亦即肯定眾生本具如來藏自性清淨心，並以之說明一切法存在的根源問題。因此，本論文之探討方向，主要是透過《大乘起信論》之研究，希冀對如來藏緣起思想有一整體的概念與把握。

　　關於一切眾生皆有如來藏佛性，皆可成佛之肯定，實是根源於南北朝時，《大般涅槃經》以及印度後期諸真常大乘經典之傳入，《大般涅槃經》明言：

　　　我者即是如來藏義，一切眾生悉有佛性，即是我義。〔註1〕

由此如來藏佛性之肯認，大乘佛法方有一佛乘究竟之說。而《大乘起信論》即是宗此諸大乘經論所造成，目的即在顯示大乘法門，使眾生起正確信仰，並由此悟入一佛乘之境。所以《大乘起信論》有云：「為欲令眾生，除疑捨邪執，起大乘正信，佛種不斷故。」〔註2〕因此，我們在探討《大乘起信論》之

〔註1〕 北涼·曇無讖譯，《大般涅槃經》卷七，〈如來性品〉第四之四，《大正藏》十二，頁407中。台北：中華佛教文化館影印，民國45年。

〔註2〕 馬鳴菩薩造，梁·真諦譯，《大乘起信論》，《大正藏》卅二，頁575中。台北：

如來藏緣起思想之前，必需對其思想淵源及理論背景做一交代，此即是本論文第二章所探討之問題。在第一節中，先就「真常唯心論」〔註3〕之諸經論所蘊含之如來藏思想，說明起信論如來藏緣起之思想淵源與發展過程。第二節則是就南背朝時，地論師、攝論師之不同見解，以及唯識宗「轉識成智」的問題，逼顯出起信論如來藏緣起思想必然要出現之理論背景。

　　瞭解《大乘起信論》如來藏緣起之思想淵源及理論背景後，我們即正式進入《大乘起信論》之內容以探討《大乘起信論》如何構成如來藏緣起系統，亦即探討《大乘起信論》如何對一切法作根源的說明。故于第三章中，我們主要是依據《大乘起信論》之「立義分」與「解釋分」〔註4〕來探討一切法之生死流轉與涅槃還滅。我們可從兩方面加以探討：先從「心真如門」與「心生滅門」來探討一切法之存在情形，其次則是由「真妄相薰」來探討一切法的生死流轉與涅槃還滅。

　　由第三章之說明，我們對《大乘起信論》之如來藏緣起系統可以有一整體的概念。然此緣起系統是否完備？是否符合佛說「緣起性空」之原則？又此如來藏緣起系統對於一切法之說明是否圓滿究極？針對這些問題，我們需對《大乘起信論》之如來藏緣起系統作一檢討。所以在第四章中，我們分兩方面加以檢討：第一節主要是就《大乘起信論》所說之真如義作檢討，而第二節則是就《大乘起信論》所構成之如來藏緣起系統作整體的檢討。順以上章節所論述，最後收攝為第五章之結論。

　　以上所述即是本論文進行的方式與次第。依此，我們即正式進入本論文所探討之問題與範圍。

中華佛教文化館影印，民國46年。

〔註3〕印順法師在其《印度之佛教》一書中，依大乘學派義理之差別，分判為三系，即是「性空唯名論」、「虛妄唯識論」以及「真常唯心論」。參看《印度之佛教》，印順自刊本，合江法王學院，民國31年。

〔註4〕《大乘起信論》整個思想體系是由五個部分組織而成，即：因緣分、立義分、解釋分、修行信心分與勸修利益分。其中以「立義分」與「解釋分」為《大乘起信論》之義理核心，所以我們即依此二分之內容來探討《大乘起信論》所蘊涵之如來藏緣起思想。

第二章　如來藏緣起思想形成之淵源及其發展過程

　　華嚴宗賢首法藏在《大乘起信論義記》中將《大乘起信論》判屬為「如來藏緣起宗」，其文云：

> 第二隨教辨宗者，現今東流一切經論，通大小乘，宗途有四。一隨相法執宗，即小乘諸部是也，二真空無相宗，即般若等經、中觀等論所說是也。三唯識法相宗，即解深密等經、瑜伽等論所說是也。四如來藏緣起宗，即楞伽、密嚴等經、起信、寶性等論所說是也。〔註1〕

並且認為如來藏緣起宗乃是「理事融通無礙說」，〔註2〕因為此宗「許如來藏隨緣成阿賴耶識，此則理徹於事也。亦許依他緣起無性同如，此則事徹於理也。」〔註3〕

　　由賢首法藏之分判，我們知道《大乘起信論》可說是如來藏緣起思想之代表論典，此論傳為馬鳴菩薩造，梁真諦譯。然此論之真偽，向來是研究佛學者諍議之論題，〔註4〕以其屬於《大乘起信論》之外延問題，〔註5〕在此不

〔註1〕　唐、法藏撰，《大乘起信論義記》。卷上，《大正藏》四十四，頁243 中。台北：中華佛教文化館影印。民國46 年。

〔註2〕　同上書。

〔註3〕　同上書。

〔註4〕　關於《大乘起信論》之真偽問題，可參看《大乘起信論真偽辯》。此書原由建康書局印行，現已編入大乘文化出版社的《現代佛教學術叢刊》35，書名為《大乘起信論與楞嚴經考辨》。亦可參考張心澂著，《偽書通考》，頁 1090～1100，以及頁 1140～1142。台北：明倫出版社，民國60 年。

〔註5〕　參看〈大乘起信論的外延問題〉一文，藍吉富先生（筆名四依）撰，刊載於

擬深入探討。本論文所側重的乃是從義理方面探討《大乘起信論》所蘊涵的如來藏緣起思想。《大乘起信論》之如來藏緣起思想可以說是相應於「眾生成佛的根據」以及「一切法存在的根源問題」而產生。在《大乘起信論》之前，已有許多大乘經論探討這些問題；如所謂的「虛妄唯識論」〔註6〕與「真常唯心論」〔註7〕的諸經論，對這些問題皆有詳細的說明。所以在探討《大乘起信論》之如來藏緣起思想的過程中，我們首先要追溯有關如來藏緣起思想的歷史淵源及此思想必然要出現的理論背景。以下就讓我們先瞭解一下有關如來藏緣起思想產生的歷史淵源，然後再探討此思想必然要出現的理由何在。

第一節　如來藏緣起思想形成之歷史淵源

　　《大乘起信論》開宗明義即標舉眾生心為大乘法體，亦即主張人人本具如來藏自性清淨心，不待外求；我們只要自信己心本來清淨，與佛無別，並如實修行，當下即能由生死此岸渡至涅槃彼岸。此種思想追根究底實是順承「真常唯心論」諸經論的思想而來，並更具體地提出一超越的真心作為眾生成佛的超越根據以及一切法的存在根據。以下，讓我們先順著真常唯心諸經論來探討眾生可能成佛的超越根據。

一、如來藏自性清淨心之肯定

　　綜觀有關如來藏思想的諸經論中，最早提出「如來藏」一詞者，可說是《大方等如來藏經》。經云：

> 如是善男子，我以佛眼觀一切眾生貪欲恚癡諸煩惱中，有如來智如來眼如來身，結加趺坐儼然不動；善男子，一切眾生，雖在諸趣煩惱身中，有如來藏常無染污德相備足，如我無異。又善男子，譬如天眼之人觀未敷花，見諸花內有如來身結加趺坐，除去萎花便得顯現。如是善男子，佛見眾生如來藏已，欲令開敷為說經法，除滅煩惱顯現佛性。善男子，諸佛法爾，若佛出世若不出世，一切眾生如來之藏常住不變。但彼眾生煩惱覆故，如來出世廣為說法，除滅塵

《覺世》，雜誌版第一期，高雄：佛光山。

〔註6〕參看緒論附註3。

〔註7〕同上。

　　勞淨一切智。善男子，若有菩薩信樂此法，專心修學便得解脫，成

等正覺，普爲世間施作佛事。〔註8〕

　　由此段經文，我們可以得知佛說《大方等如來藏經》之根本意趣，在於明示一切眾生本具如來藏，「常無染污，德相備足，與佛無異」。而且不論佛出世或不出世，眾生之如來藏性是常恒不變的，此即明白肯定眾生所具備之如來藏的超越性、永恒性。《大方等如來藏經》以九種譬喻善巧方便地說明一切眾生悉有如來之藏，只是爲客塵煩惱〔註9〕所隱覆而不得顯現；若能去除這些煩惱染污，如來藏清淨佛性自能顯現。這種肯定「一切眾生皆有如來藏」的思想，對於眾生的修習佛法，了脫生死是非常重要的，因爲肯定一切眾生本具如來藏佛性，即是肯定一切眾生的修習佛法，證得佛果有必然性。所以我們可以說《大方等如來藏》經揭示「一切眾生皆有如來藏佛性」的思想，是有關如來藏思想並具體地表現出來的最早經典。田養民先生在其《大乘起信論如來藏緣起之研究》一文中曾提到：「……《大方等如來藏經》思想是如來藏緣起系統經典中最古的產物，將此種單純的如來藏思想予以繼承、發展，並且提高到教理的組織，是留給繼之而來的《不增不減經》、《勝鬘經》、《無上依經》以及《楞伽》……等諸大乘經典的問題。」〔註10〕

　　很顯然地，《大方等如來藏經》之肯定一切眾生皆有如來藏佛性，即是以如來藏爲眾生成佛之超越根據；因爲此如來藏是眾生本具，非由後天修學始得。此種思想在《央掘魔羅經》中更具體地表現出來。《央掘魔羅經》有云：

　　爾時文殊師利語央掘魔羅言，如來藏者有何義？若一切眾生悉有如

來藏者，一切眾生皆當作佛，一切眾生皆當殺盜邪淫妄語飲酒等不

善業跡，何以故？一切眾生悉有佛性，當一時得度。〔註11〕

〔註8〕　東晉、佛陀跋陀羅譯，《大方等如來藏經》，《大正藏》一六，頁457中、下。台北：中華佛教文化館影印，民國45年。

〔註9〕　所以稱煩惱爲「客塵」，因爲煩惱非清淨自性所固有，只是迷於如理，故稱爲客；且此煩惱染污淨心，有如塵垢，故稱爲塵。依據《維摩詰經‧問疾品》有云：「菩薩斷除客塵煩惱」，鳩摩羅什解釋爲：「心性本淨，無有塵垢；塵垢事會而生，於心爲客塵也」；而僧肇則解釋爲：「心遇外緣，煩惱恒起，故名爲客塵」。所以相對於眾生之清淨自性，一切的煩惱都稱爲客塵煩惱。

〔註10〕田養民著，楊白衣譯，《大乘信論論如來藏緣起之研究》，頁125。台北：地平線出版社印行，民國67年中文初版。

〔註11〕宋、求那跋陀羅譯，《央掘摩羅經》，卷第四，《大正藏》二，頁539上。台北：

此很明白地指出佛之所以說一切眾生悉有如來藏、悉有佛性，其根本意趣在於告示眾生：一切眾生皆當作佛。也就是指出眾生所以能度脫生死、成就佛果的關鍵在於眾生本具如來藏佛性。只要體悟本性清淨，當下即能證得佛道。故《央掘魔羅經》更之：

> 復次，文殊師利，如知山有金故鑿山求金而不鑿樹，以無金故。如是文殊師利，眾生知有如來藏故，精勤持戒，淨修梵行，言我必當得成佛道。〔註12〕

因此，我們知道「佛性」或「如來藏」觀念之提出，主要在於說明「成佛所以可能之問題」。而不論說「如來藏」或者「佛性」，均是就佛果而追溯眾生成佛之因，亦即從眾生位點出清淨的因性，這也就是大乘佛法的菩薩道。《央掘魔羅經》曾謂：

> 我說道者說何等道？道有二種，謂聲聞道及菩薩道。彼聲聞道者，謂八聖道。菩薩道者，謂一切眾生皆有如來藏。〔註13〕

此乃因大乘菩薩之悲願宏大，不僅自度，且要度他；必以一切眾生得度為究竟，若有一眾生不能得度，則不入涅槃。故諸佛菩薩以其慈悲心懷，開示一切眾生本性清淨與佛無二，只是無始以來為客塵煩惱所隱覆，如來之藏為無明妄染所纏縛，遂流轉生死苦海，無有終日。此即是《佛性論》中所謂的隱覆為藏，《佛性論》云：

> 如來性住道前時，為煩惱隱覆，眾生不見故名為藏。〔註14〕

依此如來藏之隱覆義遂演變出「如來藏自性清淨心為主，虛妄熏習是客」的思想型態。《大般涅槃經》、《勝鬘經》、《楞伽經》以及《究竟一乘寶性論》之說如來藏佛性皆順此型態而言。例如《大般涅槃經》卷七〈如來性品〉第四之四有云：

> 佛言：善男子！我者即是如來藏義。一切眾生悉有佛性，即是我義。

中華佛教文化館影印，民國 44 年。
〔註12〕同上書，頁 540 上。
〔註13〕同上書，頁 539 下。
〔註14〕天親菩薩造，真諦譯，《佛性論》。《大正藏》卅一，頁 796 上。台北：中華佛教文化館影印，民國 46 年。

如是我義，從本以來，常爲無量煩惱所覆，是故眾生不能得見。善
男子！如貧女人，舍內多有眞金之藏。家人大小無有知者。時有異
人，善知方便，語貧女人：我今雇汝，汝可爲我耘除草穢。女即答
言：我不能也。汝若能示我子金藏，然後乃當速爲汝作。是人復言：
我知方便，能示汝子。女人答言：我家大小尚自不知，況汝能知？
是人復言：我今審能。女人答言：我亦欲見，並可示我。是人即于
其家掘出眞金之藏。女人見已，心生歡喜，生奇特想，宗仰是人。

善男子！眾生佛性亦復如是，一切眾生不能得見，如彼寶藏，貧女
不知。善男子！我今普示一切眾生，所有佛性爲諸煩惱之所覆蔽，
如彼貧女人有眞金藏，不能得見。如來今日普示眾生諸覺寶藏，所
謂佛性；而諸眾生見是事已，心生歡喜，歸仰如來。善方便者即是
如來，貧女人者即是一切無量眾生，眞金藏者即是佛性也。〔註15〕

以眞金藏等譬喻來說明眾生皆有佛性，即表明眾生皆爲一潛在的佛。就其無
始以來即爲無量煩惱所隱蔽而不得彰顯本具之佛性而言，則名之爲「如來
藏」；依此義以言如來藏之「藏」，則爲「潛藏」之義，好比眞金藏於草穢之
中，隱而不顯。

又《楞伽經》卷二〈一切佛語心品〉之二有云：

世尊修多羅說如來藏自性清淨，轉三十二相入于一切眾生心中，如
大價寶、垢衣所纏，如來之藏常住不變，亦復如是，而陰界入垢衣
所纏，貪欲恚癡不實妄想塵勞所污，一切諸佛之所演說。〔註16〕

《勝鬘經》亦謂：

世尊，過於恒沙不離不脫不思議佛法成就，說如來法身。世尊！如
是如來法身，不離煩惱藏，名如來藏。〔註17〕

而《寶性論》更依《如來藏經》及《勝鬘經》廣說如來藏爲煩惱纏縛之義，

〔註15〕 北涼曇無讖譯，《大般涅槃經》，卷七，〈如來性品〉第四之四，《大正藏》十
　　　　二，頁407中。台北：中華佛教文化館影印，民國45年。
〔註16〕 宋、求那跋陀羅譯，《楞伽阿跋多羅寶經》，卷第二，〈一切佛語心品〉之二，
　　　　《大正藏》十六，頁489上、中。台北：中華佛教文化館影印，民國45年。
〔註17〕 宋、求那跋陀羅譯，《勝鬘師子吼一乘大方便方廣經》，〈法身章〉第八，《大
　　　　正藏》十二，頁212下。台北：中華佛教文化館影印，民國45年。

論云：

> 又復略說此如來藏。修多羅中明一切眾生界，從無始世界來客塵煩
> 惱染心。從無始世界來淨妙法身如來藏不相捨離，是故經言，依自
> 虛妄染心眾生染、依自性清淨心眾生淨。〔註18〕

以上所引經論，均明示如來藏自性清淨心才是眾生本來具備者；一切煩惱所
纏不清淨法是外來的不相應法，故說為客塵。此種思想在《不增不減經》中
有更詳細而具體的說明，經云：

> 舍利弗當知，如來藏本際相應及清淨法者，此法如實，不虛妄不離
> 不脫，智慧清淨真如法界不思議法。無始本際來，有此清淨相應法
> 體。舍利弗，我依此清淨真如法界，為眾生故說為不可思議法自性
> 清淨心。

又云：

> 舍利弗當知，如來藏本際不相應體，及煩惱纏不清淨法者，此本際
> 來離脫不相應煩惱所纏不清淨法，唯有如來菩提智之所能斷，舍利
> 弗，我依此煩惱所纏不相應不思議法界，為眾生故說為客塵煩惱所
> 染，自性清淨心不可思議法。〔註19〕

換言之，眾生本具之自性清淨心是無始以來與真如法界相應的，所以眾生能
依此清淨法體證入如來法身不可思議境界，故《不增不減經》云：

> 眾生界者即是如來藏，如來藏者即是法身。〔註20〕

　　此種思想發展至《大乘起信論》，則更將如來藏佛性提煉成不生不滅、常住
不變之「眾生心」（即心真如、真如心）。依《大乘起信論》所言，此眾生心乃
是「一切凡夫、聲聞、緣覺、菩薩、諸佛無有增減，非前際生、非後際滅，畢
竟常恆；從本已來，自性滿足一切功德，所謂自體有大智慧光明義故、徧照法
界義故、真實識知義故、自性清淨心義故、常樂我淨義故、清涼不變自在義故，
具足如是過於恒沙，不離不斷不異不思議佛法，乃至滿足，無有所少義故，名

〔註18〕後魏、勒那摩提譯，《究竟一乘寶性論》，卷第四，〈無量煩惱所纏品〉第六，
　　　　《大正藏》卅一，頁837中。台北：中華佛教文化館影印，民國46年。
〔註19〕元魏、菩提流支譯，《佛說不增不減經》，《大正藏》十六，頁467中、下。
〔註20〕同上書，頁467上。

為如來藏，亦名如來法身。」〔註21〕因此，《大乘起信論》強調此不生不滅之眾生心，具有「體、相、用」三大義，所謂「體大」，指「一切法真如平等不增減」〔註22〕，「相大」則指「如來藏具足無量稱性功德」〔註23〕，至於「用大」則指此真心「能生一切世間出世間善因果」〔註24〕所以此超越的眾生心是「一乘究竟」〔註25〕法門的根據，因為一切諸佛皆依此眾生心，方能由生死此岸度至涅槃彼岸，故論云：「一切諸佛本所乘故」，而一切菩薩也要依此眾生心才能修行悟入如來地。此即明顯地表示：「眾生心」是一凡聖互通之心，是眾生所以能成佛之超越的根據，因為它是眾生先天本具的，而非從後天經驗中獲得。此眾生心，本來清淨，然因無始無明之障蔽，故起惑造業而流轉生死苦道；不過雖流轉生死苦道，而其本性畢竟清淨無染，故最終仍得以化染還淨，證悟寂滅涅槃。故《大乘起信論》云：「是心從本已來自性清淨，而有無明，為無明所染有其染心，雖有染心；而常恒不變。」〔註26〕此種思想顯然是受《勝鬘經》之「不染而染」所影響。《勝鬘經》云：「有二法難可了知！謂自性清淨心難可了知，彼心為煩惱所染亦難了知。」依《大乘起信論》所謂染心乃是由無明不覺而起現，並非真心真的轉為染污，故心真如仍然是染而不染。

所以順著以上所謂的「如來藏自性清淨心為主，虛妄熏習是客」的系統，我們可以看出如來藏思想的主要意趣，在於肯定現實雜染的眾生皆本具如來藏自性清淨心。這種強調心性本淨的思想，在部派佛教中的大眾部分別說系已經出現。《成唯識論》卷二有云：

> 分別論者雖作是說：心性本淨，客塵煩惱所染故，名為雜染，離煩惱時，轉成無漏，故無漏法非無因生。〔註27〕

此即明顯表示分別論者視眾生心性本來清淨，是無漏法之因；而雜染煩惱無

〔註21〕 馬鳴菩薩造，梁、真諦譯，《大乘起信論》，《大正藏》卅二，頁579上。台北：中華佛教文化館影印，民國46年。
〔註22〕 同上書，頁575下。
〔註23〕 同上書。
〔註24〕 同上書。
〔註25〕 「一乘」指唯一佛乘，此指一切眾生悉有佛性，平等無別，故皆得由佛性而成佛。如天台、華嚴等宗皆主張此種一乘究竟之說。
〔註26〕 《大乘起信論》，《大正藏》卅二，頁577下。
〔註27〕 參考印順著，《唯識學探源》，頁198。原文出自護法等菩薩造，唐玄奘譯，《成唯識論》卷第二，《大正藏》卅一，頁8下。台北：中華佛教文化館影印，民國46年。

有實性，只是客塵。無論是大眾分別論的心性本淨，或眞常大乘的如來藏思想，皆強調此清淨自性本身有一淨化自己的力量，如《大乘起信論》所強調的眞如熏習，即表示：

> （眞如）自體相熏習者，從無始世來，具無漏法，備有不思議業，作境界之性。依此二義，恒常熏習。以有力故，能令眾生厭生死苦、樂求涅槃。自信己身有眞如法，發心修行。〔註28〕

如來藏自性清淨心既是眾生所本具，同時有積極淨化自身的力量，故眾生的成佛有必然性。所以《大乘起信論》順著如來藏思想的發展必然要肯定一超越的眞心，作爲眾生成佛之超越根據，使一切眾生皆得以證悟佛果，趣入寂滅涅槃之境。

二、如來藏自性清淨心爲生死流轉與涅槃還滅之依止

以上我們就成佛如何可能的問題，探討了《大乘起信論》肯定一超越眞心爲成佛根據的思想淵源，以下我們想就一切法之存在根源，探究《大乘起信論》如來藏緣起思想形成之歷史淵源。

談到一切法之存在根源的問題，首先我們需要說明所謂「一切法」，依照《大智度論》所說乃是包括「善法不善法，記法無記法，世間法出世間法，有漏法無漏法，有爲法無爲法，共法不共法。」〔註29〕而《楞伽經》中佛亦曾開示大慧菩薩：「一切法者，謂善不善，無記，有爲無爲，世間出世間，有罪無罪，有漏無漏，受不受。」〔註30〕因此我們可以說一切法實即包含了生死流轉的有漏法，以及涅槃還滅的無漏法。所以探討一切法之存在根源的問題，實即是探討生死流轉與涅槃還滅的依止問題。這也就是《楞伽經》中大慧菩薩曾問佛有關生滅法的一個問題，經云：

> 爾時大慧菩薩復言，世尊！惟願世尊，更爲我說陰界入生滅。彼無有我，誰生誰滅？愚夫者依於生滅，不覺苦盡，不識涅槃。〔註31〕

〔註28〕 參考《大正藏》卅二，頁 578 中。
〔註29〕 《大智度論》卷四十四，《大正藏》廿五，頁 381 上。
〔註30〕 《楞伽阿跋多羅寶經》卷第四，〈一切佛語心品〉之四。《大正藏》十六，頁 512 中。
〔註31〕 同上書，頁 510 上、中。

關於生滅法之依止問題，依照《勝鬘經》的說法，乃是以常住不變的如來藏，爲生死流轉與涅槃還滅之依止。《勝鬘經》云：

> 世尊！生死者，依如來藏；以如來藏故，說本際不可知。世尊！有如來藏故說生死，是名善說。世尊！生死生死者，諸受根沒，次第不受根起，是名生死。世尊！生死者，此二法是如來藏。世間言說故有死有生：死者諸根壞，生者新諸根起。非如來藏有生有死，如來藏離有爲相，如來藏常住不變。是故如來藏是依、是持、是建立。世尊！不離不斷不脫不異不思議佛法。世尊，斷脫異外有爲法依持建立者，是如來藏。世尊！若無如來藏者，不得厭苦、樂求涅槃。何以故？於此六識及心法智，此心法刹那不住，不種眾苦，不復厭苦樂求涅槃。世尊！如來藏者，無前際，不起不滅法，種諸苦，得厭苦樂、求涅槃。〔註32〕

而傳爲堅慧所造之《究竟一乘寶性論》即依據《勝鬘經》之說法，來說明《阿毘達摩大乘經》之偈，此偈乃是《攝大乘論》引用來證成阿賴耶識是一切法之依止者。而《寶性論》則順著《勝鬘經》之如來藏思想，以如來藏作爲一切法之依止。《究竟一乘寶性論》云：

> 經中偈言：
>
> 無始世來性　作諸法依止
>
> 依性有諸道　及證涅槃果
>
> 此偈明何義？
>
> 無始世界性者，如經說言諸佛如來依如來藏說諸眾生無始本際不可得知故。所言性者，如聖者《勝鬘經》言，世尊，如來說如來藏者是法界藏、出世間法身藏、出世間上上藏、自性清淨法身藏、自性清淨如來藏故。
>
> 作諸法依止者，如聖者《勝鬘經》言，世尊，是故如來藏是依是持是建立。世尊，不離不離智不斷不脫，不異無爲，不思議佛法，世尊亦有斷脫異外離智有爲法，亦依亦持亦住持亦建立，依如來藏故。

〔註32〕 《勝鬘師子吼一乘大方便方廣經》，〈自性清淨章〉第十三。《大正藏》十二，頁 222 中。

> 依性有諸道者，如聖者《勝鬘經》言。世尊，生死者依如來藏，世
> 尊，有如來藏故，說生死是名善說故。
>
> 及證涅槃果者，依如來藏故證涅槃，世尊，若無如來藏者，不得厭
> 苦、樂求涅槃，不欲涅槃不願涅槃故。〔註33〕

由以上所引之論文，我們可以看出《究竟一乘寶性論》說明一切法之依止問題，完全是依循《勝鬘經》之思想，以如來藏作爲生死流轉法以及涅槃還滅法之依止。

至《楞伽經》則進一步以「如來藏藏識」作爲一切法之依止。楞伽經之所以提出藏識（即阿賴耶識）乃是要對雜染有漏法有所安立。因爲在《勝鬘經》中，對於「如來藏自性本來清淨，何以又爲客塵煩惱所染污」的問題未作詳細的說明，只是表示「自性清淨心而有染者，難可了知」；〔註34〕同時《楞伽經》「如來藏藏識」並提之思想，對於《大乘起信論》眞妄和合的心識說（即依不生不滅的如來藏與生滅心和合而成阿黎耶識）有深大的影響，所以在此有必要徵引《楞伽經》之說「如來藏藏識」以作爲我們探討《大乘起信論》之眞妄和合識的依憑。此引述乃依據宋、求那跋陀羅之譯本，《楞伽經》卷四有云：

> 佛告大慧，如來之藏是善不善因，能遍興造一切趣生。譬如伎兒，
> 變現諸趣，離我我所。不覺彼故，三緣和合，方便而生。外道不覺，
> 計著「作者」。
>
> 爲無始虛僞惡習所熏，名爲藏識。生無明住地，與七識俱。如海浪
> 身，常生不斷。離無常過，離于我論；自性無垢，畢竟清淨。
>
> 其餘諸識有生有滅。意、意識等，念念有七。因不實妄想，取諸境界，
> 種種形處；計著名相，不覺自心所現色相；不覺苦樂，不至解脫。名
> 相諸纏，貪生生貪。若因、若攀緣，彼諸受根滅，次第不生餘自心妄
> 想，不知苦樂，入滅受想正受，第四禪，善眞諦解脫，修行者作解脫
> 想。不離不轉名如來藏藏識，七識流轉不滅。所以者何？彼因攀緣，
> 諸識生故。非聲聞緣覺修行境界。不覺無我，自共相攝受，生陰界入。

〔註33〕《究竟一乘寶性論》卷第四，〈無量煩惱所纏品〉第六。《大正藏》卅一，頁
839上、中。

〔註34〕《勝鬘師子吼一乘大方便方廣經》，〈自性清淨章〉第十三，《大正藏》十二，
頁 222 中。

見如來藏、五法、自性，人法無我，則滅。地次第相續轉進，餘外道見，不能傾動。是名住菩薩不動地。得十三昧道門樂：三昧覺所持，觀察不思議佛法、自願；不受三昧門樂及實際，向自覺聖趣；不共一切聲聞緣覺及諸外道所修行道，得十賢聖種性道及身智意生，離三昧行。是故大慧！菩薩摩訶薩欲求勝進者，當淨如來藏及識藏名。大慧！若無識藏名如來藏者，則無生滅。大慧！然諸凡聖悉有生滅。修行者自覺聖趣，現法樂住，不捨方便。大慧！此如來藏識藏，一切聲聞緣覺心想所見，雖自性清淨，客塵所覆故，猶見不淨，非諸如來。大慧！如來者，現前境界，猶如掌中視阿摩勒果。

大慧！我于此義，以神力建立，令勝鬘夫人及利智滿足諸菩薩等，宣揚演說如來藏及識藏名，七識俱生，聲聞計著見人法無我。故勝鬘夫人承佛威神，說如來境界，非聲聞緣覺及外道境界。如來藏識藏，唯佛及餘利智依義菩薩智慧境界。是故汝及餘菩薩摩訶薩，於如來藏識藏，當勤修學，莫但聞覺作知足想。

爾時世尊欲重宣此義，而說偈言：
甚深如來藏，而與七識俱，二種攝受生，智者則遠離。
如鏡像現心，無始習所熏，如實觀察者，諸事悉無事。
如愚見指月，觀指不觀月，計著名字者，不見我真實。
心為工伎兒，意如和伎者，五識為伴侶，妄想觀伎眾。〔註35〕

此種思想在《大乘密嚴經》中亦一再強調，在〈阿賴耶即密嚴品第八〉中有云：

所有雜染法，及與清淨法，恒於生死中，皆因賴耶轉。
此因勝無比，證實者宣示，非與於能作，自在等相似。
世尊說此識，為除諸習氣，了達於清淨，賴耶不可得。
賴耶若可得，清淨非是常，如來清淨藏，亦名無垢智。
常住無終始，離四句言說，佛說如來藏，以為阿賴耶。
惡慧不能知，藏即賴耶識，如來清淨藏，世間阿賴耶。
如金與指環，展轉無差別，……

〔註35〕《楞伽阿跋多羅寶經卷》第四，〈一切佛語心品〉之四。《大正藏》十六，頁510中、下。

－13－

> 賴耶即密嚴，妙體本清淨，無心亦無覺，光潔如真金。
>
> 不可得分別，性與分別離，體實是圓成，瑜伽者當見。
>
> 意識緣於境，但縛於凡天，聖見悉清淨，猶如阿燄等。〔註36〕

以上由《勝鬘經》之肯定如來藏自性清淨心過渡至《楞伽》、《密嚴》等經之說如來藏與藏識或阿賴耶識，主要在於說明生死流轉之依止。印順法師在《以佛法研究佛法》中曾明白表示此種思想的發展：

> 如說到如來藏為生死依，則如來藏便與阿賴耶發生了關係，因為說明生死間的一切，要從阿賴耶說起。這在《勝鬘經》中，雖還未明顯地表露出來，但到了《楞伽》、《密嚴》、《起信論》等經論中，如來藏與阿賴耶識的連繫，確已明顯地說出了。〔註37〕

順著此種思想，《大乘起信論》不但以眾生心（即如來藏自性清淨心）統攝一切世間出世間法，更將不生不滅的如來藏自性清淨心與生滅心的和合稱為阿黎耶識，並由此阿黎耶識說明一切法之生死流轉與涅槃還滅。如《大乘起信論》所云：「心生滅者，依如來藏故有生滅心，所謂不生不滅與生滅和合，非一非異，各為阿黎耶識。此識有二種義，能攝一切法，生一切法。云何為二？一者覺義，二者不覺義。」〔註38〕

因為阿黎耶識具有覺與不覺之雙重性，所以順著阿黎耶識之不覺性，則變現一切虛妄境界而成生滅流轉，此即「心生滅門」；若順著阿黎耶識之覺性，則對翻雜染而生起一切無漏功德法，證入涅槃寂滅，此即是「心真如門」。所以順著《勝鬘經》、《楞伽經》以及《密嚴經》之說明一切法之生死流轉與涅槃還滅，至《大乘起信論》則自然形成了「一心開二門」的如來藏緣起思想。

第二節　如來藏緣起思想形成之理論背景

以上，我們已就真常唯心系之諸經論，說明《大乘起信論》之如來藏緣起思想的歷史淵源，而此種以《大乘起信論》為代表，主張「真心為主、虛妄熏習是客」的緣起系統，實亦有其必然要產生的理論背景。談到其理論背

〔註36〕唐、不空譯，《大乘密嚴經》，卷下，〈阿賴耶即密嚴品〉第八，《大正藏》十六，頁776上、中。台北：中華佛教文化館影印，民國45年。

〔註37〕印順著，《以佛法研究佛法》，頁352，台北：慧日講堂，民國61年重版。

〔註38〕《大乘起信論》，《大正藏》卅二，頁576中。

景，則必須依佛教內部教義之發展過程加以探討，我們試圖就兩方面來探討：一是順著南北朝以降，地論師與攝論師對於阿黎耶識之不同見解，來說明《大乘起信論》所以形成「眞妄和合識」的理論背景；其次則是順著唯識宗阿賴耶緣起系統中「無漏種」的問題，以彰顯《大乘起信論》肯定唯一眞心（如來藏自性清淨心）爲成佛的超越根據之必要性。以下我們即先從地論、攝論二師之爭來探討如來藏緣起思想之理論背景。

一、由地論師與攝論師之爭說明《大乘起信論》如來藏緣起思想之理論背景

《大乘起信論》之義理根據乃是以「眾生心」爲大乘法之法體，故《大乘起信論》開宗明義即謂：

> 所言法者，謂眾生心，是心則攝一切世間出世間法。〔註39〕

而此眾生心，實即是具有體、相、用三大義之如來藏自性清淨心，如論所云：

> 所言義者，則有三種。云何爲三？一者體大，謂一切法眞如平等不增減故；二者相大，謂如來藏具足無量性功德故；三者用大，能生一切世間出世間善因果故。〔註40〕

至於一切法之生死流轉與涅槃還滅，依《大乘起信論》則是由「一心開二門」的理論來建立；亦即是從「心生滅門」說明一切法之生死流轉，依「心眞如門」說明一切法之涅槃還滅。不過雖由一心開出二門，其實此二門是不相捨離的，因爲一切法皆由一心統攝，皆依止於如來藏自性清淨心之故；心生滅與心眞如只是一心之兩種趣向，而非實有二心。所以《大乘起信論》在說到一切染法之生因——阿黎耶識時，即強調此阿黎耶識是不生不滅（如來藏自性清淨心）與生滅（無明）的和合，是眞妄依持，非一非異的；並由此眞妄和合的心識開發出一切法之生死流轉與涅槃還滅。綜觀《大乘起信論》之思想，自是以「如來藏自性清淨心爲主，虛妄熏習爲客」的體系；而此種思想，與早期將唯識思想傳入中國之地論師與攝論師之思想，有著密切的關係，也有其進一步發展之處。因此，本文嘗試由地論師與攝論師對於阿黎耶識的不

〔註39〕同上書，頁 575 下。
〔註40〕同上書。

同解釋，來凸顯出《大乘起信論》所以主張「眞妄和合識」之理論背景。

印度唯識思想大約在南北朝時開始傳入中國，而在先後傳譯的過程中，由於對一切流轉還滅法的依止，有不同之解說，遂有地論師與攝論師之爭。

地論即《十地經論》，是天親菩薩依《華嚴經‧十地品》所作之論述，屬早年之作品，非特定講華嚴宗思想，亦尙未蘊含成熟而有系統之阿賴耶唯識思想。後魏時，菩提流支與勒那摩提等法師，將《十地經論》傳譯入中土，同時也引入了一些唯識思想，故稱其爲地論師。由於對阿賴耶識之染淨有不同之解說，遂有相州南、北道之分。天台宗智顗于《法華玄義》卷九上有云：「如地論有南北二道」，而荊溪湛然于《法華玄義釋籤》卷十八有云：

> 陳梁以前，弘地論師者，二處不同，相州北道，計阿賴耶以爲依持，
> 相州南道，計於眞如以爲依持，此二論師俱稟天親，而所計各異，
> 同於水火。〔註41〕

詳細言之，相州南道派以勒那摩提爲主，慧光繼之，主張第七阿黎耶識爲自性清淨心，全屬於眞，並以此眞如法性爲一切法之依止，故稱其爲「計於眞如以爲依持」。而相州北道派則以菩提流支爲主，道寵繼之，認爲自性清淨心不守自性則顯爲虛妄迷染之阿黎耶識，菩提流支與隋淨影寺慧遠法師，在說明阿黎耶識時，皆主張阿黎耶識具有眞妄二義；如慧遠在《大乘義章》論「八識義十門分別」中曾云：

> 阿黎耶識，此方正翻名爲無沒，雖在生死，不失沒故，隨義傍翻，
> 名別有八：一名藏識，如來之藏爲此識故，是以經〔註42〕言，如來
> 之藏名爲藏識；以此識中涵含法界恒沙佛法故名爲藏，〔註43〕又爲
> 空義所覆藏故，亦名爲藏；二名聖識，出生大聖之所用故；三名第
> 一義識，以殊勝故，故《楞伽經》說之以爲第一義心；四名淨識，
> 亦名無垢識，體不染故，故經〔註44〕說爲自性清淨心；五名眞識，
> 體非妄故；六名眞如識，論〔註45〕自釋言，心之體無所破故，名之
> 爲眞，無所立故，說以爲如；七名家識，亦名宅識，是虛妄法所依

〔註41〕《大正藏》三十三，頁942下。
〔註42〕指《楞伽經》卷四所言。
〔註43〕此說法出自《勝鬘經》。
〔註44〕此經乃是指《勝鬘經》。
〔註45〕指《大乘起信論》。

　　故：八名本識，與虛妄心爲根本故。〔註46〕

由此阿黎耶識之八名，可以看出慧遠所說之阿黎耶識實具眞妄二義而偏於
眞；所以他在說明十二因緣義時亦強調：

　　十二因緣所起，眞妄所集；唯眞不生，單妄不成，眞妄相依故，有
　　因緣集起之義。據妄攝眞，皆妄心作；就眞攝妄，皆眞心作。隨心
　　粗細，分齊有三：一事相因緣，二妄想因緣，三眞實因緣。……言
　　眞實者，即前妄想因緣之體，窮其本性，唯是眞識緣起所集，眞妄
　　畢竟無妄可得，即是眞實因緣之理。故地經〔註47〕云：十二因緣皆
　　一心作，皆心作者，謂眞心作。……〔註48〕

依此，可知北道派之地論師雖認爲阿黎耶識有眞妄二義，然仍以自性清淨心
作爲一切法之存在根據。所以，南北兩道地論師「義理系統之模式」是相同
的：同是肯定有一超越的眞常心，作爲一切法之依止。而所爭論者，只是南
道派主張阿黎耶全屬於眞，而北道派則認爲阿黎耶有虛妄義，不全屬眞如法
性。其實，依《十地經論》本身義理觀之，雖明說自性清淨心與阿黎耶識，
然對於二者之關係並未作詳細之論述與分疏，故不可定說阿黎耶識是眞是
妄。因此南北兩道地論師之爭，實是外於地論之思想分歧，而所爭論的亦只
是阿黎耶識是否爲眞淨，而不在有無自性清淨心。

　　順著南北道地論師之爭，我們可以看出北道地論師之主張阿黎耶識有眞
妄二義，與《大乘起信論》所說之阿黎耶眞妄和合識意義相近；而《大乘起
信論》之肯定如來藏自性清淨心爲一切法之依止，亦與南道派之思想相合。
所以，由此南北道地論師之爭，或正是促使《大乘起信論》必然主張眞妄和
合識之重要因素。

　　至於攝論師，則是指眞諦三藏繼地論師之後，來華傳譯無著之《攝大乘論》，
故稱其爲攝論師。眞諦之譯《攝大乘論》以及世親所作之《攝大乘論釋》，實是
順承《勝鬘經》等，以如來藏自性清淨心爲主的眞心系統解釋，故有別於玄奘
所傳之正宗唯識思想。因爲依奘傳唯識學，阿賴耶識爲虛妄雜染，有能藏、所

〔註46〕隋、慧遠法師撰，《大乘義章》，卷第三末，《大正藏》四十四，頁 524 下，台
　　　　北：中華佛教文化館影印，民國 46 年。
〔註47〕指《十地經》第八，《十地經》即是《華嚴經》之十地品。
〔註48〕《大乘義章》卷第四、「十二因緣義八門分別」，《大正藏》四十四，頁 551 上。

藏、我愛執藏三義，是生死流轉法之依止。無著之《攝大乘論》在解釋「所知依」時，原是以有漏雜染的阿賴耶識或阿陀那識，來解釋《阿毘達摩大乘經》偈中「無始時來界」〔註49〕的「界」字，亦即以阿賴耶識為一切生死流轉之依止，並由此有涅槃證得。而眞諦之譯，則以「解性賴耶」作為一切生死流轉與涅槃還滅法之依止。如其譯世親之解釋「此界無始時」〔註50〕之「界」字，即明言「此阿黎耶識界以解為性」，〔註51〕同時解釋此「界」有五種義時更謂：

一、體類義，一切眾生不出此體類。由此體類，眾生不異。

二、因義，一切聖人法四念處等緣此界生故。

三、生義，一切聖人所得法身，由信樂此界法門故，得成就。

四、眞實義，在世間不破，出世間亦不盡。

五、藏義，若應此法自性善故，成內若外。此法雖復相應，則成穀故。

約此界，佛世尊說：「比丘！眾生初際不可了達，無明為蓋，貪愛所縛。或流或接，有時泥黎耶（地獄），有時畜生，有時鬼道，有時阿修羅，有時人道，有時天道。比丘！汝等如此長時受苦，增益貪愛，恒受血滴。」由此證故，知「無始時」。如經言：「世尊！此識界是依是持是處，恒相應及不相離不捨智無為恒伽沙等數識佛功德。世尊！非相應、相離、捨智有為諸法是依是持是處。」故言「一切法依止」。如經言：「世尊！若如來藏有，于苦無厭惡，于涅槃無欲樂願。」故言「及有得涅槃」。〔註52〕

由此可明顯的看出眞諦乃是順著《勝鬘經》之「如來藏自性清淨心」來說明此界無始時之「界」字，他認為阿黎耶具有果報黎耶、染污黎耶與解性黎耶三義，〔註53〕前二者可說是生死流轉法之因，而解性黎耶則是涅槃還滅之依止，故眞諦譯《攝大乘論》世親釋時曾謂：

〔註49〕此依玄奘所譯，全偈之譯文為：「無始時來界，一切法等依，由此有諸趣，及涅槃證得。」

〔註50〕此為眞諦之譯，全偈之譯文為：「此界無始時，一切法依止，若有諸道有，及有得涅槃。」

〔註51〕參看牟宗三先生著，《佛性與般若》，上冊，頁292，台北：台灣學生書局，民國66年。世親釋，梁、眞諦譯，《攝大乘論釋》。《大正藏》卅一，台北：中華佛教文化館影印，民國45年。

〔註52〕同上。

〔註53〕印順法師講述，《大乘起信論講記》，頁68，台北：慧日講堂，民國55年二版。

……如世間離欲人，于本識中，不靜地煩惱及業種子滅，靜地功德善根熏習圓滿，轉下界依，成上界依。出世轉依亦爾。由本識功能漸減，聞熏習等次第漸增，捨凡夫依，作聖人依。聖人依者，聞熏習與解性和合。以此爲依，一切聖道皆依此生。〔註54〕

此解性賴耶，眞諦稱之爲「第九阿摩羅淨識」，並以此阿摩羅識作爲聖道之根本。其所譯之《決定藏論》卷上〈心地品〉，即明白表示此種思想，論云：

阿羅耶識對治故，證阿摩羅識。阿羅耶識是無常，是有漏法；阿摩羅識是常，是無漏法。得眞如境道故，證阿摩羅識。阿羅耶識爲粗惡苦果之所追逐，阿摩羅識無有一切粗惡苦果。阿羅耶識而是一切煩惱根本，不爲聖道而作根本。阿摩羅識亦復不爲煩惱根本，但爲聖道得道得作根本。〔註55〕

依上文所述，可知眞諦所說之第九阿摩羅識，實即是如來藏自性清心，爲客塵煩惱遮蔽，則轉成虛妄雜染的阿黎耶識。因此，攝論師所說的阿黎耶識亦具有眞妄二義，只是較偏重於有漏雜染的一面，因爲其于迷染的阿黎耶識之上更肯定一種無漏清淨的阿摩羅識，而此第九淨識實即是阿黎耶識之解覺性。此種思想與北道派地論師思想較相近，故《法華玄義釋籤》卷十八有云：

加復攝大乘興，亦計黎耶，以助北道。〔註56〕

其實，無論是南北道地論師或攝論師，均是肯定眾生有一超越的眞心，亦即以自性清淨心作爲一切法之存在根源。至於地、攝諸論師所爭論的只是阿黎耶識染淨的層次問題：南道派地論師以第七阿黎耶識即是自性清淨心，而北道派則以第七阿陀那識爲妄識，第八阿黎耶識則爲眞妄和合識，雖有迷染而性體恆眞；至若攝論師，則以第八阿黎耶識爲虛妄雜染，第九阿摩羅識方是清淨無染。

順此地論師與攝論師之爭，我們不難發現，《大乘起信論》之主張眞妄和合識的如來藏緣起思想，實有融通地論、攝論二師思想之趣向：《大乘起信論》所說之阿黎耶識既不偏於眞，如北道地論師之主張；亦不偏於妄，如攝論師之主張；而是眞妄和合，不一不異，如論云：

〔註54〕　參看《攝大乘論釋》，《大正藏》三十一，頁 175 上。
〔註55〕　參看《大正藏》三十，頁 1020 中。
〔註56〕　《法華玄義釋籤》，《大正藏》卅三，942 下。

> 心生滅者，依如來藏故有生滅心。所謂不生不滅與生滅和合，非一
> 非異，名爲阿黎耶識。〔註57〕

此即表示：眾生心爲客塵煩惱所纏縛，則現爲無明不覺的阿黎耶識，並由它而展轉起現一切生死流轉法，此屬心生滅門；反之，眾生心出纏，則阿黎耶識之本覺性自然朗現爲自性清淨心，當下即由心生滅門還滅爲心真如門，而證入涅槃佛境。依此，我們可說《大乘起信論》「一心開二門」之思想，實具有調合地論、攝論二師思想之作用，且能進一步地將「如來藏自性清淨心」的真心系統充極地呈現出來，也因此形成了華嚴宗賢首法藏所說之「不變隨緣、隨緣不變」的如來藏緣起思想。

二、相應于唯識宗「轉識成智」的問題以探討《大乘起信論》如來藏緣起思想之理論背景

在前一節中，我們在說明攝論師之思想時，曾提到奘傳唯識學，乃是以虛妄雜染的阿賴耶識作爲「無始時來」一切法所依止之「界」；依唯識宗之理論，實是以迷染的阿賴耶識爲一切生死流轉法之生因，故《攝大乘論》在安立阿賴耶之三相時，即謂：

> 此中安立阿賴耶識自相者，謂一切雜染品法，所有熏習爲彼生因，
> 由能攝持種子相應。此中安立阿賴耶識因相者，謂即如是一切種子
> 阿賴耶識，能一切時與彼雜染品類識法現前爲因。此中安立阿賴耶
> 識果相者，謂即依彼雜染品法無始時來所有熏習，阿賴耶識相續而
> 生。〔註58〕

至於無漏清淨法，依《攝大乘論》仍是以阿賴耶爲依止，論云：

> 如是已安立阿賴耶識異門及相，復云何知如是異門及如是相，決定
> 唯在阿賴耶識非於轉識？由若遠離如是安立阿賴耶識，雜染清淨皆
> 不得成：謂煩惱雜染，若業雜染，若生雜染皆不成故；世間清淨，
> 出世清淨亦不成故。〔註59〕

〔註57〕參看《大正藏》三十二，頁 576 中。
〔註58〕參看《大正藏》三十一，頁 134。
〔註59〕同上書，頁 135 中。

由此可知，唯識宗之緣起系統乃是以阿賴耶爲一切有漏無漏染淨法之依止。
然而，唯識宗所說之阿賴耶既以迷染爲性，依此雜染的種子識，說明有漏雜
染法之起現自然不成問題；可是在說明無漏清淨法的生起時，則比較麻煩，
關於此困難，《攝大乘論》亦曾提及，論云：

> 復次，云何一切種子異熟果識爲雜染因，復爲出世能對治彼淨心種
> 子？又出世心昔未曾習，故彼熏習決定應無，既無熏習從何種生？
> 〔註60〕

此即明顯地表示：虛妄雜染的阿賴耶識只是有漏雜染法之生因，而不能作爲
出世清淨法之生因。因此，唯識宗即進一步提出「轉識成智」的要求，亦即
希冀于虛妄的阿賴耶識之外，契求一能爲清淨法作依止者。

　　一般而言，唯識宗所依之《攝大乘論》，乃是以「淨心種子」或「無漏種
子」作爲出世清淨法之生因；依攝論，出世淨心種子是「從最清淨法界等流
正聞熏習種子所生」，亦即聽聞由最清淨法界所流出之聖教言音，漸漸熏習，
即可正聞熏習成淨心種子，而此正聞熏習所成之淨心種子仍是寄攝於阿賴耶
識中；所以淨心種子的生因是由諸佛聖教相應地流出的正聞熏習種子，阿賴
耶識只是其憑依因。至於《成唯識論》所說之「無漏種子」，除了「習所成種」
以外，尚有「本性住種」，《成唯識論》卷九有云：

> 何謂大乘二種種姓？一本性住種姓，謂無始來依附本識，法爾所得
> 無漏法因：二習所成種姓，謂聞法界等流法已，聞所成等，熏習所
> 成。〔註61〕

此種說法，乃是根據《瑜伽師地論・本地分》而有，本地分之〈種姓品〉有
云：

> 云何種姓？謂略有二種。一、本性住種姓。二、習所成種姓。本性
> 住種姓者，謂諸菩薩六處殊勝有如是相，從無始世展轉傳來，法爾
> 所得，是名本性住種姓。……〔註62〕

〔註60〕同上書，頁 136 中～下。

〔註61〕護法等造，唐、玄奘譯，《成唯識論》，卷九，《大正藏》卅一，頁 48 中，台
　　　　北：中華佛教文化館影印，民國 46 年。

〔註62〕《大正藏》三十，頁 478 下。

而《成唯識論》所說之「本性住種姓」實即是「法爾本有」的「無漏種子」，此無漏種之「本有」義，依此論說爲：

> 有諸有情無始時來有無漏種，不由熏習法爾成就。後勝進位熏令增長，無漏法起以此爲因，無漏起時復熏成種。〔註63〕

《成唯識論》雖說有「本有無漏種」，然此本有無漏種要起現行，仍需依正聞熏習方能成就，所以《成唯識論》在說明無漏種之本有義後，接著說：

> 然本有種亦由熏習，令其增典，方能得果。故說內種定有熏習。其聞熏習非唯有漏，聞正法時，亦熏本有無漏種子，令漸增盛，展轉乃至生出世心，故亦名聞熏習。〔註64〕

依此論義，即明白表示「本有無漏種」仍需依待正聞熏習方能起現行，得正果；而所以稱其爲「法爾本有」，只是不知其始于何時而方便稱之。故《成唯識論》所說之「本有無漏種」仍是「有爲無漏種」而非「無爲無漏種」，〔註65〕亦即此「本有無漏種」仍屬經驗意義的本有，而非超越地即具的本有。因此唯識宗所說之無漏種，不論是本有或新熏，其直接來源皆是「正聞熏習」，依此「正聞熏習」才能轉染污的阿賴耶識爲清淨的眞如，並由此證悟佛果。

　　然而，唯識宗依「正聞熏習」以建立「轉識成智」的理論，必然出現幾點困難：

一、出世無漏種必依「最清淨法界等流之正聞熏習種子」方能生起，所以是後天經驗熏習而有，非一切眾生先天本具；此無漏種既非眾生先天本具（即超越地本具），而我們又不能保證一切眾生依「正聞熏習」就必然熏成無漏種，如此，眾生依之以成佛的根據則無必然存在之保證。

二、一切無漏清淨法必依出世無漏種之起現行方能生起，而無漏種之熏成又必先預設現實上已有佛，依此佛之聖教言音，眾生方能有正聞熏習的機會。然現實上何時得遇「現成佛」之聖教言音，純屬經驗中的偶爾，故無漏種之熏成亦屬偶然事件；而由此無漏種子所起現之無漏現行更是偶然中的偶然，毫無內在必然性可言，所以無漏清淨法之生起只是經驗偶然的有。因之，眾生之成佛並無普遍必然性，依《攝大乘

〔註63〕《成唯識論》卷二，《大正藏》卅一，頁9上。
〔註64〕同上書。
〔註65〕參看《佛性與般若》上冊，頁315。

論》所說，只有「大乘多聞熏習相續，已得逢事無量諸佛出現於世，已得一向決定勝解，已善積諸善根故，善備福德資糧菩薩」〔註66〕才能悟入所應知的唯識相而證悟佛果。此即明白表示，眾生之證悟成佛，完全視現實上是否有佛說法，並依之如理作意，漸漸熏習方得成就，因此遂有「三乘究竟」之成佛「種姓論」〔註67〕的差別。

三、此種成佛的理論實是他緣的，而非自緣的，因為無漏種既是種子，則亦需依因待緣，漸漸熏習，方能起現（此已如第二中所述），無漏種不能自動生起清淨法，所以依無漏種所建立之成佛理論自然不是自緣的。

四、依此他緣的成佛理論，必然產生無窮追溯的困難，因為每一「現成佛」之所以能成佛，必需預設有另一「現成佛」在其前面，如此展轉追溯，終無有盡期；除非我們預設有最初第一位「現成佛」之存在，此無窮追溯之過程才有可能終止，如此則又與無漏種必依正聞熏習之理論相矛盾。所以依唯識宗「正聞熏習」的理論，我們根本無法保證眾生必然得以成佛。

綜上所述，我們可以看出唯識宗之阿賴耶緣起實是以「妄心為主，正聞熏習為客」的系統，依此妄心系統，要轉識成智，證悟涅槃，有其內在的限制性，因為唯識宗所說之「無漏種」既非眾生超越地本具者，亦非自緣起現者，故依「無漏種」所建立之成佛理論自然有其不究竟處。而就佛教唯識學（廣義的，非特指奘傳唯識學）教義之發展，要消解此理論系統之困難，自然需趣向《大乘起信論》之真心系統。因為《大乘起信論》肯定一切眾生本具如來藏自性清淨心，與佛無異，此即是眾生得以成佛之超越根據；依《大乘起信論》，開宗明義即說：「所言義者，謂眾生心。是心則攝一切世間出世間法」，此即是以「眾生心」統攝一切法，作為一切染淨法之依止。《大乘起信論》又謂：「一切諸佛本所乘故，一切菩薩皆乘此法至如來地故」，此即明白指出眾生本具之如來藏自性清淨心乃是凡聖互通的超越真心，是一切眾生

〔註66〕參看《攝大乘論講記》，頁315。
〔註67〕依唯識家之理論，眾生依根機之不同，可分為五種種姓，即：定姓菩薩、定姓聲聞、定姓緣覺、不定種姓與無姓有情。其中唯有定姓菩薩與不定種姓中之菩薩、聲聞、緣覺得依其所含之種姓成就佛道。故唯識家主張「三乘（真實）究竟，一乘方便」之說，因為他們不承認一切眾生皆可成佛，成佛必依各自所有之種姓來決定，如一闡提無有清淨無漏種，即不得成就佛果。

成佛之所依。而且此眾生心，既是「心真如」又是「真如心」，是智如合一之心，所以具有內在的熏習力，能主動熏習虛妄染法，生出一切無漏功德法。故《大乘起信論》云：

> （真如）自體相熏習者，從無始世來，具無漏法，備有不思議業，作境界之性。依此二義，恒常熏習，以有力故，能令眾生厭生死苦，樂求涅槃。自信己身有真如法，發心修行。〔註68〕

因此，我們可以說《大乘起信論》所肯定之如來藏自性清淨心，不僅是眾生所本具，而且也是自緣的，以其具有主動生起無漏清淨法之能力。又此成佛所依之超越真心，乃是一切眾生普遍本具，非如唯識宗之成佛有種姓之差別，《大乘起信論》有云：

> 真如自體相者，一切凡夫、聲聞、菩薩、諸佛，無有增減，非前際生，非後際滅，畢竟常恒，從本已來，性自滿足一切功德。……〔註69〕

所以，依《大乘起信論》之真心系統，一切眾生既普遍本具如來藏自性清淨心，則依此本具之真如心如實修行，自能證悟佛果；此種成佛理論是「一乘究竟」，有別於唯識宗之「三乘究竟」，亦即一切眾生必然得以成佛，皆可證入一佛乘之境地。

　　上述，由唯識宗建立成佛的理論所遭遇的困難，以至《大乘起信論》對治此困難之消解之道，我們可以得知，《大乘起信論》之如來藏緣起思想，實是相應于唯識宗之「無漏種」的問題，必然要出現之思想體系。至此，我們已對《大乘起信論》如來藏緣起思想之理論背景有一具體之瞭解。其次，我們則要探討《大乘起信論》所蘊涵之如來藏緣起思想，此即進入第二章之討論範圍。

〔註68〕《大乘起信論》，《大正藏》卅二，頁578中。
〔註69〕同上書，頁579上。

第三章 《大乘起信論》之如來藏緣起思想

第一節 《大乘起信論》對一切法之說明

在上一章中，我們已指出《大乘起信論》之特色乃是標舉「眾生心為一切法的存在根源，我們則要進一步地探討：《大乘起信論》到底如何說明一切法的生死流轉與涅槃還滅？亦即正式探討《大乘起信論》如來藏緣起思想的實質內容。

一、「一心開二門」之總攝一切法

《大乘起信論》雖標舉眾生心攝一切世間出世間法，然一旦要說明如何攝持染淨一切法時，則需要由兩方面加以說明，這就是《大乘起信論》所謂的「一心開二門」。「一心」指眾生心，即是如來藏自性清淨心，是一切大乘法之法體。而由此一心法體更開出「二門」，以說明大乘法之正義——如來根本之義。所以稱為「門」者，取其出入無壅，開合自在之義。因為「如來藏心，隨緣建立，流出一切，如門之開，即生滅門也。泯絕萬法，融攝一切如門之合，即真如門也」。〔註1〕故《大乘起信論》云：

> 依一心法有二種門。云何為二？一者心真如門，二者心生滅門。是

〔註1〕馬鳴菩薩造，梁、真諦譯，明、真界纂註，《大乘起信論纂註》，頁12，台北：志蓮精舍，民國61年影印。

　　二種門皆各總攝一切法。此義云何？以是二門不相離故。〔註2〕

因此，我們所要了解的只是由一心所開出的二門，如何各總攝一切法？以下我們即順著「心真如」與「心生滅」二門來分別說明。

　　《大乘起信論》所謂的心真如乃是「一法界大總相法門體」，〔註3〕它是「不生不滅的心性」，是一切染淨法之法體。而且此真如心乃是「從本已來自性清淨」，〔註4〕更是「一切凡夫、聲聞、緣覺、菩薩、諸佛，無有增減，非前際生，非後際滅，畢竟常恆，從本已來，自性滿足一切功德」；〔註5〕因為此真如心之自體具有「大智慧光明義」、「徧照法界義」、「真實識知義」、「自性清淨義」、「常樂我淨義」以及「清涼不變自在義」。〔註6〕且此心真如、真如心，從本已來即具足無量無漏功德法，故名為「如來藏」，亦稱為「如來法身」。此心真如既然具足一切無漏功德法，自然能攝持一切清淨法而為清淨法之生因。也就是依止於清淨的真如心，一切法才有涅槃還滅的可能。

　　其次，此真如心既是自性清淨，那麼它又是如何攝持一切雜染法呢？它的攝持一切雜染法是否與攝持清淨法一樣？此真如心與雜染法之關係，依《大乘起信論》說為：

　　　　心真如者，即是一法界大總相法門體，所謂心性不生不滅。一切諸
　　　　法唯依妄念而有差別。若離心念，則無一切境界之相。〔註7〕

又在說明真如心之如實空時，亦謂：

　　　　所言空者，從本已來，一切染法不相應故。謂離一切差別之相，以
　　　　無虛妄心念故。當知真如自性非有相，非無相，非非有相，非非無
　　　　相，非有無俱相；非一相，非異相，非非一相，非非異相，非一異
　　　　俱相。乃至總說，依一切眾生，以有妄心，念念分別，皆不相應，
　　　　故說為空，若離妄心，實無可空故。〔註8〕

<hr>

〔註2〕馬鳴菩薩造，梁、真諦譯，《大乘起信論》。《大正藏》卅二，頁576中，台北：
　　　　中華佛教文化館影印民國46年。
〔註3〕同上書。
〔註4〕同上書，頁577下。
〔註5〕同上書，頁579上。
〔註6〕同上書。
〔註7〕同上書，頁576上。
〔註8〕同上書，頁576上、中。

由以上所引之論義，我們知道《大乘起信論》所說的心真如與一切染法的關係，是從本已來就不相應的；此種思想可說是承襲了真常唯心系諸經論的說法，如《不增不減經》即謂：

> 此本際來離脫不相應煩惱所纏不清淨法，唯有如來菩提智之所能斷。舍利弗，我依此煩惱所纏不相應不思議法界，為眾生故說為客塵煩惱所染，自性清淨心不可思議法。〔註9〕

而《勝鬘經》亦強調：

> 剎那善心，非煩惱所染；剎那不善心，亦非煩惱所染。煩惱不觸心，心不觸煩惱。〔註10〕

由上所述，一切染法既與真如心從本已來即不相應，那麼清淨的真如心自然不可能生出有漏雜染法；既然一切有漏雜染法不可能由心真如生出，那麼為何說心真如總攝一切世間出世間法？又說「心真如者，即是一法界大總相法門體」？

依照《大乘起信論》之說法，一切煩惱染法皆因無明不覺而起現，如論所謂「當知世間一切境界，皆依眾生無明妄心而得住持」、「一切諸法，唯依妄念而有差別」以及「當知無明能生一切染法，以一切染法皆是不覺相故」，此皆明顯表示一切染法的直接生因乃是無明不覺。不過一切染法的生因雖是無明不覺──即是阿黎耶識，阿黎耶識並無真實自體，它必須依憑於心真如方得以顯出其為阿黎耶識，如論所云：

> 心生滅者，依如來藏，故有生滅心，所謂不生不滅與生滅和合，非一非異，名為阿黎耶識。〔註11〕

所以由阿黎耶識所起現的染法，其實是間接地依憑於如來藏自性清淨心，因此我們可以說真如心是一切染法的憑依因而非生因。既然無明不覺必須憑依於真如心，而統屬於真如心，那麼由無明不覺所起現的一切雜染法，自然也就攝屬于此真如心；只是此攝屬關係是一種間接的關係，是因為無明的插入

〔註9〕 元魏、菩提流支譯，《佛說不增不減經》。《大正藏》十六，頁467下。
〔註10〕 《勝鬘師子吼一乘大方便方廣經》，〈自性清淨章〉第十三。《大正藏》十二，頁222中。
〔註11〕 參看《大正藏》三十二，頁576中。

才產生的攝屬關係。因此，經過如此的轉折過程，心眞如可說是攝持了一切
有漏雜染法。換言之，心眞如不但是一切清淨功德法的生因，同時也是一切
染污法的憑依因，所以能總攝一切法。〔註12〕

　　以上已說明心眞如門總攝一切法之義。其次，讓我們看看心生滅如何總
攝一切法？亦即心生滅門如何說明一切法的生死流轉與還滅。

　　依《大乘起信論》之義理觀之，心眞如門之眞心，其自性是不生不滅，
離四句，絕百非，無有一切言說、名字與心緣等相，亦即名相妄想一切皆非，
自性本來清淨，無有變異。那麼我們上文何以說心眞如攝一切染淨法？其實
當我們說明心眞如攝一切染淨法時，必定要說到眞妄和合的阿黎耶識與無始
無明，也就是藉著無明憑依於心眞如之攝屬關係，而方便說心眞如總攝一切
法。實則，依《大乘起信論》，一切法的流轉與還滅皆要依心生滅門方得以說
明，而心生滅門又如何攝一切法、生一切法呢？

　　上文，我們已指出無明不覺不離覺性，亦即生滅心必依憑於不生不滅的如
來藏自性清淨心，如此則形成了眞妄和合的「阿黎耶識」。而此阿黎耶識也因此
具有覺與不覺之雙重生：就其依憑於如來藏自性清淨心，且不相捨離而言，它
本具超越的覺性；而順著忽然念起而有無始無明而言，則有其現實的不覺性。
由於阿黎耶識具有如此的雙重性，所以《大乘起信論》謂此識能生一切法攝一
切法，因爲它一方面依憑於如來藏自性清淨心而具有超越的本覺性，此本覺性
實是一切有漏雜染法得以涅槃還滅之根據，亦即是一切無漏功德法的生因；因
此，阿黎耶識即透過其憑依於眞如心之本覺性而攝持清淨功德法。此仍以如來
藏自性淨心爲一切清淨法之生因，阿黎耶識只是間接地攝持一切清淨功德法。
另一方面，由於其現實生命的限制，忽然念起而有無明妄念，變現一切染法，
所謂「無明不覺生三細，境界爲緣長六粗」。〔註13〕一切的虛妄分別皆源自於眾
生的一念不覺，故起心動念，分別境界而生惑業苦，輪迴生死。故論云：

　　　　當知無明能生一切染法，以一切染法皆是不覺相故。〔註14〕

又謂：

〔註12〕　參看《佛性與般若》，頁460～461。
〔註13〕　《大乘起信論》云：「依不覺故生三種細，與彼不覺相應不離。………以有境
　　　　　界緣故，復生六種相。」，故約而言之爲「無明不覺生三細，境界爲緣長六粗」。
　　　　　參看《大乘起信論》，《大正藏》卅二，頁577上。
〔註14〕　同上書。

> 云何熏習起染法不斷？所謂以依眞如法故，有於無明；以有無明染
> 法因故，即熏習眞如；以熏習眞如故，則有妄心。以有妄心，即熏
> 習無明；不了眞如法故，不覺念起現妄境界。以有妄境界染法緣故，
> 即熏習妄心，令其念著，造種種業，受於一切身心等苦。〔註15〕

因此，相應於阿黎耶識之不覺義，一切虛妄雜染法方能起現，所以說阿黎耶識生一切法。林傳芳先生即將阿黎耶識之攝一切法、生一切法解釋爲「宇宙開展的根源」，他說：

> 此不覺之義發展，由細轉粗，便現出迷界。此不覺脫離了無明，徹
> 證眞如本來的覺性，便現出悟界。因此，迷悟染淨之性，無一不具
> 於阿黎耶識中，阿黎耶識是宇宙開展的根源，諸法緣起的本體，故
> 云「能攝一切法，生一切法」。〔註16〕

綜上所述，心生滅門之阿黎耶識因其必需依憑於如來藏自性清淨心，所以也就間接地攝持無漏功德法；同時它又是無明染法之生因，故能直接地攝生一切有漏雜染法。如此，我們即可說心眞如與心生滅二門皆各總攝一切法。而由此二門之總攝一切法，我們可以大體地瞭解，《大乘起信論》如何建構以如來藏自性清淨心爲一切法存在之依止的如來藏緣起系統。

二、無明不覺生三細、境界爲緣長六粗

上文吾人論及阿黎耶識乃是不生不滅與生滅和合，亦即眞妄和合所成之心識；一方面本具超越的覺性，一方面又受現實的限制而有不覺，《大乘起信論》之所以特別強調阿黎耶識有覺與不覺二義「乃是爲了建立生死流轉與解脫還滅的所依。而眾生生死流轉的雜染因，即是不覺無明；解脫生死雜染而還滅的根本，即是般若、覺。」〔註17〕也就是「依不覺故說有生死雜染法，依覺故說有清淨還滅。有漏雜染與無漏清淨不一不異地統一在阿黎耶識中」，〔註18〕而《大乘起信論》之如來藏緣起思想即由此生死流轉與涅槃還滅而得以凸顯出來。今

〔註15〕同上書，頁 578 上。
〔註16〕林傳芳著，《佛學概論》，頁 139。彌勒出版社，台北新店：民國 68 年修訂再版。
〔註17〕印順法師講，演培、續明記，《大乘起信論講記》，頁 73，台北：慧日講堂，民國 55 年三版。
〔註18〕同上書，頁 75。

吾人即先就阿黎耶識之不覺義以說明一切流轉法，而後即此流轉法而還滅之，以顯出涅槃還滅之殊義。

《大乘起信論》謂：

> 所言不覺義者，謂不如實知真如法一故，不覺心起而有其念。念無自相，不離本覺。猶如迷人，依方故迷。若離于方，則無有迷。眾生亦爾，依覺故迷。若離覺性，則無不覺。以有不覺妄想心故，能知名義，爲說真覺。若離不覺之心，則無真覺自相可說。復次依不覺故，生三種相，與彼不覺，相應不離，云何爲三？一者無明業相，以依不覺故心動，說名爲業。覺則不動，動則有苦，果不離因故。二者能見相，以依動故能見，不動則無見。三者境界相，以依能見故，境界妄現，離見則無境界。以有境界緣故，復生六種相，云何爲六：一者智相，依於境界，心起分別，愛與不愛故。二者相續相，依於智故，生其苦樂，覺心起念，相應不斷故。三者執取相，依於相續，緣念境界，住持苦樂，心起著故。四者計名字相，依於妄執，分別假名言相故。五者起業相，依於名字，尋名取著、造種種業故。六者業繫苦相，以依業受報，不自在故，當知無明，能生一切染法，以一切染法，皆是不覺相故。〔註19〕

《大乘起信論》的這一段文字可以說是總括地說明了一切雜染法的起現與流轉。約而言之，即是「無明不覺生三細，境界爲緣長六粗」，〔註20〕而粗細之分只是在說明雜染法的起現過程中，方便施設而已，實則所謂三細六粗，通是無明不覺，本無所謂粗細可分。雖依此無明不覺而說明一切雜染法的次第相生，但不能就因此視無明爲第一因，因爲一切境界相，實是一體平舖，同時呈現的；而之所以有次第相生的說明，只是使吾人較易瞭解流轉法之起現過程，同時也便於吾人在修行過程中作還滅的工夫。依《大乘起信論》，所謂「三細六粗」皆是依根本無明（即無始無明）而生起。如論所云：「依不覺故生三種相，與彼不覺相應不離。」〔註21〕也就是著重於無明之起惑感果，此種說法，實與佛之說十二緣起〔註22〕相合。原初佛陀爲眾生說一切雜染流

〔註19〕《大乘起信論》，《大正藏》卅二，頁577上。

〔註20〕參看〔註13〕。

〔註21〕《大乘起信論》，《大正藏》卅二，頁577上。

〔註22〕十二緣起舊譯作十二因緣。依佛教之根本教義，一切法之生起，皆是依因待緣

轉法時，主要即以十二緣起加以說明。順著無明緣行、行緣識、識緣名色、名色緣六入、六入緣觸、觸緣受、受緣愛、愛緣取、取緣有、有緣生，乃至生緣老死，乃是流轉地說明一切有漏雜染法；若由老死而反溯其因，如是次第追溯而至最初之一念無明，則是還滅地說明一切法。今《大乘起信論》所謂之三細六粗亦可相應於十二緣起之說，以下即分別說明三細六粗之相，同時亦說明其所相應於十二緣起之相。

　　一者無明業相：依《大乘起信論》，不能如實覺知真如平私一法界，即是不覺。不覺即是無有明覺，所以論云：「以不達一法界故，心不相應，忽然念起，名爲無明。」〔註23〕不覺則心動起念而分別造業。所以稱此最初之一念不覺爲無明業相，此乃三細六粗之初端，是細中之最微細者，且由此而起念招苦，所以是迷惑之源，故亦稱根本無明。此最微細難知的心念，雖有心境而尚陷於渾然不明晰之情境中。此相當於十二緣起的「無明」與「行」。眾生一旦無明不覺，必然妄念紛起，既心動起念，則造作種種行業；有惑、業，自然就有所感受。故論云：「動則有若」，因爲「依因依緣的所有活動是無常性的；無常是不自在、不穩定的，所以是苦。」〔註24〕佛教向來即倡談因果報應，有因必感果，所以由無明不覺，心動造業之因，自必招感苦果，故論云：「果不離因故。」一切的煩惱苦果均由無明行業所招，此即《勝鬘經》所謂的：

> 是故無明住地積聚，生一切修道斷煩惱上煩惱，彼生心上煩惱，止上煩惱，觀上煩惱，禪上煩惱，正受上煩惱，方便上煩惱，智上煩惱，果上煩惱，得上煩惱，力上煩惱，無畏上煩惱。如是過恒沙等上煩惱，如來菩提智所斷，一切皆依無明住地之所建立。一切上煩惱起皆因無明住地，緣無明住地。世尊！於此起煩惱，刹那心刹那相應；世尊！心不相應無始無明住地。

而起，《阿含經》有云：「此有故彼有，此起故彼起；此無故彼無，此滅故彼滅」。而所謂十二緣起，即是以十二種法之互相作爲因緣，來說明一切法之生滅過程；所謂無明緣行、行緣識、識緣名色、名色緣六處、六處緣觸、觸緣受、受緣、愛緣取、取緣有、有緣生、生緣老生；順觀則成生死流轉，逆觀則爲涅槃還滅。且此十二種因緣蘊含三世兩種因果，即無明、行、識屬過去世之惑業；識名色乃至老死則爲現世之果報，同時爲未來受報之業因。由於「惑業互資，因緣支助，三世猶若環旋」，遂成無始無終之生死輪廻。參看普潤大師編，《翻譯名義集》釋十二支第四十五，頁143～144。台北：建康書局，民國45年。

〔註23〕《大乘起信論》，《大正藏》卅二，頁577下。
〔註24〕《大乘起信論講記》，頁114。

世尊！若復過於恒沙如來菩提智所應斷法，一切皆是無明住地所持
所建立。譬如一切種子，皆依地生，建立，增長，若地壞者，彼亦
隨壞。如是過恒沙等如來菩提智所應斷法，一切皆依無明住地生，
建立，增長。若無明住地斷者，過恒沙等如來菩提智所應斷法，皆
亦隨斷。〔註25〕

此最初之相，即是一切虛妄心念的「生相」，所謂生相，依賢首法藏的《大乘
起信論義記》解釋爲：「謂由無明不覺心動，雖有起滅，而相、見未分，以無
明力故，轉彼淨心，至此最微，名爲生相。」〔註26〕亦即指「九相之端，細
中之細，無轉現心境差別」〔註27〕之相。

二者能見相：又稱轉相，即依前微細之無明業相轉成能見，「此見相乃由
內所發，非託境生，故名爲轉依。此轉相帶起所緣，復立現相，非謂於此能
見之中，又自別有微細境世。」〔註28〕此所謂能見，乃是偏重於心識之能了
別的認識作用而言，非定指眼睛所見。因爲由無明不覺則心有所動，既然心
動起念自然就會分別心境；若如如不動，自性清淨，自然無有能見所見之分
別。此亦反顯出能見必依心識起動，所以論云：「以依能動故能見，不動則無
見」。「此轉相雖有能緣，但以其心識情境過於微細難辨，故不說境界所以，
且說能見，以爲轉相。」〔註29〕此即相當於十二緣起之「識」。〔註30〕

三者境界相：此又稱現相，亦即爲主觀的心識所分別的客觀境界。心既動
念分別，自然就有所分別取著的虛妄境界現起。此即上文說明能見相時，所謂：
「此轉相帶起所緣」之所緣，與轉相之微細能緣相互對待起現，即「當下動，
當下見，當下即有境現，彼此展轉相依，不可分別前後」，〔註31〕所以《大乘
信論》說：「離見則無境界」，亦即離了能見，則無種種境界相。此境界相相當
於十二緣起的「名色」與「六處」，所謂名色，「名是精神界，色是物質界，總

〔註25〕《勝鬘師子吼一乘大方便方廣經》，〈一乘章〉第五，《大正藏》十二，頁220
中。

〔註26〕唐、法藏撰，《大乘起信論義記》，卷中，《大正藏》第四十四，頁257中，台
北：中華佛教文化館影印，民國46年。

〔註27〕參看「明倫社第十二期大專佛學講座」，講解「起信論生滅門」之講義，頁7。

〔註28〕長水沙門子璿錄，《大乘起信論筆削記》，《大正藏》四十四，頁353下。

〔註29〕參看明倫社講解「起信論生滅門」講義，頁8。

〔註30〕依《翻譯名義集》謂：「所謂從行生心，投入母腹，流愛爲種，納想在胎，分
別諸法，此名曰識。」也就是指過去世之惑業招受現世之胎的一念。

〔註31〕《大乘起信論講記》，頁116。

即五蘊的境界相。」〔註32〕而六處則指六根。〔註33〕

以上所說之三相，極爲微細難知，故稱三細相，依《大乘起信論》說明分別生滅相時謂：「分別生滅相者，有二種，云何爲二：一者麤，與心相應故；二者細，與心不相應故。」此即說明三細相是與心不相應的，因爲此三相雖由心動起念，分別了知，而有所謂之境界妄現，實際上三者所現起之相是極其微細，是無能所可辨的；也因爲此三細根本無心境的對立，無心、心所之差別對待，故與根本不覺渾然如一。既渾然爲一，自然無所謂與心相應了。又依上述之說明，此三者似乎有先後次第相生的關係，實際上是一念俱現，當下動，當下見，當下即有微細境現。

以下則依所現之虛妄境界而說明六種粗相，此即《楞伽經》所謂的「藏識海常往，境界風所動，種種諸識浪，騰躍而轉生」〔註34〕上文之三細相，無有根境分別，總名爲一，即是妄識，而今所說之六粗相，則是心境明顯分別，能所對待，即所謂之分別事識，可分爲六識，隨所分別之境而得名。此六粗相著重於有境界爲緣而起種種分別，故論云：「以有境界緣故，復生六種相。」〔註35〕

一者智相：此「智」非般若空慧之智，而是對境「心起分別」之智，因爲不能如實了知主觀心識所妄現的境界相爲虛幻不實，而誤執爲心外的實在境界，遂生分別之心，所以有愛、不愛之分別計度。此智相，相當於十二緣起中的「觸」；所謂觸乃指心境相涉時所起的心識活動，此心識活動包括認識作用與情意作用。而由分別智所分別之愛與不愛，在十二緣起中稱爲可意、不可意觸；也就是說所分別的外境，適合自己情意的，即起可意作用而生愛，不合自己情意的，則起不可意作用而生不愛。此愛與不愛皆是心因境起的情意作用，然因其乃是妄執外境所起之虛妄分別，所以是障礙清淨眞如之煩惱。也因其妄執外境，故是「俱生起的法執。」〔註36〕

二者相續相：此指依分別智，對境起心而生愛與不愛之分別，更由此愛、

〔註32〕同上書。也就是說，名是心法，色是眼耳鼻舌身，合爲色受想行識之五蘊。

〔註33〕六根指眼、耳、鼻、舌、身、意之六種官能，依《大乘義章》四曰：「六根者對色名眼，乃至第六對法名意。此之六種能生六識，故名爲根。」參看《大正藏》四十四，頁555中。

〔註34〕《大正藏》十六，頁484中。

〔註35〕《大乘起信論》，《大正藏》卅二，頁577上。

〔註36〕屬二法執之一。眾生從無始已來就固執心外有有爲無爲之實法，此種與生俱來之妄念即稱爲俱生起的法執。

憎之分別,產生次第相續不斷之苦樂感受。依十二緣起說,此乃是由「觸緣受」;因為由情意作用所產生之感受,所以有苦樂之別乃源自有愛憎好惡之心。合於己意而愛好的,則生喜樂感受;不合己意而憎惡的則起痛苦感受。此種苦樂的感受是持續不斷的,且一有所感,隨即生起意念與虛妄心識相應,展轉生出種種虛妄境界與執著。此即所謂「起惑潤業,後四不斷」〔註37〕故論云:「覺心起念,相應不斷故。」〔註38〕此相續的苦樂感受可以說是由分別而起的法執。

以上智相,相續相以及三細中之能見相、境界相四種實即虛妄心念之「住相」。因為「無明與前生相和合,轉彼淨心乃至此位,行相猶細,法執堅強,故名為住相。」〔註39〕

三者執取相:依前相續相所起之苦樂感受,遂生愛著之心,也就是對於六識所緣的境界,妄想執取。依十二緣起說,即是「受緣愛」。此由受所緣之愛不但起愛憎之分別心,同時執著於苦樂的感受,希望永遠保持樂受而逃避苦受,如此即有愛著執取之心,故論云:「住持苦樂,心起著故。」〔註40〕眾生愈住持苦樂感受,執著亦隨之轉深,此即我執之所由生。因為此我執乃是對主觀感受之愛著執取,所以又稱為「俱生起的我執」。〔註41〕

四者計名字相:此指第六意識之尋名計實。依前執取相所生之虛妄執著,更進而執假為實,因為「意識的認識境界時,對各各不同的境界,起各各不同的名字相,以為這是什麼,那是什麼。不特於外境起名字相,內心所有的對象——概念,也是名字相。一般不了名假安立,於是就計執為實有這個、那個。」〔註42〕此相當於十二緣起的「取」。因為依於虛妄執著,不但對虛幻之名言假相起分別心,更進而執持,故生計取。佛經說取有四種,即指我語取、見取、欲取、戒禁取。所謂我語取,乃是指眾生不明白「我」是假名安立,卻依此假名,妄執有實在的自我;既執此假名為實在的我,遂生起見、欲、戒禁種種取著。

此計名字相分別人我,「計著名言,隨逆順緣,起貪瞋等相」,〔註43〕而

〔註37〕此「後四」即指六粗相之後四相,這些虛妄分別相皆由前無明業識之起動而招感惑業,故云「起惑潤業,後四不斷」。

〔註38〕《大乘起信論》,《大正藏》卅二,頁577上。

〔註39〕眾生愚癡無明,從本已來就固執五蘊假合的我為常一的實我,故起種種愛著煩惱,此稱為俱生起的我執,亦即指先天隨生具有之我執。

〔註40〕《大乘起信論》,《大正藏》卅二,頁577上。

〔註41〕《大乘起信論義記》卷中,《大正藏》四十四,頁257中。

〔註42〕《大乘起信論講記》,頁121。

〔註43〕《大乘起信論纂註》,頁23左。

前執取相「內執我，外執我所」，〔註44〕二者並屬虛妄心念之「異相」。所謂異相者，乃是指「我法差別，對待不忘」，〔註45〕亦即謂「此無明，迷前染淨違順之法，更起貪瞋人我見愛，執計名字，取著轉深，此在事識粗分之位；無明與前住相和合，轉彼淨心令至此位，行相稍粗，發動身口，令其造業，名爲異相。」〔註46〕

五者起業相：所謂起業相，顧名思義，即是造作生起種種業之謂；此乃是依前計名字相，執相計名，不知假名無實，更進而追求不捨，由是而造成種種善惡業。此等於十二緣起中之「有」，因爲有此迷惑妄執，遂造作種種業；既心動起業，即生業力，依此業力更引發身口，起善惡業，招苦樂報。此起業相即是虛妄心念之「滅相」，因爲此起業相乃是因「無明不了善惡二業定招苦樂二報，廣對諸緣造集諸業，依業受果」，〔註47〕既造業受報乃「滅前異心，令墮諸趣，以無明力轉彼淨心至此後際，行相最粗，至此爲極，周盡之終，故名爲滅相。」〔註48〕

六者業繫苦相：前起業相造種種業，既有業因必招果報，故云：「以業受果。」此即《大般涅槃經》經偈所云：「非空非海中，非入山石間，無有地方所，脫之不受報。」〔註49〕既招業報，無論善惡，皆不得不受，故爲不自在。因爲不自在，所以名爲業繫苦相。此等於十二緣起之「有緣生，生緣老死。」亦即由此業報之繫縛，遂輪迴於三界諸道，受生死苦報，無有罷期。所以《正法念經》有偈云：「譬如繩繫鳥，雖遠攝則還；業繩繫眾生，其事亦如是。」〔註50〕

上文以虛妄心念生起之四相（即生、住、異、滅）相應於初三細相與六粗相而加以說明，因爲上述所說粗細等相皆是心識妄念所現起之相，而識念所起現之相，概括而言即是生、住、異、滅四相。今所謂之業繫苦相乃強調由妄念執著所招感之種種業報，此乃側重於實際上之輪迴生死，且果報非可斷，故不與識念之四相相應。

以上所說之三細六粗，實即概括了惑業苦一切染法，且皆由無明業相展

〔註44〕同上書。
〔註45〕唐、法藏造疏，明德清直解，《大乘起信論直解》，頁30，台中：青蓮出版社，民國65年。
〔註46〕《大乘起信論義記》卷中，《大正藏》四十四，頁257中、下。
〔註47〕同上書，頁257下。
〔註48〕同上書。
〔註49〕《大正藏》十二，頁549下。
〔註50〕《大正藏》十七，181中。

轉起現，故論云：「當知無明能生一切染法」。而無明即是不能如實覺知眞如一法界，故無明既是不覺，所以由根本無明所起現之一切染法，亦都是不覺之差別相。我們可以說「不覺是九相（三細、六粗）之總名，而九相乃不覺之別號。」〔註51〕

以上所述，即是《大乘起信論》所謂「三細六粗」之具體內容，而三細六粗實已概括了世間法之生死流轉，此即是「心生滅門」中無明不覺之生滅心流轉地攝生一切法。

三、由心生滅門即入心眞如門

上一節，我們依阿黎耶識之不覺性，說明了一切染法之展轉起現。所謂三細六粗皆因無明而起，皆是妄念不覺之相。也就是《大乘起信論》所說的：

> 是故三界虛僞，唯心所作，離心則無六塵境界。此義云何？以一切法，皆從心起，妄念而生。一切分別，即分別自心，心不見心，無相可得。當知世間一切境界，皆依眾生無明妄心而得住持。是故一切法如鏡中像無體可得。唯心虛妄，以心生則種種法生，心滅則種種法滅故。〔註52〕

然而，依《大乘起信論》所說之阿黎耶識，不但有不覺性，同時也本具超越的覺性，因爲《大乘起信論》所說的阿黎耶識是不生不滅與生滅的和合。《大乘起信論》肯定眾生心性本來清淨，與佛無二無別，所以名爲如來藏自性清淨心，也就是說眾生心是在纏的如來藏。順著眾生本具之如來藏自性清淨心而言，即是眾生本具之覺性，此乃是相對於現實眾生之無明不覺故稱爲覺；而此覺性非修行後得，仍是眾生自性本來具足，故稱爲本覺。如《大乘起信論》所云：

> 所言覺義者，謂心體離念，離念相者，等虛空界，無所不徧，法界一相，即是如來平等法身，依此法身說名本覺。〔註53〕

而《大乘起信論》之肯定眾生有本覺，即在於強調眾生可由無明不覺之現實性透顯其內在本具之明覺性，並漸次修行證得涅槃佛境。也就是我們在上文已提到的「起信論之所以特別強調阿黎耶識有覺與不覺二義，乃是爲了建立

〔註51〕 參見明倫社講解「起信論生滅門」講義，頁13。
〔註52〕 《大正藏》三十二，頁577中。
〔註53〕 同上書，頁576中。

生死流轉與解脫還滅的所依。……也就是依不不覺無明故說有生死雜染法，還覺故說有清淨還滅法。有漏雜染與無漏清淨不一不異地統一在阿黎耶識中。」〔註54〕

所以，對於眾生本具之明覺性，也就是阿黎耶識所具之覺義的肯認，實在非常重要。因為我們在前面已指出眾生之流轉生死皆因阿黎耶識之虛妄業識所招致，如果阿黎耶識只是虛妄識念，亦即只是生滅的識念，而無所謂不生不滅的覺性，則眾生之修行悟道，只能是盡人事、聽天命；也就是只能純粹靠後天的正聞熏習之力，以求轉化自身之不覺為明覺。有關此覺性之肯定，牟宗三先生在論「起信論之體用義」時曾謂：

> 若在生滅識念中不正視此覺性，而唯是注意此生滅之識念，以為此生滅之識念只是識念，並無所謂覺性，吾人只是順此生滅之識念而一步一步轉化之，轉化之而成覺，此所成之覺完全是後天的，經驗的，後得的，則吾人亦可以說：這樣順逐生滅識念而轉化下去亦可仍只是在識念中轉，而根本無由達成覺性之獲得（證得），這是無窮地追下去，亦是盲目地追下去，這樣很可使標的模糊，漸次亦可根本喪失其標的。……嘉言懿行，聖教量，若不消融于覺性中以證其為真為實，這一切很可都只是些雜念，憑念轉念，實只是以念引念，永無了期，就是一味不執著于依他起，證得了圓成實，亦只是了解一個空理，與自家生命之清澈仍不相干。……吾人主體方面有此覺性，在證得圓成實上，圓成實空如之理方能滲融進來而與覺性水乳交融，以證成吾人之生命確是一智之生命，而不是一識之生命。……是以覺性乃至本覺之肯認乃是必然者，而且亦是必要者，這是修證工夫所以可能（所以有實效）之超越根據。〔註55〕

我們既然肯定眾生本具如來藏自性清淨心，也就是承認阿黎耶識具有超越的覺性，則自然能將無明不覺的識念化為清淨真心，亦即轉妄識為真智，而在此化念還心的過程中，我們即可將雜染的流轉法還滅為清淨功德法。針對現實有漏的眾生而言，要由無明不覺還歸為明覺自性，必須經過漸次修行

〔註54〕參看本章〔註16〕所引書。

〔註55〕牟宗三先生著，《心體與性體》，第一冊附錄，頁586～587，台北：正中書局，民國62年二版。

的工夫與過程，此即《大乘起信論》所說的「始覺」；亦即眾生從迷返悟，從一向不覺而還歸爲本覺自性，要依本覺內熏之力；而因爲眾生一向不覺，今覺力之發動似爲始起，故稱始覺，非指其新生始有。所以「始覺，是從凡入聖，從因到果，從事實的現象方面說。但推究起來，這不是新始產生的覺體，這覺悟是本來具有的，始覺並沒有增加什麼。」〔註56〕換句話說，「始覺即是覺體之呈用；覺體呈用即是覺體由隱伏附隨中呈現其自己。呈現其自己即有覺了洞澈識念生滅流轉之無自體無實性而化除遠離之作用。」〔註57〕

因此，《大乘起信論》說始覺乃是關聯著本覺、不覺一起說的。論云：

> 本覺義者，對始覺義說。以始覺者即同本覺。始覺義者，依本覺故
> 而有不覺，依不覺故說有始覺。〔註58〕

也就是預先肯定眾生清淨眞心之覺性，而依此覺性方得說「從本已來，念念相續，未曾離念」〔註59〕的眾生是不覺的。又由此不覺要返歸本來清淨之覺性，所以才說有始覺，此正顯出始覺爲返流還淨之覺智。因此，我們要說明雜染之還滅，可以依始覺還原爲本覺之次第過程加以說明。依《大乘起信論》乃是以覺了虛妄心念之生滅四相來說明眾生之返妄歸眞，即依心念之生、住、異、滅四相的逐一破除還滅，來彰顯返流過程中修證的四個階位——即凡夫之止其後念的「始覺」，與二乘之「相似覺」，法身菩薩之「隨分覺」，與入佛地之「究竟覺」。

在前一小節中，我們說明一切染法之流轉起現時，曾述及虛妄心念含攝得「三細六粗」等相，因爲有漏雜染法之流轉乃是由無明業相展轉生起，並由細至粗，此皆因無明風動，遂起心動念，妄現種種境界相；並且有微著之不同與先後際之差異，其先際最微，名爲「生相」，後際最粗，名爲「滅相」。故《佛性論》云：

> 一切有爲法，約前際與生相相應，約後際與滅相相應，約中際與住、
> 異相相應。〔註60〕

〔註56〕《大乘起信論講記》，頁81。
〔註57〕《心體與性體》第一冊附錄，頁589。
〔註58〕《大乘起信論》，《大正藏》卅二，頁576中。
〔註59〕同上書，頁576中、下。
〔註60〕天親造，梁、眞諦譯，《佛性論》，《大正藏》卅二，頁802下。論云：「………一切有爲法名行，與四相相應故。四相者，一生二異三住四滅：一切有爲法，

也就是藉識念之生、住、異、滅以說明一切有漏雜染法之次第生起與流轉。如今，我們要說明還滅，則需反其方向，由覺知滅相以至於覺知生相；因為識念之滅相最粗，故較易覺知而化除掉，生相最為微細難知，唯有證入金剛喻定之佛菩薩方能究竟覺了。這即顯示：眾生從無明不覺開始依法修行，以求化念還心，返歸本來明覺之清淨自性，這中間由於工夫之深淺不同，遂有究竟不究竟之差別；能覺徹心源即是究竟覺，不能覺徹心源即是不究竟覺。而由不究竟覺展轉還滅至究竟覺的過程，即顯出始覺以至於究竟覺之漸修次第。所以《大乘起信論》說：

> 如凡夫人覺知前念起惡故，能止後念令其不起。雖復名覺，即是不覺故。如二乘觀智，初發意菩薩等，覺于念異，念無異相。以捨粗分別執著相故，名相似覺。如法身菩薩等，覺于念住，念無住相。以離分別粗念相故，名隨分覺。如菩薩地盡，一念相應，覺心初起，心無初相。以遠離微細念故，得見心性，心即常住，名究竟覺。〔註61〕

以下我們即依虛妄心念之漸次化除還滅，以說明「轉識成智」的修證過程：

一、覺知滅相：所謂滅相乃是「無明力轉彼淨心至此後際，行相最粗，至此為極，周盡之終。」〔註62〕故名為滅相。此相當於前面所說六粗相之「起業相」。眾生由於計名字相，執取外境，造作種種善惡業，遂有起業相。眾生造業之心，念念生滅，未曾暫止；而此惡業既是由虛妄心念引發生起，所以要終止惡業，須先令惡念不起。因此修學佛法之凡夫必須在起業相剎那現前時即能覺了，亦即依此念念生滅之心念，覺知「前念起惡之心滅時，即就滅處止其後念之惡更不容起。故念念滅時，念念止之。止之既久，則令惡念不生。」〔註63〕此即《大乘起信論》所謂之「覺知前念起惡故，能止後念令其不起」。然而于此位中之凡夫，雖能覺了滅相是惡，而不再起業造惡，然猶未覺知滅相乃是由虛妄分別而起現之妄念；亦即但能防止後念起業造惡，而不能真正覺了惡念之虛幻不實，當下止滅。既未能止滅惡念，故煩惱不斷，所

約前際與生相相應，約後際與滅相相應，約中際與住、異相相應，行役不息，故名為行」。

〔註61〕《大乘起信論》，《大正藏》卅二，頁 576 中。
〔註62〕《大乘起信論義記》卷中，《大正藏》四十四，頁 257 下。
〔註63〕《大乘起信論直解》，頁 30。

以仍屬不覺。不過就其修行證悟之工夫，亦可方便稱爲「止業覺」，只是非覺徹心源之究竟覺而已。

二、覺知異相：指聲聞、緣覺二乘以及十住以上到十迴向的菩薩，能夠覺照到虛妄心念的變異相；同時能了知意識的起滅變異，根本沒有變異的實在性。此即是覺悟六粗中的「計名字相」及「執取相」。既然能覺悟計名字相及執取相所生之粗分別，自然就能捨離由此粗分別隨虛妄境界所起之執念。此粗分別所起之執著即是第六意識的我執及部分的法執，二乘及三賢菩薩雖能捨離六識中之我、法二執，然尚未能眞正覺悟眞如法性實相，只是近似於眞覺，故稱此覺爲「相似覺」。

三、覺知住相：十地菩薩能覺悟諸法的眞如法性，分證如來的平等法身，故又稱爲法身菩薩。而法身菩薩之覺知住相，即是覺悟六粗相中的「智相」、「相續相」以及三細相中的「能見相」、「境界相」，均是由虛妄分別而生起，根本沒有眞實的自性。約心意識說，此即覺悟「五意」中的後四，所謂「相續識」、「智識」、「現識」以及「轉識」；亦即進入業識心境，覺悟了第七末那識所執持的相續境界，無有眞實自性，唯是妄心所現。十地菩薩既覺知念無住相，所以不但能捨離由虛妄心念的住相所引起的微細分別，同時亦能捨離此無有眞實自性之住相。而此心念之住相，相對於心念最初之微細生相而言，則爲「粗念相」，故《大乘起信論》說此位之菩薩能「離分別粗念相」。又十地菩薩，由於觀智的深淺不同，所以每地菩薩所證悟的境界亦不相同，而且只能分證眞如法身，尚未能證悟圓滿法身，所以稱其爲「隨分覺」。

四、覺知生相：此指證入第十地「法雲地」之菩薩，修行已臻圓滿，具足一切觀行修斷之方便法，故有清淨妙智現前與其一念相應，所謂「一念相應妙智」。由於此妙智之相應，不但能覺了心念最初之生起相，同時覺悟心念的生相無有實性可得，即覺知「心無初相」，既遠離了虛妄分別業識的執著即能斷除無始無明住地的迷惑。惑業既除，自能明心見性，覺悟此眞心乃是本來具足一切無漏稱性功德，常住不變。菩薩修行至此，可說是覺徹心源，圓滿而究竟，所以稱此境界爲「究竟覺」。

由上述四位之還滅過程，我們知道只有斷盡無明業識之虛妄心念，才能如實證悟眞如法性，究竟覺了自心本來清淨，而契入眞如平等佛智。所以《大乘起信論》引證經文謂：

> 是故修多羅說：若有眾生能觀無念者，則爲向佛智故。〔註64〕

這很明顯地表示：眾生一旦覺知心念的生、住、異、滅相，虛妄不實，皆無自性實體，當下即可由心生滅門悟入心眞如門；因爲雜染與清淨之別只在一念之間，一念覺則成聖成佛，一念不覺則輪迴五道，流轉生死。故《大乘起信論》云：

> 復次顯示從生滅門即入眞如門。所謂推求五陰，色之與心，六塵境界，畢竟無念。以心無形相，十方求久，終不可得。如人迷故，謂東爲西，方實不轉；眾生亦爾，無明迷故，謂心爲念，心實不動。若能觀察知心無念，即得隨順入眞如門故。〔註65〕

第二節　由眞妄相熏助成一切法之生死流轉與涅槃還滅

前文我們已經說明了一切法之生滅相，而一切法之所以有生滅染淨，依《大乘起信論》而言，全是靠眞如與無明互相熏習而成；亦即由無明熏眞如，遂有一切虛妄雜染法，由眞如熏無明則成無漏功德法。而所謂「熏習」，依《大乘起信論》說爲：

> 熏習義者：如世間衣服，實無於香，若人以香而熏習故，則有香氣。
> 此亦如是：眞如淨法，實無於染，但以無明而熏習故，則有染相。
> 無明染法，實無淨業，但以無明而熏習故，則有染相。無明染法，
> 實無淨業，但以眞如而熏習故。則有淨用。〔註66〕

此即明顯表示，熏習之義實即「以此熏彼，以彼熏此」，互相影響而有所變化。就好比我們以香熏習衣服，衣服即有香氣，此香氣乃由香之熏習而有，非衣服本來具有；然一旦被熏，則受影響而產生變化。因此，依此熏習之義，《大乘起信論》說眞如與無明相互熏習起染淨法不斷，以下我們即分別說明眞妄相熏之義。

〔註64〕《大乘起信論》，《大正藏》卅二，頁 576 中。
〔註65〕同上書，頁 579 下。
〔註66〕同上書，頁 578 上。

一、由妄熏眞成生死流轉

　　所謂「由妄熏眞」即是《大乘起信論》所說之染法熏習。《大乘起信論》云：

> 云何熏習起染法不斷？所謂以依眞如法故，有於無明；以有無明染法因故即熏習眞如；以熏習故，則有妄心。以有妄心，即熏習無明；不了眞如法故，不覺起念，現妄境界。以有妄境界染法緣故，即熏習妄心，令其念著，造種種業，受于一切身心等苦。〔註67〕

牟宗三先生對於染法熏習之見解爲：

> 染法熏習，從根本處說，即是無明熏眞如，愈熏，眞如愈隱，其力愈弱，眾生遂長夜生死，交引日下。（染法互相交引，亦是熏習）這樣熏習下去，遂從無始已來，永無斷絕。〔註68〕

所以，一切染法皆由無明妄心熏習而來，而由根本無明之熏習所起現之虛妄雜染法，約其粗細，可將其生起之過程方便地分爲三個階段：

　　一、無明熏習成妄心。此即《大乘起信論》所謂的「以依眞如法故，有于無明；以有無明染法因故，即熏習眞如；以熏習故，則有妄心」。我們知道染法之根源，雖因無明不覺而有，但是無明無有自體，必須依憑於眞如方得以顯；此可藉賢首法藏在《華嚴經探玄記》中論染淨二門之關係來說明：

> 六、染淨門者，………問：染非性起，應離于眞。答：以達眞故，不得離眞。以達眞故，不屬眞用。如人顛倒，戴靴爲帽。倒即是靴，故不離靴。首戴爲帽，非靴所用。……〔註69〕

此即明顯表示，無明不覺與自性眞如，無始已來即不相捨離；由於不覺眞心自性本來清淨無染，遂蒙蔽眞心而成無明妄心，此即無明之熏習眞如。而眞如受無明之熏習，遂心動起念成爲妄心；所以「妄心是依眞如爲本，而現爲虛妄心影的。………是眞妄和合而有的，即無明力不覺心動的業識」，〔註70〕而此妄心如何熏習起現染法呢？此可由兩方面加以說明。一方面由「業識根

〔註67〕同上書。

〔註68〕《心體與性體》第一冊附錄，頁594。

〔註69〕唐、法藏述，《華嚴經探玄記》，卷第十六，〈寶王如來性起品〉第三十二，《大正藏》冊五，頁405下，台北：中華佛教文化館影印，民國46年。

〔註70〕《大乘起信論講記》，頁169。

本熏習」生起染法，依《大乘起信論》，此妄心即是五意中之根本業識；乃是無明不覺心動之最初虛妄心識，是最微細而甚深難知的。但依此微細業識之起現，則展轉生起能見、能現、能取境界等種種虛妄分別而相續不斷。又因其有增長其餘諸心識之力，故稱「業識根本熏習」。依此根本業識的熏習力，能捨受阿羅漢、辟支佛以及一切菩薩的「變易生死」。〔註71〕因爲阿羅漢、辟支佛及菩薩乃是三乘聖者，而此三乘皆已斷盡見愛煩惱，不再受凡夫的「分段生死苦」；〔註72〕然阿羅漢、辟支佛二乘雖入「無餘涅槃」，〔註73〕菩薩雖證「無生法忍」，〔註74〕卻尚未臻究竟圓滿，仍有微細根本業識妄現，生起虛妄心境，並加以分別計著，住持苦樂；且此苦樂所招的感受，刹那變易，無有定常，故稱爲生滅苦。

　　另一方面則依妄心業識增長分別事識之熏習力，起現染法不斷，亦即眾生依前六識對虛妄心境起分別計執，而造種種業，感受生死苦報。故論云：「增長分別事識熏習，能受凡夫業繫苦故」；凡夫隨業力感受不同的分段生死，皆由意識熏習而起，而由此遂流轉生死，無有終日。

　　以上，已說明妄心熏習起染法不斷之義。其次，我們要探討「妄心如何熏習成妄境」之義。

　　二、妄心熏習成妄境。依前文所述，由無明力不覺心動所起現之妄心業識，雖是微細難知，然一旦起現，則更復熏習無明不覺，由是遂有能所之對待，而產生虛妄的境界相，故《大乘起信論》云：「以有妄心，即熏習無明；不了眞如法故，不覺念起，現妄境界」。而此由妄心熏習而成之妄境界，一方面能增長念熏習，另一方面又增長取熏習，遂展轉生起染法不斷。所謂「增長念熏習」，乃是指由妄心所引生之妄境界，不斷地作爲妄心之緣境，所以也就不斷地增長念力；換句話說我們心中所以有無限的概念，無窮的印象，皆由虛妄境界之影響而產生。另一方面，因爲虛妄境界不斷地增長業識心念，同時也就增長了心識之愛著執取虛妄境界，此即所謂「增長取熏習」。由此，

〔註71〕三乘以上聖者，雖已斷見思等惑，然尚有根本無明未斷；由此微細業識之念念生滅，念念遷異，遂有刹那變易之生死。

〔註72〕凡夫眾生由於種種見愛煩惱，遂生種種見思惑，妄想執著，招感苦樂果報；而且異熟果報有分分段段之差異，故稱分段生死。

〔註73〕指阿羅漢、辟支佛證入灰身滅智之寂滅境界，既灰身滅智，故無有餘依。

〔註74〕指大乘菩薩觀一切因緣所生法無有自性，當體即空；並由之證入不生不滅之眞如實相，如如不動，故稱無生法忍。

我們知道，虛妄心念與愛著執取是彼此相互影響而增長的，亦即「由妄境界熏習分別事識而追求外境，由追求外境而增長相續識中的念力，由念力增長又引發分別事識的外緣境界」，〔註75〕如此展轉相熏增長，遂起染法不斷。

三、妄境界熏習成惑業苦。此即是《大乘起信論》所謂「以有妄境界染法緣故，即熏習妄心，令其念著，造種種業，受於一切身心等苦」，亦即進一步強調由無明不覺所起現之妄心，引生妄境界，妄境界又增長虛妄心念，並且產生愛著執取，彼此相互影響，展轉相熏，遂造種種惑業，並隨順此種種惑業而招受種種苦報。如此，一切眾生的起惑、造業與受苦，皆根源於妄境界之反熏妄心而產生。

以上即是無明熏習真如而起染法不斷之過程，在此過程中，無明、妄心與妄境界反覆相熏牽引，故起現一切染法，而眾生也因此流轉生死，輪迴苦道，不得暫停。

二、由真熏妄成涅槃還滅

前文已說明由根本無明熏習真如，展轉生起相續不斷的有漏雜染法，接著，我們要探討《大乘起信論》所說的「淨法熏習」。所謂「淨法熏習」，即是指真如熏習無明，將雜染法還滅為清淨法的過程。依《大乘起信論》原初之肯定，乃是肯定一切眾生自性本來清淨，涵藏著與佛無異之如來佛性，此潛藏的佛性即是如來藏自性清淨心；而眾生因為本具此如來藏自性清淨心，所以具有內在的熏習力，能夠主動地發出厭離生死，樂求涅槃的願力與智力，依此願力與潛力，故能漸次修行，終至解脫還滅，證入涅槃清淨佛境，而顯現如來法身。所以《大乘起信論》說「淨法熏習」時謂：

> 云何熏習起淨法不斷？所謂以有真如法故，能熏習無明；以熏習因
> 緣力故，則令妄心厭生死苦，樂求涅槃。以此妄心有厭、求因緣故，
> 即熏習真如，自性已性，知心妄動，無前境界，修遠離法。以如實
> 知無前境界故，種種方便，起隨順行，不取不念，乃至久遠熏習力
> 故，無明則滅。以無明滅故，心無有起；境界隨滅。以因緣俱滅故，
> 心相皆盡，名得涅槃，成自然業。〔註76〕

〔註75〕《大乘起信論講記》，頁 171。
〔註76〕《大乘起信論》，《大正藏》卅二，頁 578 中。

　　上一節，我們依無明、妄心與妄境界之展轉熏習，說明一切虛妄雜染法之流轉；今則逆此方向以說明眞如熏習無明之還滅過程。此還滅的過程亦可分爲三種熏習加以說明：

　　一、眞如熏習成發心。一切眾生雖無始已來，就有無明不覺蒙蔽本覺眞心，並由之起惑、造業，流轉生死苦道而不得解脫；然其本性清淨，本具之眞如心也從無始已來即發出內在之熏習力，熏習矇昧之無明，使其無明妄心發出厭離生死苦報，樂求清淨涅槃之心願。換句話說，眾生之所以能發心修學佛法，追求正覺佛道，完全是因爲其先天本具的眞心覺性，具有主動熏習之力。此眞如內在的熏習力，《大乘起信論》稱爲「眞如自體相熏習」，論云：

> 自體相熏習者，從無始世來，具無漏法，備有不思議業，作境界之性。依此二義，恒常熏習。以有力故，能飲眾生厭生死苦，樂求涅槃；自信己身有眞如法，發心修行。〔註77〕

而此眞如自體相熏習，實即是「因熏習鏡」中所謂的「一切染法所不能染，智體不動，具足無漏，熏眾生故」。〔註78〕亦即眾生的如來藏自性清淨心，先天本具了無量無漏功德，故能自動熏習無明妄心，轉虛妄心念爲清淨道心，所以說「眞如熏習成發心」。

　　二、發心熏習成解行。由上述，我們知道，由眞如本覺熏習無明能發出厭離生死苦報，樂求涅槃佛果之心，；而此心一旦發出，自然也能產生熏習影響力，反覆熏習眾生本具之眞如覺性，使此覺性能具體呈現；此覺性一旦呈現，自能透視無明煩惱之蒙蔽，而反觀自身本來清淨，自性本來無染。同時也能覺悟眾生無始已來之所以流轉生死苦道，皆是無明虛妄心念起動所致；既是無明妄心所起，自是虛妄分別，而所分別執著的外在境界，實際亦根本不存在。故《大乘起信論》云：「三界虛僞，唯心所作，離心則無六塵境界」，又云：「尚知世間一切境界，皆依眾生無明妄心而得住持；是故一切法，如鏡中像，無體可得，唯心虛妄，以心生則種種法生，心滅則種種法滅故」。因此，眾生由發心修行，逐漸次遠離妄心妄境，悟得唯心無境；並由之如實修學聞、思、修三慧，清淨功德法自然起現不斷。此即是「發心熏習成解行」之義。

〔註77〕同上書。
〔註78〕同上書，頁576下。

　　三、修行熏習證涅槃。我們若能如實覺了自性本來清淨明覺，根本無有妄心與虛妄境界，自然就不會念著執取子虛烏有之外在妄境；而一旦達此唯心細意境界，則能逐漸破除分別事識之虛妄分別，亦即逐漸去除法執。同時隨順真如自心，如實修行種種法門而現種種方便，不取不念一切無明染法，如此方能迅速趣入無上佛道。因為由真如本覺久遠不斷的熏習力，即可將不覺真如一法界的無明滅除；而根本無明一旦滅除，一切由無明熏習所生起的有漏雜染法，自然也就隨之滅除，故《大乘起信論》云：「以無明滅故，心無有起；以無起故，境界隨滅」。至此境界，眾生本具之清淨如來藏性即能徹底顯發出來，而證入如來的究竟涅槃。既證悟自性涅槃，自然能隨順眾生，隨機應化，而成就自然業用；如是展轉熏習，淨法乃得相續不斷。

　　綜上所述，由雜染法與清淨法之展轉相熏，遂有生死流轉與涅槃還滅。雖說染法、淨法皆相續不斷，然依佛教以了脫生死，證得涅槃佛果為最終旨趣而言，染法最終畢竟是要滅除，而還歸為清淨功德法；因為無明無有自性實體，眾生依其內在之真如熏習力，終能轉染還淨，令其不再生起。如此，眾生之成佛方是究竟證得，而不至於再流轉為生死眾生。至於淨法熏習，因眾生本具如來藏自性清淨，無始已來即不斷熏習；到證悟成佛以後，仍是不斷熏習眾生，作為眾生修行之助緣，所以真如淨法，是無始也是無終的。故《大乘起信論》在說明真妄相熏以後，特別強調：

> 復次，染法從無始已來，熏習不斷，乃至得佛，後則有斷。淨法熏習則無有斷，盡于未來。此義云何？以真如法常熏習故，妄心則滅，法身顯現，起用熏習，故無有斷。〔註79〕

又此淨法之熏習不斷，實蘊含著如來法身遍滿常住之意，此實是《大乘起信論》如來藏緣起思想自始即肯定者，也由此方得以倡談一切眾生皆可究竟還滅，同入一佛乘之境地。

〔註79〕同上書，頁 579 上。

第四章 《大乘起信論》如來藏緣起思想之檢討

第一節 《大乘起信論》眞如義之檢討

在第二章中，我們已經說明了《大乘起信論》的如來藏緣起思想，乃是透過一種超越的分解，肯定眾生本具如來藏自性清淨心，亦即是以一超越的眞心作爲眾生成佛之超越的根據，同時以此超越的眞心作爲一切法存在的根源。此種思想在佛教內部教義的發展過程中形成了一獨特的緣起系統，它不但強調諸法畢竟空的般若空慧，同時更依如來藏自性清淨心詳細地說明了一切法的存在情形與生滅。所以，《大乘起信論》所說之心眞如，不但是諸法畢竟空的實相眞如，同時也是「一切法大總相法門體」；是一眞常心，也就是將般若智吸于眞常心中，成爲智如不二之般若智心。

此一獨特的思想，就其自身而言，有其思想體系之限制；而也因爲此限制遂易引起一些誤解，牟宗三先生認爲《大乘起信論》所成立之眞心系統的限制乃是：

> 因對眾生而說其成佛可能並對一切法作一根源的說明這兩問題而凸現爲一緊張的狀態，因此緊張的狀態，般若清淨心遂轉爲豎立的眞心，成爲一有實體性意味的實體。〔註1〕

因爲《大乘起信論》所說之超越的眞心容易被視爲一有實體性意味的實體，遂

〔註1〕牟宗三先生著，《佛性與般若》上冊，頁475，台北：台灣學生書局，民國66年出版。

引起支那內學院王恩洋先生對《大乘起信論》作嚴厲的批評，在其〈大乘起信論料簡〉中曾謂：

> 自來相似正教諸偽經論雖無量種，而流行最廣立義最乖者，《大乘起信論》一書爲最。〔註2〕

又謂：

> 此論而可存，將三藏十二部經空有兩宗一切論義並皆可廢矣。夫斯論之作固出於梁陳小兒，無知徧計亦何深罪。特當時有唐之世大法盛行，唯識法相因明之理廣博精嚴甚深抉擇。而此論者乃無人料簡，靈泰智周諸師雖略斥責而不深討，貽諸後世，習尚風行，遂致膚淺模稜，劃盡慧命。似教既興，正法以墮，而法相唯識千餘年來遂鮮人道及矣。〔註3〕

王氏何以批評《大乘起信論》立義乖違，劃盡慧命？主要就是針對《大乘起信論》所說的「眞如」而發。他認爲：「《大乘起信論》非佛教論，背法性故，壞緣生故，違唯識故，如《金七十論》等。」〔註4〕換句話說，他認爲《大乘起信論》所說之眞如爲常一之實物，故違背諸法空無自性之法性；同時也破壞了諸法依因待緣而生起之緣生義。至於起《大乘起信論》所說之「眞如熏習」更是不可能，因爲王氏認爲眞如應該是無爲無用不能熏習的。《大乘起信論》之眞如是否眞的背法性、壞緣生、違唯識呢？在此，我們企圖透過王氏的〈大乘起信論料簡〉對《大乘起信論》之眞如義作一個簡別，以求更進一步地彰顯出《大乘起信論》所呈現之如來藏緣起思想。

一、《大乘起信論》之眞如是否爲常一之實體？

首先讓我們看看王氏何以認爲《大乘起信論》所說之眞如違背諸法之空性？王氏在說明眞如之體相用三大時，認爲《大乘起信論》所謂之「體大」乃是「心之自體」或「物之本質」，〔註5〕故推論出：

〔註2〕 王恩洋先生著，〈大乘起信論料簡〉，收入《大乘起信論與楞嚴經考辨》，頁105，台北：大乘文化出版社，民國67年。

〔註3〕 同上書，頁115。

〔註4〕 同上書。

〔註5〕 同上書，頁107。

此論所云之真如者爲一實物，其性是常，其性是一，以其常故，性恆不變，以其一故，徧一切法，以爲實物故能轉變生起一切法，而一切法皆此真如之現象及作用。是故萬法之生從真如生也，萬法之滅復還而爲真如也。是故，真如稱爲一法界大總相法門體。〔註6〕

又將《大乘起信論》所說之空、不空真如，解釋爲：

真如即二義，一者空，總體之相不可以言說分別等，如是蓋以言說分別等但是別相，亦但能詮表於別相，如一微塵不能表示妙高山故，如一波浪不能表示大海水故。以是因緣一切分別言說皆與大總相法門體不相應，是故說之爲空。二者不空，以具有無量功德能生一切世間出世間法故，是蓋以一切法從真如生，真如總攬此一切法爲體，有體有相有用不可說此真如體空，是故說名不空。如是空言表示真如至高無上絕無對待義，不空言表有體有用有無量無邊功德義。〔註7〕

並由此而推斷出：

真如之生萬法也，則真如分而爲萬，如水起波，雖分爲萬，性皆真如，如波雖多，性皆是水。……萬法之滅也，則萬法合而爲一，如波滅成水，是故說云唯心相滅非心體滅，心體即真如也，心相即萬法也。以是義故說真如是一，萬法非一：真如是常，萬法非常，真如爲真，萬法幻起。〔註8〕

王氏對《大乘起信論》真如之了解既然如此，故認爲《大乘起信論》所言之真如義與般若瑜伽等真實佛法有異，其所異有三：

一、佛法所云真如無實體而是諸法空性，此則謂「真如即體而是諸法本質。」

二、佛法真如無有用性，非能生不生萬法，但以有萬法故而真如之理節存，而此則謂「真如能生，生起萬法，以有真如故而萬法起。」

三、佛法云真如，非以有一常住之體故諸法依之而有生滅，但以諸

〔註6〕同上書，頁108。
〔註7〕同上書，頁108～109。
〔註8〕同上書，頁109。

法生滅無常故而顯此無常之常性名之曰眞如；此則「以有一眞
如常住之實體故，諸法隨之而生滅」。〔註9〕

其實《大乘起信論》所說之眞如與唯識法相宗所說之眞如有別，依唯識
法相宗之理論，眞如乃是「諸法空性所顯之眞如理」，也就是《佛性論》所說
的：「我法二空所顯眞如」，〔註10〕而《大乘起信論》所說之眞如，不但是指
諸法畢竟空的法性理，同時還具有無漏功德性，能夠依緣現起一切三乘聖法。
但是《大乘起信論》雖強調眞心爲一切法之依止，如論云：「是心則攝一切世
間出世間法」，但並未說此眞心就是「物之本質」，更未說眞如是一常住不變
的實體，能轉變生起一切法。只是說心眞如是「一法界大總相法門體」，此「體」
字是何意義的體呢？牟宗三先生解釋爲：

心眞如之眞心就是一切法門之如性、眞性、實相，而實相一相，所
謂無相，故就如性、眞性、實相而說『體』，此體字是虛意的體，非
有一實物曰體也。〔註11〕

而且《大乘起信論》有云：

言眞如者，亦無有相。謂言說之極，因言遣言。此眞如體，無有可
遣，以一切法悉皆眞故。亦無可立，以一切法皆同如故。當知一切
法，不可說不可念，故名爲眞如。〔註12〕

又謂：

當知眞如自性非有相，非無相，非非有相，非非無相，非有無俱相；
非一相，非異常，非非一相，非非異相，非一異俱相。〔註13〕

眞如既離一切言說分別，自然不是常一之實物。而常惺法師在〈大乘起信論
料簡駁議〉中亦曾表示：

《起信論》中眞如，本合理、智二者而言，能所不分，與唯識中，有

〔註9〕 同上書。
〔註10〕 天親菩薩造，梁、眞諦譯，《佛性論》，《大正藏》卅一，頁787中，台北：中
華佛教文化館影印，民國46年。
〔註11〕 《佛性與般若》上冊，頁457。
〔註12〕 馬鳴菩薩造，梁、眞諦譯，《大乘起信論》，《大正藏》卅二，頁576上。
〔註13〕 同上書，頁576上、中。

為智照無為理，所詮原自不同，故論名為一大總相法門體，原未指為實物，是一是常。……夫「一」者乃對「多」所立之假名，必對多法之無常，然後方顯此一法之常。今真如門中，乃就平等之體而說，故云：「一切諸法，從本已來，離言說相……畢竟平等，惟是一心」。法法既皆平等即真，真如外更無無常差別之法可對，則真如常一之名，何處可安？但為不得已而開示眾生故，立此「一法界」之假名，顯平等無二之絕待義，是故不應泥執名相，而誣同外道之常一也。〔註14〕

又王氏認為《大乘起信論》之真如既為常一之實物能生起萬法，即與數論之自性無有差異，其於〈大乘起信論料簡〉中曾謂：

窺師有云，數論人立自性三德隨我思緣起造諸法，所成大等相雖有異，後轉變時還歸自性，故說大等皆無滅壞。今說真如起心等，息妄歸真還即真性，則同數論。〔註15〕

王氏這種誤解，乃是認為《大乘起信論》所言真如等同於外道之梵我、自性；實際上，佛早在《楞伽經》中已抉擇此真如（如來藏）不同於外道梵我。《楞伽經》有云：

爾時，大慧菩薩摩訶薩白佛言：世尊！世尊修多羅說如來藏自性清淨，轉三十二相入于一切眾生心中，如大價寶垢衣所纏。如來之藏常住不變，亦復如是，而陰界入垢衣所纏，貪欲恚痴不實妄想塵勞所汙，一切諸佛之所演說。云何世尊同外道說我，言有如來藏耶？世尊！外道亦說有常作者，離于求那，周遍不滅。世尊！彼說有我。

佛告大慧，我說如來藏不同外道所說之我，大慧！有時說空、無相、無願、如、實際、法性、法身、涅槃、離自性、不生不滅、本來寂靜、自性涅槃，如是等句說如來藏已，如來、應供、等正覺，斷愚夫畏無我句，故說離妄想無所有境界如來藏門！未來現在菩薩摩訶薩不應作我見計著。譬如陶家，於一泥聚，以人工水木輪繩方便，作種種器。如來亦復如，于法無我離一切妄想相，

〔註14〕《大乘起信論與楞嚴經考辨》，頁166。
〔註15〕同上書，頁113～114。

以種種智慧善巧方便，或說如來藏，或說無我。以是因緣故，說如來藏不同外道所說之我，是名說如來藏。開引計我諸外道故，說如來藏，令離不實我見妄想，入三解脫門境界，希望疾得阿耨多羅三藐三菩提。是故如來、應供、等正覺，如是說如來之藏。若不如是，則同外道。是故大慧！爲離外道見故，當依無我如來之藏。爾時世尊欲重宣此義而說偈言：人相續陰，緣與微塵，勝自在作，心量妄想。〔註16〕

依此經文之抉擇簡別，佛明示眾生其所說之如來藏是「離妄想無所有境界」之「無我如來藏」，不同於外道所說之梵我，具有客觀肯定的實體性。所以《大乘起信論》之「如來藏真心『隨緣不變，不變隨緣』之緣起並不是實體性的實有之本體論的生起。它是通過無明妄念（阿賴耶識），不染而染，始隨染緣起生死流轉之雜染法，它本身並不起現這一切。它本身染而不染，故又能就這一切雜染法而起還滅之功行，因而得有清淨法，此即所謂隨淨緣起淨法（內外真如熏即是淨緣）。至還滅功成，無明斷盡，仍是無我如來藏，離妄想無所有境界。」〔註17〕

由以上所述，我們可以說《大乘起信論》所肯定之超越真心（即心真如、真如心）只是有外道梵我之嫌，亦即有實體性的本體之嫌，並非真如王氏所批評的常一的實物，能生起一切法。何況《大乘起信論》本身亦一再強調：「三界虛偽，唯心所造，離心則無六塵境界，此義云何？以一切法皆從心底，妄念而生，一切分別，即分別自心，心不見心，無相可得。」所以常惺法師在其〈大乘起信論料簡駁議〉中亦強調：「《起信論》宗諸大乘契經，依一心法而開二門。真如門乃顯一切法所依之體，平等不二，即一切法以論於真，非離一切法外而另有一凝然實物能生於一切也。」〔註18〕

二、《大乘起信論》之如來藏緣起是否破壞緣生大義？

其次，讓我們看看王氏爲何批評《大乘起信論》之真如破壞了緣生大義。

王氏首先說明：「一切法必待因及緣而後能生，不無因生，不自然生。譬

〔註16〕 宋、求那跋陀羅譯，《楞伽阿跋多羅寶經》。卷第二，〈一切佛語心品〉之二，《大正藏》十六，頁489上、中，台北：中華佛教文化館影印，民國45年。
〔註17〕 《佛性與般若》上冊，頁477。
〔註18〕 《大乘起信論與楞嚴經考辨》，頁168。

如禾稼必自種子及土壤日光人工等緣具備而後得生，以是義故，說名緣生。」
〔註19〕而且認爲一切法之緣生有幾點決定義，〔註20〕即是：

一、諸法生起必有因緣，無因緣者不能得生。

二、諸法不但從種子生，必待餘緣增上力故方乃得生。

三、諸法因緣但生自果，無漏因不生有漏果，雜染因不生清淨果，……
　　異種不能生異現，異現亦不熏異種。

四、諸法增上緣必爲同類同性隨順增善者，始能招感引起諸餘法果。

五、因緣俱備必定生果。

六、因緣法中種子周徧現行對礙義。

七、緣生法中能生所生性必平等。

王氏既認爲：

> 諸緣生法能生所生性必平等，凡能生者必爲所生，能生所生俱爲緣
> 生，既爲從餘生者，即可復生餘。所生無常故，能生亦無常，所生
> 非一故，能生亦非一。〔註21〕

遂批評《大乘起信論》之眞如但能生而非所生，因爲萬法從眞如生，而眞如
不從餘生。且眞如性常一，萬法非常一。如是推論：

> 無明正智有漏無漏善染無記共一因緣，共一因故，無明因即正智因；
> 有漏因即無漏因，善因即惡因，惡因即善因，因既雜亂，無漏應生
> 染業，三毒亦起大悲。以是義故，失壞世間出世間一切法。〔註22〕

並依此而批評《大乘起信論》之眞如隨緣起現萬法爲敗壞緣生大義。

　　上一節我們已說明《大乘起信論》之眞如並非一實物，不同於外道所說之
梵我自性；所以《大乘起信論》所說之眞如自亦不若梵我自性之生起一切法。《大
乘起信論》但云：「是心則攝一切世間出世間法」，並未說此如來藏自性清淨心
能生起一切世間出世間法。且其由心生滅門說明一切法之流轉與還滅，乃是依
阿黎耶識之覺與不覺而言，論云：「此識（阿黎耶識）有二種義，能攝一切法，
云何爲二？一者覺義，二者不覺義」，此已如第二章、第一節第二段所言，在此

〔註19〕同上書，頁84。
〔註20〕同上書，頁85～88。
〔註21〕同上書，頁110。
〔註22〕同上書。

不重覆贅述。我們只要了解心生滅門中，三細六粗等虛妄境界，皆由阿黎耶識之無明不覺展轉生起，並即此虛妄流轉法而還滅之，即能顯現清淨無漏功德法，我們自然明白《大乘起信論》之如來藏緣起仍然是合於「此生故彼生，此滅故彼滅」的緣生法則。《大乘起信論》之眞如既未創生一切法，自然沒有王氏所批評的「有一因、共因、不平等因」之過失。

王氏同時也批評《大乘起信論》之「三細六粗俱依無明次第生起，故云無明能生一切染法，是則仍即共因、不平等因失。」〔註23〕針對此批評，常惺法師曾辯解謂：

> 起信論明說九相展轉生起，互相爲因。而推原其本，歸過無明，故云無明能一切染法，未說無明橫生一切。〔註24〕

且此隨無明染緣起現一切法的過程，已于前第二章中，「無明不覺生三細，境界爲緣長大粗」一節說明。所以，以無明爲一切染法生起之根源，並未破壞緣起之法則，此實同於十二緣起之由無明緣行，行緣識……乃至生緣老死，是以無明爲一切法緣起之因，若無明滅，則一切俱滅。依上述，我們可以肯定《大乘起信論》之如來藏緣起仍是順承「緣起性空」之法則而構成，並未破壞緣生大義。

三、《大乘起信論》之眞如與無明能否互相熏習？

王氏批評《大乘起信論》所謂由眞如與無明互相熏習，不斷生起染淨法者，根本是不可能的，因爲他認爲：

> 第一：「眞如無常，既非能熏亦非所熏。能熏所熏義皆不立，如何得與無明相熏習起？倘云熏習應非無爲，即非眞如。」〔註25〕
>
> 第二：所謂熏習必須同性質者，方能互相作爲增上緣等無間緣，而《大乘起信論》所言之「正智無明，有漏無漏性極相反，能治所治，能障所障是對礙因。兩敵不並，尚不得並起，何能隨順，相引相熏作開導依增上緣。若謂正智無明得相並起者，即三毒五逆即不障於菩提，諸極惡人應得見道成佛，無

〔註23〕同上書，頁114。
〔註24〕同上書，頁172。
〔註25〕同上書，頁111。

　　分別慧旣不對治煩惱，菩薩及佛應還墮諸三塗，流轉還滅旣
　　並不成，即壞增上緣生道理。」〔註26〕

　　針對王氏第一點批評，在此，我們必須再次強調《大乘起信論》所說之心眞如、眞如心有別於唯識宗所說之眞如空理，《大乘起信論》所說之眞如是「從本已來，自性滿足一切功德」，而且「具足過於恒沙不離不斷不異不思議佛法」，而最主要的是它是自性清淨的眞常心。旣是心，則有活動之力，故能隨染淨緣起現染淨法；眾生也正因爲本具此如來藏自性清淨心，才能發出厭離生死，樂求涅槃之智願。如《大乘起信論》所云：

　　（眞如）自體相熏習者，從無始世來，具無漏法，備有不思議業，
　　作境界之性。依此二義，恒常熏習，以有力故，能令眾生，厭生死
　　苦，樂求涅槃。自信己身，有眞如法，發心修行。〔註27〕

所以《大乘起信論》所說的眞如不同於唯識宗所說由我法二空所顯的「無爲如理」。它具有不變與隨緣雙重性，就其不變義而言是不生不滅的諸法實相，恆常不變，故可說無爲；然就其隨緣義而言，則能隨外緣而發生事用，故亦可說是有爲有用。此可引陳維東先生〈料簡起信論料簡〉所解釋的加以說明：

　　諸有欲知眞如之義者，吾可正告之曰，眞如者即無爲法也。無能可
　　爲者，眞如之理體也，無所不爲者，眞如之事用也。蓋以一切皆生
　　滅而無常，緣起而無我，故曰無能可爲也。即此無常無我之諸法，
　　遍於一切時一切地，故曰無所不爲也。〔註28〕

又謂：

　　以其無能可爲也故正名篇（見前）曰，一切法相用之不變理體即眞
　　如也。以其無所不爲也，故正名篇曰，即此諸法性體之隨緣事用亦
　　眞如也。〔註29〕

　　其次，針對王氏所謂熏習必須同性質者，方能相互作爲增上緣〔註30〕等

〔註26〕同上書，頁112。
〔註27〕《大乘起信論》，《大正藏》卅二，頁578中。
〔註28〕《大乘起信論與楞嚴經考辨》，頁127。
〔註29〕同上書。
〔註30〕增上緣屬四緣（因緣、所緣緣、等無間緣與增上緣）之一，乃是指具有增上力用者，如眼根之能生眼識，田土之生米麥，皆是增上之際。如《大乘義章》

無間緣〔註31〕而互相熏習一義，可藉唐大圓先生在〈起信論解惑〉一文中所說的加以辯明，唐先生謂：

> 然若欲真知《起信》熏習義者，即應詳唯識言熏習與《起信》互異。唯識所言是種子熏習亦名因熏習，故其說能熏所熏各各四義多根據種子六義建立。以此若云有漏生無漏，則是異性因生異性果，違種子性決定義。又即一因能生一切果，違種子引自果義等。惟《起信論》不立種子，則所言熏習，多是現行，亦增上緣。故曰，熏習義者，如世間衣服實無於香，若人以香而熏習故，則有香氣，此亦如此，真如淨法實無於染，但以無明而熏習故，則有染相。無明染法實無淨業，但以真如而熏習故，則有淨用。此云世間衣服實無於香等，知非有漏種子熏生無漏，但以有漏現行違反無漏淨法，斯名因無明熏而有染相。亦非無漏種子熏生有漏，但以無漏現行違反有漏染法，斯名因真如熏而有淨用也。〔註32〕

又謂：

> 《成唯識論》說增上緣云，謂若有法有勝勢用，能於餘法或順或違。述記（案：《成唯識論述記》）云，能於餘法者，簡其自體，顯不同前所緣緣故；或順或違，顯與違順能為緣。與後生異法為緣，非前滅法。真如與無明相望，互為餘法，漏、無漏別，亦非自體。而真如之熏無明與無明之熏真如亦是與後生異法，能為違緣最顯而易知者。今王君之說增上緣，乃曰諸法增上緣，必為同類同性隨順增益者，始能招感發諸餘法果。唯識言餘法異法，此則言必為同類同性。唯識言或順或違，此則但言隨順增益。料簡他義尚多可原，惟此說則違唯識背自宗，一錯到底，毫無可違。又曰，以故惡業能感三惡道果，無由感人天善果。無漏業唯引出世果，無由增長世間果，以

三本所云：「增上緣者，能生法強，故曰增上。」

〔註31〕 等無間緣又稱次第緣，亦屬四緣之一。等者等同之義，前念後念各為一個而相等，故說為等。而無間者，指前心與後心之間，直接為緣，沒有其他物體間隔；也就是前念心法直接作為後念心法的生緣。此「無等間緣」只適用於心法，於其他法則不通。所以《俱舍論》七有云：「等無間緣，除阿羅漢臨涅槃時最後心心所法，諸餘已生心心所法，是等無間緣性，此緣生法，等而無間，依是義立等無間名。由此色等皆不可立等無間緣，不等生故」。

〔註32〕 《大乘起信論與楞嚴經考辨》，頁137～138。

是義故，無明不能熏長正智，正智不能熏長無明，以性極違反，相障相治，不相增長故。否則邪見惡業應可招聖道，福德智慧應反墮三途，便成邪因論云云。此則但明增上之順緣則然，能增上之違緣則恰與此相反。以善業而熏惡業，則惡業變善業，可招聖道。以惡業而熏福德智慧，則福德智慧變邪見惡業，亦可墮三塗。否則若如汝言，性極違反，不成增上者，則三世諸佛何以度生，一切異生何以能斷惑。如是說者，非落斷邊即墮常邊，是真邪因論矣。〔註33〕

由上述所引唐大圓先生之見解，我們知道王氏之批評《大乘起信論》的真妄相熏，實有其不甚如理之處。約而言之，即是不明《大乘起信論》之言真妄相熏不同於唯識宗之言種子熏習。《大乘起信論》之心真如具足無漏功德法，能主動熏習無明，而轉染成淨。而不像唯識宗所說之種子，必待他緣方能熏習起現行。而且諸法之互相為增上緣者，亦不若王氏之主張：必為同性質者，方能互相做為增上緣。因為諸法要互相為增上緣只在於是否有力用，故諸法或違或順皆可能成增上緣。既可為增上緣，自然能互相熏習，而有所轉變。因此真如與無明自然能相互熏習而起染淨法不斷。

最後，我們想藉常惺法師在〈大乘起信論料簡駁議〉中所說之「熏習義」，來說明《大乘起信論》之真如與無明必然相熏並互作增上緣。其文有云：

熏習之義，一法不能成熏，無能所故。二體不能受熏，勢用不相應故。非一非異，以一體異用，而可互作增上故。是以本覺真如與無明生起之現行雖異，而本體無二，實可互作增上。以無明熏真如，則法身流轉五道，名曰眾生。以真如熏無明，則眾生漸起厭求，可以返妄歸真。若必真俗別執，不能互作增上者，則無明無體，眾生將入於斷滅，以真如不作增上，無所依故。眾生生相未斷已前無明未盡，永不能起厭求之心，將永淪於苦海，以厭求即微細無明故，無明不能返妄作增上緣故。是故互為增上者，非相併生起，乃互隨轉變之意。〔註34〕

由上述對真如義之檢討，我們可以得知《大乘起信論》所說之真如，並非如王恩洋先生所批評的：背法性、壞緣生、違唯識；而由此真如隨染淨緣起現

〔註33〕同上書，頁138～139。
〔註34〕同上書，頁170。

染淨法的緣起系統自然也不同於外道數論之說，因爲如來藏緣起系統終究只是唯一眞心之隨緣起現，而非由眞實實體創生一切萬有之本體論。〔註35〕

第二節 《大乘起信論》如來藏緣起系統之檢討

前文第二章中，我們在說明《大乘起信論》之如來藏緣起思想時，已大致將《大乘起信論》所蘊涵的如來藏緣起思想作一交代；約而言之，《大乘起信論》之如來藏緣起思想是以「如來藏自性清淨心爲主，無明妄染爲客」的緣起系統。《大乘起信論》是以「心眞如門」與「心生滅門」之攝生一切法來構成其所蘊涵之如來藏緣起系統，而「心眞如門」與「心生滅門」皆由「一心法」（如來藏自性清淨心）開出，此二門只是一心的兩個側面，兩種趣向，所以由二門所構成的如來藏緣起系統，其實是以此「一心」——如來藏自性清淨心——爲依止，亦即一切染淨法皆以如來藏自性清淨心作爲存在之依止。于前文，我們曾指出如來藏自性清淨心是「一切法界大總相法門體」，具足「過于恒沙不離不斷不異不思議佛法」，〔註36〕且是一切凡夫、聲聞、緣覺、菩薩、諸佛普遍具有，平等無別，所以自然能攝持一切無漏清淨去而爲眾生成佛之超越根據。至於一切生死流轉的有漏雜染法則是由無明不覺之憑依眞心所生起，因爲無明不覺不離本覺眞如，因此，一切有漏雜染法仍需憑依如來藏自性清淨心方得以生起，此即是以如來藏自性清淨心作爲一切染法之憑依因。

由此，《大乘起信論》以如來藏自性清淨心作爲一切法存在之依止，構成了一特殊的緣起系統；這緣起系統之所以特殊，是因爲它不僅以如來藏自性清淨心爲無漏清淨法（即涅槃還滅法）之依止，同時也以此清淨心爲有漏雜染法（即生死流轉法）之依止；亦即一切有漏無漏、雜染清淨法皆統攝於如來藏自性清淨心中，此則有別於唯識宗之阿賴耶緣起系統，以阿賴耶爲一切染淨法之依止。依此如來藏緣起系統，要說明眾生之「轉識成智」自然不成問題，因爲如來藏自性清淨心之朗現，眾生必然得以成佛。至於說明一切法之生死流轉時，因爲有無明不覺之插入，所以易引起一般所謂的「眞先妄後難」、「眞妄別體難」與「悟後卻迷難」；〔註37〕而唐朝武后則天時，復禮和尚亦曾針對如來藏緣起思想

〔註35〕同上書，頁174。
〔註36〕《大乘起信論》，《大正藏》卅二，頁579上。
〔註37〕關於眞如緣起的三大難，可參看林傳芳先生之《佛學概論》，頁147～151，台北：彌勒出版社，民國68年修訂再版。

提出詰難，曾作〈眞妄偈〉以質問天下學士，其〈眞妄偈〉云：

> 眞法性本淨，妄念何由起？
> 從眞有妄生，此妄安可止？
> 無始即無末，有終應有始。
> 無始而有終，長懷懵此理。
> 願爲開玄妙，析之出生死。〔註38〕

這些問難皆是緣於如來藏緣起系統中眞如與無明之特殊關係而產生，賢首法藏在《大乘起信論義記》中曾對這些疑難有所簡別，而《大乘起信論》解釋分對治邪執第五有云：

> 五者聞修多羅說：「依如來藏故有生死，依如來藏故得涅槃」，以不解故，謂眾生有始，以見始故，復謂如來所得涅槃有其終盡，還作眾生，云何對治？以如來藏無前際故，無明之相亦無有始。若說三界外更有眾生始起者，即是外道經說。又如來藏無有後際，諸佛所得涅槃與之相應，則無後際故。〔註39〕

而賢首法藏之《義記》在解釋此段論文時曾謂：

> 第五內教中說二法，執中亦執二，治中亦治二，謂生死涅槃也。執中聞依眞有妄，便謂眞先妄後，故起有始見也。如外道立從冥初生覺等，既眾生有始有後依眞故證得涅槃者，還作眾生以成有始之義也，如外道立眾生終盡，還歸於冥，名爲涅槃。從冥起覺，更作眾生，此亦如是。對治中二，先明法體離始，則顯生死無初，梁《攝論》云：「生死無初也」，後明法體離終，則顯涅槃無盡。……〔註40〕

上文所引，即是對於「眞先妄後難」與「悟後卻迷難」之對治與簡別。至於「眞妄別體難」則是緣於《大乘起信論》謂：「一切心識之相，皆是無明」，即以爲眞如之外別有無明之實體，賢首《義記》解釋此段論文有云：

> ……業等染心名諸識相，此等皆是不覺之相，故云：「心識之相皆是無明」，非約心體說也。又更轉難云：「既言識相皆是無明故說滅者，

〔註38〕《宗鏡錄》卷五，《大正藏》四十八，頁440中。

〔註39〕《大乘起信論》，《大正藏》卅二，頁580上、中。

〔註40〕《大乘起信論義記》，唐、法藏撰。《大正藏》四十四，頁277中。

> 即應別有體性離於眞如」，即眞妄別體離。答云，如此諸識不覺之相，
> 不離隨染本覺之性，以是故云不離覺性。此無明之相與彼本覺之性
> 非一非異，非異故非可壞，非一故非不可壞。若依非異非可壞義，
> 說無明即明，故《涅槃經》云，明與無明，其性不二，不二之性即
> 是實性。若就非一非不可壞義，說無明滅覺性不壞，滅惑之義，準
> 此知之。〔註41〕

此段釋文即明白顯示：無明與眞如同無元始，以其必依眞如覺性方得以顯其
不覺之相。因此，兩者的關係是非一非異，不可說眞如之外別有妄體。若眞
如之外別有無明虛妄之體，則《大乘起信論》之「眾生心」即不能說是「總
攝一切世間出世間法」，如此則無法構成《大乘起信論》之如來藏緣起系統。

　　綜上所述，我們可以得知《大乘起信論》之如來藏緣起系統，由於眞如
與無明之特殊關係，所以易引起一些疑難，然卻不妨礙其以如來藏自性清淨
心統攝一切染淨法，亦即不妨如來藏自性清淨心之隨緣起現一切染淨法。

　　順此如來藏緣起系統，我們想檢討一下，由如來藏自性清心隨緣起現的
一切法，是什麼意義的法？依《大乘起信論》，眾生自性本來清淨，心性本無
生滅，而所以有一切諸法，「唯依妄念而有差別，若離心念，則無一切境界之
相」；此即表示如來藏自性清淨心隨無明不覺則起現有漏雜染法，若能一念返
觀自心本覺，則一切有漏雜染法皆可還滅爲無漏功德，而證得佛道。眾生本
具之如來藏自性清淨心雖可隨染淨緣法，然其終極目的在於返顯本來清淨自
性，所以一切由虛妄分別而起的染法皆須斷除，以其非眾生自性本來所有。
因此《大乘起信論》在說明染淨法互相熏習時，即強調染法有斷、淨法不斷。
《大乘起信論》云：

> 復次，染法從無始已來熏習不斷，乃至得佛後則有斷。淨法熏習則
> 無有斷，盡于未來。此義云何？以眞如法常熏習故，妄心則滅，法
> 身顯現，起用熏習，故無有斷。〔註42〕

既然在成佛的過程中，一切染法終需斷除，則表示如來藏緣起系統所說的一
切法，最終只是清淨佛界的無漏功德，而無有其餘九界〔註43〕之差別法。既

〔註41〕同上書，頁 260 上。
〔註42〕《大乘起信論》，《大正藏》卅二，頁 579 上。
〔註43〕指地獄、餓鬼、畜生、阿修羅、人、天六道眾生與聲聞、緣覺、菩薩三乘聖

無九法界之差別法，即表示世間法無有客觀的存在，只是由無明妄現而成；
如此則成主觀的無明妄心與客觀的差別法合一，無明妄心一滅除，一切差別
法亦隨之滅除，此即除無明無有差別法之存在。

　　然依《般若經》之「不壞假名而說諸法實相」，《維摩詰經》之「但除其
病而不除法」，乃至於《妙法蓮華經》之「是法住法位，世間相常住」，則似
乎表示宇宙間的萬法有其客觀的存在。此種說法，與《大乘起信論》之強調
一切染法皆需斷除方能證得佛道，是否有不一致之處？此乃是站在《大乘起
信論》如來藏緣起系統之外所作的檢討，然由此檢討所引發出來的問題，必
須就整個佛教之根本教義方能決定，此涉及佛教中之判教問題，實已超出本
論文之討論範圍，所以我們將此問題留待來日再作進一步之探討與研究。

人，共爲九界。

第五章　結　論

　　由上述各章節之探討，本論文可以歸納出以下幾點結論：

　　一、《大乘起信論》如來藏緣起之思想淵源，可遠溯至印度大眾分別說系之「心性本淨」說，而主要則是根源於後期之眞常唯心諸經論；因爲此眞常唯心系之思想均是肯定眾生自性本來清淨無染，與佛無二無別，此亦即是主張「一切眾生皆有佛性」、「一切眾生皆可成佛」之一佛乘思想。而此一佛乘（實即是大乘起信論所謂之「眾生心」）正是《大乘起信論》所以成其爲「大乘」之所依，故論云：「一切諸佛本所乘故，一切菩薩皆乘此法到如來地故」。

　　二、《大乘起信論》之如來藏緣起系統，可以說是如來藏思想之充其極者。所以地論師與攝論師，不論其對阿黎耶識染淨之見解如何，皆必然趣向《大乘起信論》；因爲此二派思想皆肯定眾生有如來藏自性清淨心，而此眞心不守自性即變現出一切生死流轉法。所以順此二派思想之發展，必然趣向《大乘起信論》之如來藏緣起系統；而此思想體系之發展，對後來華嚴宗之「性起」思想亦產生鉅大之影響。〔註1〕又順著唯識宗「妄心爲主，正聞熏習是客」的

〔註1〕華嚴宗之「性起」思想，其實即是以「如來藏自性清淨心」爲義理根據，如賢首于《一乘教義分齊章》「義理分齊」第十中明說「十玄門唯是一如來藏自性清淨心轉」，其文有云：「九者，唯心廻轉善成門，此上諸義唯是一如來藏自性清淨心轉也。但性起具德，故異三乘耳。……此上諸義門悉是此心自在作用，更無餘物，故名唯心轉也」。參看《大正藏》四十五，頁 507 上。

又澄觀《賢首五教儀》卷六說明有何因緣令諸法得以混融無礙時亦強調：「初，唯心所現者，一切諸法眞心所現，如大海水舉體成波。以一切法無非一心故。大小等相隨心廻轉，即入無礙。」由此可看出華嚴宗之義理實是順著「如來藏自性清淨心」之眞心系統，更進一步發展出「性起」之法界緣起系統。參看卍新纂續藏經五十八，頁 684。

系統，亦必然要進一步肯定「如來藏自性清淨心」作為一切眾生成佛之超越根據，如此成佛才有必然的保證。

三、《大乘起信論》以「一心開二門」總攝一切染淨法，依「心生滅門」是流轉地攝持一切法，而依「心真如門」則是還滅地攝持一切法；「心生滅門」與「心真如門」其實是不一不異的，以其均屬「一心」（如來藏自性清淨心）所開。所以一切法之為染為淨只在一念之間，一念不覺即墮生死流轉，一念覺則當下涅槃還滅，此即是真如心之隨染淨緣起現染淨法。而此隨緣起現的過程皆是真如與無明互相熏習所致，無明熏真如，則起染法不斷；真如熏無明，則起淨法不斷。染淨法雖皆熏習不斷，然以無明無有自性實體，只是不能如實覺了真如一法界，所以眾生一旦成佛，本具真心豁然朗現，無明染法自然斷除不再起現。

四、透過對於《大乘起信論》真如義之檢討，我們可以肯定《大乘起信論》之如來藏緣起並非如外道梵我之創生宇宙萬法；因為《大乘起信論》所說之心真如、真如心，並非常一的實體，它只是無始已來具足無量無漏功德法的清淨真心。由此清淨真心的肯定，我們方得以轉有漏的生死流轉法，返歸為無漏的涅槃寂滅。此種真心思想自然不同於唯識宗之種現相熏的阿賴耶緣起系統，故不必定如唯識宗之言種子與現行的相互緣生。又《大乘起信論》之心真如是智如不二真如心，故能不變隨緣起一切法，同時也能隨緣不變而還滅一切法；此種「不變隨緣、隨緣不變」的緣起思想仍然合乎佛教的緣生大義，只是在「不變」與「隨緣」中有一複雜的轉折（即無明不覺的妄現），所以易被誤解為「本體論的生起論」。

五、《大乘起信論》雖以「如來藏自性清淨心」統攝一切染淨法，然而無明妄心總是惑障，必須破除，方顯真心佛界，而非即于一切染法而直證佛果。在此我們似乎可以提出一個問題，即是：《大乘起信論》之如來藏緣起系統，對一切法之說明是否圓滿、究極？如果一切法只是如來藏自性清淨心之隨緣示現，何以《妙法蓮華經》又說：「是法住法位，世間相常住」呢？由此問題可再引發出另一問題：依佛教之教義，如何說明一切法才是圓滿究極？此需由判教方能決定，此已超出本論文之探討範圍，故留待來日再作進一步之探討與研究。

參考書目

一、佛教經典論疏

馬鳴菩薩造，梁、眞諦譯，《大乘起信論》，《大正藏》第三十二冊，台北：中華佛教文化館影印，民國 46 年。

唐、法藏撰，《大乘起信論義記》，《大正藏》第四十四冊，台北：中華佛教文化館影印，民國 46 年。

隋、慧遠撰，《大乘起信論義疏》，《大正藏》第四十四冊，台北：中華佛教文化館影印，民國 46 年。

釋元曉撰，《起信論疏》，《大正藏》第四十四冊，台北：中華佛教文化館影印，民國 46 年。

長水沙門子璿錄，《大乘起信論筆削記》，《大正藏》第四十四冊，台北：中華佛教文化館影印，民國 46 年。

明、德清直解，《大乘起信論直解》，台中：青蓮出版社，民國 65 年。

明、眞界纂註，《大乘起信論纂註》，台北：志蓮精舍，民國 61 年影印。

東晉、佛陀跋陀羅譯，《大方等如來藏經》，《大正藏》第十六冊，台北：中華佛教文化館影印，民國 45 年。

宋、求那跋陀羅譯，《央掘魔羅經》，《大正藏》第二冊，台北：中華佛教文化館影印，民國 44 年。

北涼曇無讖譯，《大槃涅槃經》，《大正藏》第十二冊，台北：中華佛教文化館影印，民國 44 年。

宋、求那跋陀羅譯，《勝鬘師子吼一乘大方便方廣經》，《大正藏》第十二冊，台北：中華佛教文化館影印，民國 45 年。

元魏、菩提流支譯，《佛說不增不減經》，《大正藏》第十六冊，台北：中華佛教文化館影印，民國 45 年。

宋、求那跋陀羅譯，《楞伽阿跋多羅寶經》，《大正藏》第十六冊，台北：中華佛教文化館影印，民國45年。

後魏、勒那摩提譯，《究竟一乘寶性論》，《大正藏》第三十一冊，台北：中華佛教文化館影印，民國46年。

天親造，梁、真諦譯，《佛性論》，《大正藏》第三十一冊，台北：中華佛教文化館影印，民國46年。

護法菩薩等造，唐、玄奘譯，《成唯識論》，《大正藏》第三十一冊，台北：中華佛教文化館影印，民國46年。

隋、慧遠法師撰，《大乘義章》，《大正藏》第四十四，台北：中華佛教文化館影印，民國46年。

二、近人研究論述

印順法師講，演培、續明記，《大乘起信論講記》，台北：慧日講堂，民國55年二版。

印順法師講，《攝大乘論講記》，台北：慧日講堂，民國51年再版。

印順法師著，《唯識學探源》，台北：慧日講堂，民國59年重版。

唐、不空譯，《大乘密嚴經》，大正藏第十六冊，台北：中華佛教文化館影印，民國45年。

印順法師著，《以佛法研究佛法》，台北：慧日講堂，民國61年重版。

印順法師自印本，《印度之佛教》，合江法王學院，民國31年。

田養民著，楊白衣譯，《大乘起信論如來藏緣起之研究》，台北：地平線出版社，民國67年中文初版。

龍樹菩薩造・後秦鳩摩羅什譯，《大智度論》，《大正藏》第二十五冊，台北：中華佛教文化館影印，民國46年。

牟宗三先生著，《佛性與般若》上、下冊，台北：台灣學生書局，民國66年。

牟宗三先生註，《心體與性體》第一冊，台北：正中書局，民國62年二版。

普潤大師編，《翻譯名義集》，台北：建康書局，民國45年。

張曼濤主編，《大乘起信論與楞嚴經考辨》，輯入《現代佛教學術叢刊》35，台北：大乘文化出版社編印，民國67年。

藍吉富先生撰，《大乘起信論的外延問題》，佛光山《覺世》，雜誌版第一期。

唐君毅先生著，《中國哲學原論原道篇參》，新亞書院研究所，民國63年，香港九龍。

唐君毅先生著，《中國哲學原論原性篇》，香港九龍：新亞書院研究所，民國47年。

林傳芳著，《佛學概論》，台北新店：彌勒出版社，民國68年修訂再版。

「明倫社第十二期大專佛學講座」，講解「起信論生滅門」之講義。

唐、法藏述，《華嚴經探玄記》，《大正藏》三十五，台北：中華佛教文化館影印，民國 46 年。

李世傑著，《中國佛教哲學概論》，台北：台灣佛教月刊社。民國 48 年。

吳汝鈞先生著，《唯識哲學——關於轉識成智理論問題之研究》，高雄：佛光出版社，民國 67 年。

何國詮撰，《大乘起信論之研究》。鵝湖月刊第三卷第八期～第四卷第一期（31、32、34、36、37），台北：民國 67 年 1 月至 67 年 7 月。

李淳玲撰，《論「佛說無我」後一切法存在的問題》。民國 69 年，台大哲學研究所碩士論文。